ALLAN BAY

Ein Fest für die Sinne

D1924919

Buch

Die Liebe der Italiener zu gutem Essen ist legendär. In der italienischen Küche wird Genuss stets mit hohem Anspruch verbunden. Die Küche ist – wie das Schlafzimmer – eine Herausforderung für das sensible Ego, erklärt Allan Bay. Leidenschaftliche Begierden treffen nicht selten auf eine gewisse Unzulänglichkeit: Zwar wissen wir, was wir mögen (oder gerne probieren würden), doch nicht immer ist klar, wie wir das gewünschte Ziel erreichen können. Hier muss Abhilfe geschaffen werden. Allan Bay liefert deshalb zu einer großen Auswahl raffinierter Köstlichkeiten immer auch einfache und zugleich wertvolle Tipps für den begeisterten Gelegenheitskoch und Wochenend-Gourmet. Dabei beschäftigt den leidenschaftlichen Koch nicht allein die Frage, was auf den Tisch kommt. Für den Gastronomie-Experten gehört auch die gelungene Inszenierung des Mahls in passender Atmosphäre unbedingt dazu. Das kurzweilige Plädoyer eines Genießers für mehr Lebensfreude, Geselligkeit und Sinnlichkeit.

Autor

Allan Bay, geboren 1949 in Mailand, kocht für sein Leben gern. 1994 begann der gelernte Wirtschaftspolitologe eine steile Karriere als Gastronomie-Kritiker. Seither schreibt er u.a. regelmäßig Glossen, Kolumnen und Kritiken für den »Corriere della Sera«. 2003 wurde er zum Professor an die Universität in Pavia berufen.

Allan Bay

Ein Fest für die Sinne

Das Geheimnis der italienischen Küche

Aus dem Italienischen von
Bruno Genzler

GOLDMANN

Die Originalausgabe erschien 2003
unter dem Titel »Cuochi si diventa«
bei Feltrinelli, Milano

Deutsche Erstveröffentlichung

Umwelthinweis:
Alle bedruckten Materialien dieses Taschenbuches
sind chlorfrei und umweltschonend.

Der Goldmann Verlag ist ein Unternehmen
der Verlagsgruppe Random House

1. Auflage
Deutsche Erstausgabe November 2004
© 2004 der deutschsprachigen Ausgabe
Wilhelm Goldmann Verlag, München,
in der Verlagsgruppe Random House GmbH
© 2003 der Originalausgabe
Giangiacomo Feltrinelli Editore Milano
Umschlaggestaltung: Design Team München
Umschlagabbildung: photonica
Satz: Uhl + Massopust, Aalen
Druck: GGP Media GmbH, Pößneck
Verlagsnummer: 15316
Redaktion: Nicola v. Otto
KF · Herstellung: Sebastian Strohmaier
Made in Germany
ISBN 3-442-15316-6
www.goldmann-verlag.de

Inhaltsverzeichnis

Einführung

Ein guter Koch kann jeder werden. Da bin ich mir vollkommen sicher. Was man dazu braucht, sind einige wenige, aber wirklich nur wenige kulinarische Grundkenntnisse, die wir in Italien üblicherweise schon über die DNA von unseren Müttern und Großmüttern mitbekommen haben. Dann eine Reihe von Tugenden, die wirklich unerlässlich sind, Tugenden, die ich in den »Zehn Geboten« des folgenden Kapitels erläutert habe und die, wie ich glaube, auch sonst im Leben recht hilfreich sein können. Und schließlich noch eine Prise gesunder Menschenverstand.

Diese Tugenden, von denen ich sprach, haben viel mit methodischem Vorgehen zu tun, was etymologisch »der richtige Weg zum Ziel« bedeutet, verfeinert durch eine unverzichtbare Zutat: Geduld. Es sind Tugenden wie etwa die Freude daran, sich auf die Suche nach wirklich erstklassigen Produkten zu machen. Oder mal einen Tag, an dem man nichts Besonderes vorhat, der Zubereitung von Grundzutaten zu widmen, die dann im Gefrierschrank eingefroren bereitstehen, wenn man sie braucht. Oder alle Zutaten abzuwiegen – das Auge ist doch leider ein furchtbar unzuverlässiges Messinstrument – und jedwedes Gericht mit dem Rezept daneben zuzubereiten, auch wenn man glaubt, es zu kennen, denn das Gedächtnis trügt viel mehr, als man denkt. Außerdem sollte man alle Zutaten portionieren und vorbereiten, sodass sie alle bereitliegen für den spannenden Moment, wenn das eigentliche Kochen beginnt. Das, was ich hier als Tugenden beschreibe, würde manch einer wohl eher als kulinarische Tricks oder Geheimnisse bezeichnen. Aber wie alle wahren Tricks oder Geheimnisse liegen uns auch diese hier offen vor Augen: Es ist unsere Entscheidung, ob wir sie sehen wollen oder nicht. Außerdem sind es Tugenden, die, wenn Sie mir die Bemerkung gestatten, dabei helfen können, über die Liebe zur guten Küche hinaus, alle möglichen Wechselfälle des Lebens so gut es geht zu meistern.

Der gesunde Menschenverstand, den ich ansprach, zeigt sich darin, dass man nur so hoch »fliegt«, wie man fliegen kann, ohne sich, wie Ikarus, die Flügel zu verbrennen. Es ist ja sinnlos, sich mit hochkomplizierten Zubereitungen abzumühen, die übergroßes Geschick, Können und Dutzende von Versuchen erfordern, bevor sie überhaupt mal zu annehmbaren Ergebnissen führen. Solche Rezepte gibt es leider in Unmengen. Doch in diesem Buch werden Sie keines davon finden. Zum Glück ist die italienische Küche und die unserer Nachbarn so überreich an herrlichen Rezepten, dass man mühelos solche findet, die gut, schmackhaft und auch leicht nachzukochen sind. Es sind Rezepte, die den Bedürfnissen aller, die gerne kochen und essen, entgegenkommen. Und nur solche Rezepte werden Sie in diesem Buch finden.

»Ein Fest für die Sinne. Das Geheimnis der italienischen Küche« ist ein Buch für Leute, die sich und andere glücklich machen wollen, indem sie köstliche, aber unkomplizierte Gerichte auf den Tisch bringen. Es wird darum gehen, wie dieser Tisch schön gedeckt aussehen sollte und wie Sie den passenden Wein zu Ihrem Essen finden. Viel wird von Garmethoden die Rede sein, die man kennen, und von Grundzutaten, deren Zubereitung man beherrschen sollte – gute Grundzutaten sind immer die entscheidende Voraussetzung für ein gelungenes Essen. Vorgestellt werden zahlreiche legendäre Gerichte nicht nur der italienischen Küche, leicht verändert, aber nie verfälscht, damit sie jeder nachkochen kann. Daneben eine Fülle von Rezepten mit den bereits genannten Eigenschaften: Sie sind unkompliziert, pfiffig und lecker und werden Ihnen dabei helfen, im Kreis Ihrer Gäste eine gute Figur zu machen.

Es heißt ja, wer ein Buch schreibt, egal zu welchem Thema, ob zur Politik oder zur guten Küche, sollte sich um Objektivität bemühen. Aber das habe ich erst gar nicht versucht. »Ein Fest für die Sinne. Das Geheimnis der italienischen Küche« ist ein subjektives, parteiisches Werk. Es ist eine Zusammenstellung des Besten, was mir auf dem Gebiet des guten Essens in den zurückliegenden Jahren begegnet ist – oder besser dessen, was ich persönlich für das Beste halte. Das heißt, das Buch bezieht Position für das, was ich »die gute Küche« nenne. Und das bedeutet vor allem: Es kommt nicht darauf an, ob ein Gericht »reinrassig« ist, also einer bestimmten Tradition oder einem festgeschriebenen Kanon entspricht, sondern allein, ob es schmeckt. Stammt dieses Gericht aus meiner Heimat, okay; liegen seine Ursprünge aber in Rumänien, ist es ebenso okay – es kommt tatsächlich ein rumänisches Rezept vor, schauen Sie doch mal nach. Was macht es schon, gegen eine Tradition zu verstoßen? Hauptsache, es ist lecker. Und einfach zuzubereiten.

Ich habe mich bemüht, die Rezepte so leicht verständlich wie möglich zu gestalten. Hoffentlich ist mir das gelungen. Sie werden auf Ausdrücke und Redensarten stoßen, die Sie in einem Kochbuch nicht unbedingt erwarten werden. Aber mir sind die üblichen Kochbücher immer ein wenig kalt und »technizistisch« vorgekommen. Ich verabscheue Kälte und Technizismus beim Kochen. Und ich verabscheue sterile Texte. Daher habe ich versucht, »warm« und »menschlich« zu schreiben, das heißt, immer die Leidenschaft für gutes Essen in den Vordergrund zu stellen. Meine Leidenschaft und die aller, die dieses Buch lesen und beschließen, diese große Liebe mit mir zu teilen.

Nie darf man vergessen und sollte immer wieder daran erinnern, dass Kochen ein großes Spiel ist. Ein wunderschönes Spiel, das schönste der Welt, für das der Einsatz, wenn man gut leben möchte, immer wieder lohnt. Aber es ist ein Spiel. Lassen Sie es uns zusammen spielen.

Meine Zehn Gebote: Die Tugenden des Kochens

Die folgenden Tugenden sollte man sich aneignen, wenn man es zum guten Koch bringen will. Die letzten drei werden besonders an jenem glücklichen Tag nützlich sein, da Sie beschließen, selbst ein Rezept zu kreieren – ein phantastisches Gefühl.

1 Die erste Tugend, die Liebe zum Essen und zum gemeinsamen Speisen im Kreis guter Freunde, setze ich als gegeben voraus. Fehlt sie Ihnen, werden Sie ein Essen nie in allen Facetten genießen können – und dieses Buch damit auch nicht. Sie ist ein Geschenk Gottes, das sich nicht erarbeiten lässt.

2 Die zweite Tugend ist Geduld beim Suchen der allerbesten Zutaten. Auch ein guter Supermarkt – und sie werden ja sogar von Tag zu Tag besser – wird Ihnen nie eine wirklich zufrieden stellende Auswahl der nötigen Zutaten bieten können. Vor allem bei besonderen Anlässen, also wenn wir down sind und uns unbedingt etwas Gutes gönnen möchten, wenn wir jemanden oder etwas erobern wollen oder wenn es mit Freunden einen Erfolg zu feiern gilt – im Grunde also sehr häufig –, ist die Suche nach den besten Zutaten, die überhaupt zu bekommen sind, absolut unverzichtbar. Dafür muss man Zeit aufbringen, viel Zeit – und Mühe. Glauben Sie mir, man braucht mehr Zeit zum Einkaufen als zum Kochen selbst! Wirklich gute Zutaten lassen sich finden. Nicht immer, nicht überall, aber meistens schon. Allerdings muss man auch bereit sein, dafür etwas auszugeben, denn billig sind solche Produkte sicher nicht. Doch eins sei hier klargestellt:

Zur besseren, teureren Ware zu greifen, ist keine ökonomische, sondern eine kulturelle Entscheidung. Bis vor wenigen Jahrzehnten noch gaben die Menschen mehr als 50 Prozent ihres Einkommens für Ernährung aus: Heute sind es gerade noch zehn Prozent. Diese zehn Prozent wieder auf elf oder gar 13 zu steigern, wäre keine finanzielle Einbuße, aber ein Gewinn an Kultur.

3 Schauen Sie sich das Rezept, das Sie interessiert, genau an. Verändern Sie es ruhig, wenn Sie eine Zutat nicht mögen oder nicht finden, wobei Sie sich mehr auf Ihr Gespür als auf Ihre Erfahrung verlassen sollten. Haben Sie sich aber einmal für ein Rezept entschieden, so bleiben Sie auch dabei. Während des Kochens – und die Versuchung dazu ist groß – noch einmal zu variieren, kann höchst riskant sein. Schreiben Sie sich das Rezept, das Sie nachkochen wollen, heraus und hängen Sie es gut sichtbar in Ihrer Küche auf. Und halten Sie sich Schritt für Schritt daran. Die Erinnerung trügt, und zwar immer, egal, wie es um Ihre Kochkünste bestellt ist.

4 Die Grundzutaten sind das Allerwichtigste. Die Verwendung der falschen Brühe kann ein ganzes Gericht ruinieren. Und das Wissen, mit einem Roux (siehe Seite 144), auch im letzten Moment noch, eine Sauce oder einen Fond andicken zu können, kann so manches Essen retten. Aber ebenso wichtig ist es, im Gefrierschrank stets genügend *Soffritto* (Schmorgemüse; siehe Seite 43) griffbereit zu haben. Bereiten Sie immer genügend davon zu – und setzen Sie es auch ein. Dafür bietet sich ein Tag an, an dem Sie nichts Besonderes geplant haben. Frieren Sie das fertige *Soffritto* dann ein; so kommen Sie nie in die Verlegenheit, ohne dazustehen. Ohne gute Grundzutaten kann niemand ein guter Koch werden.

5 Die Waage ist der beste Küchenhelfer, den man sich vorstellen kann. Das Auge trügt immer. Zum Pasta-Kochen gehören stets zehn Gramm Salz auf einen Liter kochendes Wasser. Wiegen Sie es ab, es gibt keinen Grund, darauf zu

verzichten. Gewiss, ein Gericht verträgt auch Abweichungen. Häufig (aber nicht immer …) verändert sich nicht viel durch etwas mehr oder weniger von einer bestimmten Zutat. Und dennoch ist es besser, immer abzuwiegen. Bevor Sie überhaupt beginnen, wiegen und portionieren Sie alle Zutaten, die Sie brauchen. Benötigen Sie einen Liter Wasser, so messen Sie ihn ab und füllen Sie ihn in eine – gut gespülte – gebrauchte Flasche. Aber auch wenn keine genaue Dosis angegeben ist, legen Sie die Zutaten schon zurecht. Soll der Pfeffer nicht gemahlen, sondern zerstoßen werden, so tun Sie dies (in einer Menge, die Ihnen angemessen vorkommt) und halten ihn in einem Tässchen bereit. Werden Rosmarinnadeln verwendet, so zupfen Sie sie vom Zweig ab und geben sie ebenfalls in ein Tässchen. Erst wenn Sie alles vorbereitet, sortiert und mehrmals kontrolliert haben, sollten Sie mit dem Kochen beginnen.

6 Kochen Sie in Ruhe. Eile und Ungeduld sind die schlechtesten Ratgeber. Wissen Sie bereits, dass Ihnen wenig Zeit zur Verfügung steht, so suchen Sie sich eben ein schnelles Gericht aus, das Sie in der knappen Zeit perfekt hinbekommen. Eine Tugend, die auch außerhalb der Küche gute Dienste leisten kann …

7 Seien Sie bescheiden. Fliegen Sie nicht höher, als Sie können. Mit anderen Worten: Machen Sie sich nicht selbst etwas vor. Es ist doch besser, ein einfacheres Gericht zu wählen, das dann auch gut gelingt, als ein komplizierteres, das zwangsläufig die Erwartungen enttäuscht. Vielleicht denken Sie, dieses Gebot verstehe sich doch von selbst. Aber leider ist dem nicht so. Wenn Sie wenig Routine haben, sollten Sie eine spezielle Art der Zubereitung unbedingt meiden: und zwar jene Gerichte, bei denen die Zutaten zu unterschiedlichen Zeitpunkten in den Topf gegeben werden, um dann genau gar zu sein. Glauben Sie mir, zumindest eine Zutat spielt da garantiert nicht mit. Das ist ein ehernes Gesetz. Lassen Sie also lieber die Finger davon. Sie finden ja in diesem

Buch eine große Palette an leckeren und unkomplizierten Gerichten...

8 Wie war das noch bei Napoleon: getrennt marschieren, aber vereint zuschlagen. Halten Sie es genauso. Das heißt, es ist besser, alle Zutaten separat bissfest zu kochen und sie dann am Schluss noch einmal eine oder zwei Minuten zusammen fertig zu garen. So bekommt jede Zutat wirklich die Garzeit, die sie braucht. Nichts wird verkocht und nichts bleibt hart, und die Aromen der einzelnen Zutaten bleiben gut erhalten. Natürlich gibt es auch Gerichte – aber es sind gar nicht viele –, die erst durch langes gemeinsames Garen vieler verschiedener Ingredienzen zum Genuss werden. Den meisten anderen bekommen getrennte Garvorgänge besser.

9 Fein schneiden und kurz garen: Das ist die große Lektion der chinesischen Küche. Es rührt daher, dass jahrhundertelang Brennstoff die kostbarste Zutat war. Doch es ist auch eine Tendenz mit Zukunft, bei der die erstklassigen Zutaten bestmöglich zur Geltung kommen. Gewiss, ein Rinderbraten in Barolowein oder auch Kutteln müssen sehr, sehr lange schmoren. Doch den allermeisten Zutaten bekommt es, wenn sie fein geschnitten und nur ganz kurz gegart werden. Schauen Sie sich doch mal die köstlichen Ragoutrezepte weiter hinten ganz genau an oder auch das Rezept für »Schwein in scharfer Sauce« auf Seite 303, und machen Sie sich diese Philosophie zu Eigen. Es lohnt sich.

10 Seien Sie kreativ, und wagen Sie etwas. Und seien Sie stolz auf das, was Sie geschaffen haben. Möchten Sie bei einem Rezept irgendeine Zutat ändern oder meinetwegen auch fast alle, so tun Sie es – vielleicht beim ersten Mal allein oder mit einem treuen Freund als Tischgenossen. Verstoßen Sie gegen jedes Rezept, verstoßen Sie gegen jedes Kochbuch (gegen dieses an erster Stelle), verstoßen Sie gegen jedwede Tradition: Für kein Gericht der Welt hat Gott den Menschen das perfekte Rezept gegeben. Im Grunde genommen gibt es solche Traditionen überhaupt nicht. Sie sind

eine Erfindung von Leuten, die sich noch nicht einmal an die Vergangenheit, sondern an einen bloßen Mythos der Vergangenheit klammern, um ihre mangelnde Kreativität zu verschleiern. Wie sagte doch Gabriele D'Annunzio: *memento audere semper.*

Unverzichtbare Küchengeräte

Welche Küchengeräte sind für die gute Küche wirklich unverzichtbar? Keine, würde ich spontan antworten. Mit etwas von den genannten Tugenden sowie guten Zutaten kommt man immer irgendwie zurecht, auch wenn die Ausstattung zu wünschen übrig lässt.

Dennoch hier eine Liste von Geräten, die die Arbeit immer erleichtern und häufig auch verbessern.

Als selbstverständlich setze ich eine ganze Reihe von Holzkochlöffeln in verschiedenen Formen voraus, sodass man häufig wechseln kann, sowie eine Grundausstattung an Töpfen, Pfannen, Back- und Auflaufformen; Gabeln und Löffel zum Kochen, eine Schöpfkelle und einen Schaumlöffel; einen Satz Hackbretter und eine Salatschleuder zum Trocknen von Salat und Gemüse; ein großes Sieb sowie ein kleines, feines Sieb zum Filtern etwa von Zitronensaft; dann einen Mehlstreuer, eine Vierkantreibe, einen Dosenöffner, eine Schere, einige große und kleine Schüsseln sowie Behälter für den Gefrierschrank.

An Messern sind fünf absolut unverzichtbar: ein Tranchiermesser, also das ständig benutzte spitze, schwere Messer mit einer Klinge von mindestens 30 cm Länge, zum Schneiden von Fleisch, Feinhacken und Zerkleinern. So ein Messer hält ein Leben lang, also investieren Sie hier etwas, und suchen Sie sich eins von bester Qualität aus. Dazu einen Wetzstab, um die Klinge scharf zu halten – benutzen Sie ihn täglich; nur ein paarmal hin- und herstreifen genügt, und das Messer bleibt ewig scharf. Dann ein Messer mit gerundeter Spitze von 24 cm Länge, um Wurst, gegartes Fleisch und vieles mehr zu schneiden. Ein kleines spitzes Messer von 12 bis 24 cm Länge für alle feineren Arbeiten – ja, nehmen Sie lieber zwei. Ein Keramikmesser für das Schneiden von rohem Gemüse, weil es nicht oxidiert. Schließlich ein Brotmesser mit gezahnter Schneide. Damit kommen Sie bestens aus.

Neben der Grundausstattung an Töpfen ist ein schwerer runder gusseiserner Topf von 30 cm Durchmesser mit einem schweren Deckel sinnvoll, sowie eine gusseiserne Pfanne (Kasserolle) mit Deckel von ebenfalls 30 cm Durchmesser zum Schwenken der Zutaten. Dabei ist diese Pfanne furchtbar schwer, und man wendet besser mit einem Holzlöffel. Ja, gerade diese beiden Kochgefäße sind schon sehr wuchtig, aber für sechs Personen, die magische Zahl für ein perfektes Menü, sind sie beide nötig, und für bis zu acht Personen reichen sie auch noch aus. Hinzu kommt noch ein beschichteter Topf mit Deckel von 22 cm Durchmesser für Saucen und unzählige Garvorgänge auf kleiner Flamme, eine so genannte *bastardella*, also einen kleinen, flachen Topf für das Garen im Wasserbad, ein kleines beschichtetes Töpfchen sowie ein Dämpfkorb, der in alle Töpfe passt – ich möchte wissen, welches Genie dieses Gerät erfunden hat!

Unerlässlich ist auch ein sehr guter Pürier- oder Zauberstab, mit dem sich zusätzlich, durch einen anderen Einsatz, auch Sahne schlagen lässt. Schließlich ein Passiergerät aus Edelstahl für Gemüse, auch Flotte Lotte genannt, einen Julienne-Schneider, der zwar nicht ganz billig ist, aber sehr nützlich, weil Sie damit Gemüse und andere Zutaten in dekorative, regelmäßige Scheibchen oder schmale Streifen, *julienne* genannt, schneiden können. Nicht zu vergessen ein marmorner Mörser.

Vervollständigt wird die Reihe der unverzichtbaren Utensilien durch ein Backofenthermometer – misstrauen Sie den Schalterangaben! – sowie eine Küchenwaage.

Wie Sie sehen werden, rate ich immer wieder dazu, Brühen und andere Grundlagen für eine köstliche Mahlzeit dann zuzubereiten, wenn man die Zeit dazu hat, und sie aufzubewahren, bis man sie braucht. Eine kleine Gefriertruhe, die vielleicht auch Platz im Keller findet, wäre daher sehr nützlich.

Anleitung zur Lektüre

Noch einige Erläuterungen, bevor Sie sich in dieses Buch vertiefen.

Es gibt zwei Möglichkeiten, ein Rezept vorzustellen. Bei der ersten werden zunächst alle Zutaten mit den dazugehörigen Mengenangaben aufgelistet und dann die Vorgehensweise beschrieben. Solch ein Rezept ist leicht zu Rate zu ziehen, aber unschön zu lesen. Bei der zweiten sind alle Angaben zu Zutaten, Mengen und Maßen in einen eher erzählerischen Text integriert. Das ist (ein wenig) umständlich, was die praktische Nutzung angeht, lässt sich aber angenehmer lesen und ist daher eher für einfachere Rezepte geeignet. Da ich nicht wusste, wie ich dieses Problem durchgängig lösen sollte, habe ich mich für einen klassischen Kompromiss entschieden: Bei den (ein wenig) komplizierteren Rezepten (es sind nicht viele) finden Sie zu Beginn separate Angaben zu den Zutaten und jeweiligen Mengen. Bei den einfacheren Rezepten, also dem überwiegenden Teil, sind diese Angaben im Text mitgeliefert. Wie bei allen Kompromissen wird auch hier der ein oder andere nicht zufrieden sein – aber eine bessere Lösung ist mir nicht eingefallen.

In den einzelnen Kapiteln dieses Buches geht es entweder um Zubereitungsarten oder um Gruppen von Rezepten – alles Gerichte, die ich im Lauf der Jahre kennen und lieben gelernt habe. Hin und wieder habe ich eine »besondere Leidenschaft des Autors« eingeschoben, in der es um Dinge aus dem Bereich der guten Küche geht, die es mir ganz besonders angetan haben. Es wäre schön, diese Leidenschaften, die mein Leben lebenswerter gemacht haben, mit Ihnen teilen zu können.

Im laufenden Text tauchen immer zwei Symbole auf. Das erste »←« verweist auf ein im Buch genauer beschriebenes Rezept. Über das Inhaltsverzeichnis finden Sie die Seite, auf der es steht. Das zweite »●« signalisiert einen Hinweis oder besonderen Tipp, durch den das Gericht noch besser gelingt, oder warnt vor einem möglichen Fehler.

In einem Kochbuch dürfen Mengenangaben nicht fehlen. Aus ästhetischen Gründen habe ich, wenn möglich, auf die mathematischen Maßeinheiten verzichtet und lieber auf konkretere Maße wie Glas, Teelöffel etc. zurückgegriffen: »1 Glas Brühe angießen« liest sich schöner als »15 cl Brühe angießen«. Hier die entsprechende Umrechnungstabelle:

1 Prise = 2–4 g
1 Hand voll = abhängig vom spezifischen Gewicht; gehen Sie hier nach Gefühl vor
1 Teelöffel = ein Drittel eines Esslöffels
1 Esslöffel (Flüssigkeit) = 1 cl
1 Esslöffel (pulverförmige Produkte, gehäuft) = 15–20 g
1 Servierlöffel (üblicherweise Saucen) = 30–35 g
1 Gläschen = 5 cl
1 Glas = 0,15 l
1 Schöpfkelle = 0,25 l
1 Stück Butter = 10–15 g
1 Schuss Öl = 1–1,5 cl

Öl bedeutet immer (gutes) Olivenöl *extravergine* (natives Olivenöl extra). Wenn es mitgart, muss es nicht besonders geschmacksintensiv sein. Wird es hingegen erst am Schluss zum Abschmecken oder als Dressing benutzt, sind dem Eigengeschmack keine Grenzen gesetzt. Nehmen Sie eins, das Ihnen schmeckt. Soll aus Respekt vor einem traditionellen Rezept ein Olivenöl *extravergine* aus einer ganz bestimmten Region oder aber ein anderes Keim- oder Pflanzenöl verwendet werden, so ist das eigens angegeben.

Unter Sahne verstehe ich immer frische Schlagsahne. Etwas anderes gibt es für mich gar nicht. Sollte Ihnen ungewollt eine Packung so genannter »Kochsahne« in die Hände geraten sein, so entsorgen Sie sie bitte auf dem schnellsten Weg.

Zucker bedeutet Kristallzucker. Ist ein anderer gemeint, so ist das angegeben.

Bis auf wenige Ausnahmen habe ich immer »geriebener Parmesan« geschrieben. Es liegt an Ihnen, ob Sie sich für einen *Parmigiano Reggiano* oder den *Grana Padano* entscheiden – *Lodigiana* und *Bagoss* gibt es auch noch. Beide sind geeignet, aber meist schwer zu finden.

»Kochen lassen« bedeutet, ohne Deckel zu garen. Soll der Topf geschlossen sein, so ist das angegeben.

Wenn Sie lesen, »im Backofen bei 200 °C«, so heißt dass, das der Backofen bereits 200 °C heiß sein muss, wenn Sie das Blech oder die Form hineinstellen. Wir neigen alle dazu, Gerichte hineinzuschieben, noch lange bevor die vorgesehene Temperatur erreicht ist. Kontrollieren Sie mit einem Backofenthermometer.

Der schön gedeckte Tisch

Keine Frage, nichts ist wichtiger als der Geschmack und die Qualität der Speisen vor uns auf dem Teller. Dennoch essen wir alle bekanntermaßen nicht nur mit dem Mund, sondern auch mit den Augen. Grund genug, Zeit und Sorgfalt für eine einladend gedeckte Tafel aufzuwenden. Natürlich, wenn wir Gäste haben, das versteht sich von selbst, aber sogar mehr noch, wenn wir allein sind, denn – um einen Satz Woody Allens aus einem anderen Zusammenhang abzuwandeln: Wenn wir allein essen, essen wir mit einem Menschen, den wir sehr lieben … In diesem Fall ist es geradezu eine Todsünde, keine schöne Kerze auf den Tisch zu stellen. Versuchen wir also, besonders den Platz, an dem wir sitzen, so freundlich wie möglich zu gestalten. Das kommt nicht nur unserer Stimmung, sondern auch der Verdauung zugute.

Mit oder ohne Tischdecke? Ein unlösbares Dilemma. Eine schöne Tischdecke kann wirklich schön sein und Mängel auf der Tischplatte verbergen. Aber wer besitzt so etwas schon, es sei denn, er hätte unerwartet eine von einer alten Tante geerbt? Und außerdem muss man eine Tischdecke waschen, was mühevoll ist und Geld kostet. Andererseits ist bei der so genannten »amerikanischen Art«, also ohne Tischdecke, ein schöner Tisch ein absolutes Muss. Also, in dieser Frage enthalte ich mich lieber. Mit oder ohne, das muss jeder für sich selbst entscheiden.

Doch egal wie, decken Sie auf alle Fälle für jeden Gast mit einem Set aus Stoff, Bast oder Ähnlichem. Und bereiten Sie ein Beistelltischchen neben Ihrem eigenen Sitzplatz vor, auf dem Sie die Teller für die einzelnen Gänge gestapelt bereitstellen.

Das Besteck hingegen wird gleich aufgelegt, und zwar in der Reihenfolge, wie es gebraucht wird, von außen nach innen, mit dem wichtigsten Besteck auf der rechten Seite. Da das Messer grundsätzlich wichtiger ist als die Gabel, gehört es auf die rechte, die Gabel auf die linke Seite. Dann soll man also alle Gabeln nach links legen? Auf keinen Fall. Gehört ein Pasta-Gang, der ohne Messer verzehrt wird, zum Menü, so legen Sie die Gabel dafür nach rechts. Wahrscheinlich zwischen das Messer für die Vorspeise und das für den zweiten Gang. Nach rechts gehört auch der Löffel, der ja nie zusammen mit einem Messer benutzt wird.

Bei den Gabeln zeigen die Zinken nach oben, bei den Löffeln die gewölbte Seite nach unten und bei den Messern die scharfe Seite nach innen. Das Dessertbesteck wird direkt auf den entsprechenden Teller gelegt. Dabei zeigt der Griff von Löffel und Messer nach rechts, der der Gabel nach links.

Die Serviette, rechteckig gefaltet, liegt ebenfalls auf der linken Seite, nicht oberhalb des Tischkärtchens.

Die Gläser platzieren wir rechts vom Teller, und zwar zuerst das vielleicht bunte Wasserglas ohne Stiel, das nie zu groß sein sollte, und dann die Weingläser, stets mit Stiel. Diese werden übrigens nie ganz, sondern immer nur zur Hälfte gefüllt.

Es ist kein Problem, wenn Teller, Besteck und Gläser nicht zu einem Service gehören. Das macht die Tafel nur interessanter.

Aber ein ansprechender Tischschmuck in der Mitte, vielleicht mit Kerzen, muss sein. Allerdings ist darauf zu achten, dass er nicht zu hoch ist: dem Tischgenossen gegenüber sollte man noch ins Gesicht sehen können.

Wasser und Wein, Öl und Essig sowie Pfeffer und Salz werden vor Beginn der Mahlzeit auf den Tisch gestellt. Brot wird erst gereicht, falls und wenn es gewünscht wird.

Wird der Wein nicht dekantiert ←, so öffnen Sie ihn am Tisch und stellen die Flasche auf ein Tellerchen, möglicherweise mit einem kleinen Tropfenfänger oder einer um den Flaschenhals gewickelten Serviette, um Tropfen auf der Tischdecke zu vermeiden. Sollten Sie dekantieren, so bringen Sie auf alle Fälle die leere Flasche mit an den Tisch. Wasser wird immer in eine Karaffe umgefüllt, auch wenn einige Flaschen Mineralwasser auf dem Tisch nicht unschön sein müssen.

Wenn Sie auftragen, so stellen Sie den jeweiligen Gang auf das Beistelltischchen (bei einem schönen Topf ist keine zusätzliche Schüssel notwendig), richten das Essen auf dem Teller an und stellen ihn dann vor den Gast. Dabei beginnen Sie links, während Sie später beim Abräumen in der umgekehrten Richtung vorgehen.

Sie sehen schon, es sind nur wenige, einfache Regeln, die aber auch zum Gelingen einer Einladung beitragen.

Apropos Wein und Bier

Bereits in der Planungsphase dieses Buches stand eines für mich fest – am Ende der Rezepte würde keine Empfehlung wie folgende zu finden sein: Zu diesem Gericht genießen Sie am besten einen Greco di Tufo, einen Chianti Classico oder auch einen Valpolicella. In vielen, vielen Kochbüchern und kulinarischen Publikationen stößt man auf Tipps dieser Art. Bei mir nicht.

Die Erklärung dafür ist einfach. Erstens: Natürlich gibt es *den* Valpolicella (das Gleiche gilt für alle anderen italienischen Weine auch), aber man kann ihn auf derart viele verschiedene Arten anbauen, dass man als Kunde sowohl einen kräftigen Valpolicella findet, der an den noch kräftigeren Amarone erinnert, als auch einen leichten, der wie ein bukettreicher Bardolino schmeckt. Theoretisch wäre es richtiger, zum Beispiel den Valpolicella dieses oder jenes Erzeugers aus diesem oder jenem Jahr zu empfehlen. Aber das ist nicht machbar, und es macht auch keiner, denn es wäre dumm, für ein Gericht nur einen einzigen Wein zu empfehlen, wo es doch Dutzende, wenn nicht gar Hunderte gibt, die ebenso gut dazu passen.

Zweitens: Bei der Wahl eines Weines geht man vom ganzen Menü aus und nicht von einem einzelnen Gang. Niemand bringt für jeden Gang einen neuen Wein auf den Tisch, es sei denn, man wäre zu zehnt oder in einer noch größeren Gruppe …

Das also sind die Gründe, warum Sie in diesem Buch keine Weintipps finden. Im Folgenden möchte ich Ihnen aber einige einfache, allgemeine Regeln an die Hand geben, die dabei helfen sollen, für alle Gelegenheiten den »richtigen Wein« – was immer das heißen mag – auszusuchen und anzubieten.

Den richtigen Wein aussuchen

Vorbemerkung: Grundsätzlich lassen sich Weine in zwei Kategorien unterteilen. Die erste, vielleicht 0,01 Prozent des Angebots, umfasst die teuren, schweren, üblicherweise roten Weine wie den Barolo, den Barbarescho, den Brunello di Montalcino, die neuen Cabernet- und Merlot-Weine, die von Weinkennern *Super Tuscan* genannt werden, und einige weitere mehr. Im Laden erkennt man sie auf den ersten Blick, und zwar am Preis, der immer in Schwindel erregenden Höhen liegt. Viele Leute nennen sie auch etwas hochtrabend »Meditationsweine«.

Nun, wenn Sie mit solch einem Wein meditieren möchten, sollten Sie aber aufpassen, dass Sie auch das passende Gericht dazu wählen. Denn in diesem Fall ist es das Essen, das sich dem Wein unterzuordnen hat, und nicht umgekehrt. Das heißt, Sie sollten allzu starke Geschmacksnoten vermeiden, die nicht mit dem teuren Wein harmonieren, also praktisch alle Gewürze, Pfeffer, Peperoni, Tomaten, Artischocken, Zitrusfrüchte, Senf, Essig, Joghurt usw. – kurzum: alles, was gut schmeckt. Das geht leider nicht anders, denn die Geschmacksknospen sollen sich ja jungfräulich den Weinaromen öffnen, um sie voll und ganz auskosten zu können. So wird man schließlich unweigerlich bei ein paar Scheibchen Käse, Bandnudeln mit Butter und einem mageren Kalbsbraten landen. Tja, das Leben ist hart für Menschen, die einen Meditationswein genießen möchten …

Dann wäre da noch die zweite Kategorie, die 99,99 Prozent des Weinangebots ausmacht. Es sind leichte Weine, die sich nicht zum Reifenlassen eignen. Nun, kochen Sie also das, worauf Sie Lust haben, und kombinieren Sie es mit einem dieser Weine, der Ihnen am meisten zusagt.

Dabei sollten Sie einige wenige Regeln beachten:

1 Zunächst genießt man einen trockenen Sekt, dann Weißwein, Roséwein, Rotwein und zum Schluss einen süßen Likörwein. Natürlich müssen Sie die nicht alle auf den Tisch bringen, aber halten Sie sich an diese Reihenfolge.

2 Ein trockener Sekt kann durchaus zum gesamten Menü gereicht werden, abgesehen von herzhaften Gerichten mit dunklem Fleisch und dem Dessert, zu dem er nun wirklich überhaupt nicht passt. Süßen Sekt, der überhaupt immer weniger getrunken wird, reicht man hingegen nur zu Nachspeisen.
3 Zu Fisch passt durchaus auch ein leichter Rotwein. Es ist ein Märchen, dass es bei Fisch immer ein Weißer sein muss.
4 Zu Rindfleisch immer Rotwein. Zu anderen Fleischsorten ebenfalls am besten einen Roten, obwohl auch ein gehaltvoller Weißwein möglich ist.
5 Zu Süßem immer einen süßen Wein.
6 Nach einem süßen, üblicherweise kräftigen Wein, der nicht nur hervorragend zum Dessert, sondern auch zu Gänseleberpastete passt, gibt es kein Zurück mehr. Das heißt, nach einem süßen Wein geht es nur mit einem weiteren Süßen oder etwas Hochprozentigem weiter. Also, merken Sie sich: ein Essen nie mit einem würzigen Käse oder Gänseleber beginnen.

Auf alle Fälle seien Sie kreativ, und wagen Sie etwas: Brechen Sie mit Traditionen, denn gegen das zu verstoßen, was »alle« wie selbstverständlich für richtig halten, ist immer ein besonderes Vergnügen. Ein wenig Chuzpe genügt.

Die Serviertemperatur

Selbstverständlich lagern Sie den Wein im kühlsten Raum, über den Sie verfügen. Für große Weinkonsumenten lohnt sich die Anschaffung eines Weinkühlschranks, in dem der Wein bei 10 °C aufbewahrt wird. Einen Wein mit Kühlschranktemperatur, also ungefähr 2 °C, auf den Tisch zu bringen, ist barbarisch, weil von den Aromen nichts mehr zu schmecken ist. Es kann höchstens eine Notlösung sein, wenn Sie unglücklicherweise einen richtig schlechten Wein gekauft haben. Die Kälte wird (aber auch nur teilweise und für kurze Zeit) den schlechten Geschmack überdecken.

Weißwein, Roséwein und Sekt werden bei Temperaturen

zwischen 8 und 10 °C serviert. Da reicht es, die Flasche für ein bis eineinhalb Stunden in den Kühlschrank zu legen. Besser ist es jedoch, sie in ein Eimerchen, das mit Wasser, Eis sowie einer guten Hand voll grobkörnigem Salz gefüllt ist, zu stellen. 20 Minuten bis eine halbe Stunde in dem kalten Salzwasser genügen, um die optimale Temperatur zu erreichen.

Leichte Rotweine werden mit Temperaturen zwischen 14 und 16 °C serviert: zehn Minuten im kalten Wasserbad genügen.

Schwere Rotweine werden mit 18 °C Serviertemperatur ausgeschenkt und deshalb an einem Platz mit dieser Temperatur mindestens drei Stunden lang gelagert.

- Sehr nützlich sind auch jene »Schnellkühler«, die heute im Handel angeboten werden. Dabei handelt es sich um eine Art »Eismantel«, der im Gefrierfach gelagert und bei Bedarf über die zu kühlende Weinflasche gestülpt wird.

Die Gläser

Geizen Sie nicht beim Kauf Ihrer Weingläser. Gute Gläser lassen den Wein noch besser zur Entfaltung kommen. Außerdem reichen zwei Typen für alle Gelegenheiten. Da wäre zunächst einmal das unersetzliche so genannte Bordeauxglas. Einer Tulpe ähnlich geformt, misst es an der breitesten Stelle unten 6 cm, um sich dann nach oben hin leicht zu verjüngen. Sein Fassungsvermögen beträgt 0,2 Liter, es ist (ohne Stiel) 9 cm hoch, der Stiel 6 cm. Dieses Glas hat sich im französischen Weinhandel durchgesetzt und wurde dann überall kopiert. Ein wirklich universell einsetzbares Glas, das sich für alle Weine eignet und auch als *flûte* verwendet werden kann. Der zweite Typ, nicht ganz so unersetzlich, aber auch angenehm, ist das große bauchige so genannte Burgunderglas, wie eine Kugel geformt, mit 10 cm Durchmesser und einem Stiel von 10 cm Länge. Hieraus genießt man die schweren Rotweine.

- Weingläser dürfen nicht getönt sein und müssen immer einen Stiel haben. Getönte Gläser und Gläser ohne Stiel sind nur für Wasser geeignet.

Dekantieren, ja oder nein?

Bei einem Wein, den man nicht gut kennt, lässt sich unmöglich entscheiden, ob er dekantiert werden muss oder nicht. Das hängt von zu vielen unwägbaren Faktoren ab. Im Zweifelsfall tun Sie es lieber: Selten wird man einem Wein schaden. Es zu lassen kann riskanter sein. Weißweine sollten Sie immer dekantieren, damit zumindest ein Teil des unangenehmen Schwefeldioxidaromas, das diese Weine (fast) immer haben, verfliegen kann.

Offene Weine aufheben

Für Sekt gibt es im Handel praktische Pressverschlüsse. Dass man mit einem Löffel im Flaschenhals das Austreten der Kohlensäure verhindern kann, ist eine Mär. Für offene Weinflaschen kaufen Sie sich am besten jene praktischen Vakuumverschlüsse, bei denen sich mit einer Pumpe der Sauerstoff aus der Flasche ziehen lässt. Damit verhindern Sie, dass der Wein nach einiger Zeit schal schmeckt. In einer so verschlossenen Flasche hält er sich, auch wenn sie mehrmals geöffnet wird, bestimmt zehn Tage lang so »frisch« wie im Moment des Entkorkens.

Bier

Schön wäre es, könnte man sich bei italienischen Gerichten, genau wie beim Wein, darüber unterhalten, welches Bier nun dazu passt. In der nordeuropäischen Küche ist dies möglich, bei uns nicht! Noch nicht! Denn die wirklich hervorragenden nicht pasteurisierten und in der Flasche gegorenen Biere, jene also, für die eine Untersuchung der Kombinationsmöglichkeiten lohnen würde, machen nur ein paar Hundertstel der Gesamtproduktion aus und sind praktisch nur in einer Hand voll Läden in Mailand und Rom zu haben. Das Thema kommt also noch zu früh, und ich fürchte, so wird es auch noch lange bleiben. Für uns Italiener sind hochwertige Biere, wie einige unerreichbare belgische, die ebenso reizvoll wie ein edler Barolo sein können, einfach nicht von Interesse.

Cocktails zur Einstimmung auf die Mahlzeit

Bei einer Essenseinladung zunächst einen Cocktail anzubieten gilt heutzutage als politisch nicht mehr korrekt. Und das ist schade. Verstehen würde ich es noch, wenn Cocktails im Sinne einer gesünderen Ernährung abgelehnt würden (wir haben ja alle nur eine Leber). Nicht hinnehmen kann ich aber, wenn es heißt, sie schmeckten ja auch gar nicht. Das stimmt einfach nicht. Ein Cocktail ist etwas Wunderbares. Im Folgenden also einige nicht ganz alltägliche, interessante und (mehr oder weniger) leichte Cocktails, die damit politisch vielleicht ein wenig korrekter als die meisten anderen sind. Es sind nur Vorschläge – variieren Sie ganz nach Ihrem Geschmack.

- Das Eis stellen Sie am besten aus natürlichem Mineralwasser her. Es bringt nichts, Leitungswasser zu nehmen. Das ist voller Kalk und Gerüche, durch die es trinkbar gemacht wurde, aber …
- Bei allen Rezepten, bei denen eine Garnierung mit Pampelmuse, Orangen, Limetten oder Zitronen vorgesehen ist, sollten Sie folgendermaßen vorgehen: Die Zitrusfrucht ausdrücken, den Saft filtern und mit der gleiche Menge Wasser und zehn Prozent Cocktailsirup (man bekommt ihn in vielen Läden) verrühren. Dann nur noch in Eiswürfelbehälter gießen und in den Gefrierschrank stellen. Verwenden Sie dies anstelle von normalem Eis. Es schmeckt lecker und ist auch hübsch anzusehen.

Kir

Diesen klassischen, immer wieder köstlichen Cocktail haben uns die Franzosen geschenkt. Dazu 4 Teile gut gekühlten Weißwein in ein Glas geben und 1 Teil Cassis, ein Likör aus schwarzen Johannisbeeren, hinzugeben. Wenn Sie statt Wein Sekt oder Champagner nehmen, wird daraus ein Kir Royal.

Bellini

4 Teile gut gekühlten Sekt oder Prosecco in ein Glas geben und mit 1 Teil püriertem Pfirsich verrühren. Aufgepasst: Für den Bellini wird kein, ich betone *kein* Champagner verwendet. Viel besser gelingt er mit Prosecco oder einem im Tank im so genannten Charmat-Verfahren gegorenen Sekt.

Bellini's Son

Zum traditionellen Bellini gehört der Pfirsich. Aber Sie können ihn auch durch jede beliebige Frucht nach Ihrem Geschmack ersetzen: Lecker ist er immer. Verwenden Sie gefilterten Orangensaft, so heißt er Mimose.

Boule oder Orangenwein

Zu 1 Flasche leicht aromatischem Wein 2 in Scheiben geschnittene Orangen, 1 Glas Grappa, 50 g Cocktailsirup, ein wenig Zimt und einige Gewürznelken geben. Mindestens 3 Stunden im Kühlschrank ziehen lassen, passieren und kalt servieren.

Sangria auf meine Art

1 Flasche Rotwein (auf keinen Fall ein besonders guter) mit 1 Orange in Scheiben, 1 Zitrone in Scheiben, 1 Glas Brandy, 50 g Cocktailsirup und, wenn die Jahreszeit es erlaubt, 2 Aprikosen oder 1 Pfirsich, ebenfalls in Scheiben geschnitten, verrühren. Mindestens 3 Stunden im Kühlschrank ziehen lassen, 3 Gläser Mineralwasser und viel Eis hineingeben und servieren.

Zerstoßene Früchte mit Wein

Frische Früchte der Saison und nach Ihrem Geschmack wie etwa Orangen, Aprikosen, Kiwis, Erdbeeren, Pfirsiche, Kirschen, Trauben etc. klein schneiden und in ein nicht zu dünnwandiges Glas geben. Ein wenig Cocktailsirup hinzufügen und mit einem kleinen Holzstößel zerstoßen. Das Glas mit Eiswürfeln füllen und 1 Teil Weißwein und 1 Teil Soda darüber gießen. Mixen. Auch wenn dieser Cocktail wegen der zerstoßenen Fruchtschalen ein wenig trüb erscheint – lecker ist er auf jeden Fall.

Zerstoßene Früchte mit Gin

Wie bei den zerstoßenen Früchten mit Wein ← vorgehen, zum Schluss aber 1 Teil Gin und 2 Teile Tonic-Water hineingeben.

Ingwer-Wermut-Cocktail

70 g frischen Ingwer schälen und in runde Scheibchen schneiden. Dann in 1 l kaltes Wasser geben, das Wasser zum Kochen bringen und den Ingwer 5 Minuten lang darin sprudelnd garen lassen. Abkühlen lassen, 1 ausgedrückte Limette und 2 reichliche Esslöffel Cocktailsirup hinzugeben. Zum Schluss 2 Teile von dem Ingwertee und 1 Teil weißen Wermut (oder auch »dry« oder »rosso«) in ein mit Eiswürfeln gefülltes Glas gießen und verrühren. Mit 1 Zitronenscheibe garnieren.

Borretsch *tonic*

1 große Hand voll Borretsch in 1 l kaltes Wasser geben, das Wasser zum Kochen bringen und den Borretsch darin 5 Minuten sprudelnd garen. Abkühlen lassen, 1 ausgedrückte Limette und 2 große Esslöffel Cocktailsirup darin verrühren. In ein mit Eis gefülltes Glas 2 Teile von dem Borretschtee, 1 Teil Tonic-Water und 1 Spritzer Gin geben. Mit 1 Zitronenscheibe garnieren.

Mojito light

1 Hand voll frische Minze, 5 Teile Soda, 1 Teil weißen oder dunklen Rum und 1 Spritzer Cocktailsirup in ein mit Limetteneis ← gefülltes Glas geben. Dann mixen und servieren.

Zum Schluss noch drei politisch furchtbar unkorrekte, aber äußerst beliebte Cocktails – heißt es nicht, die *political correctness* gerät allmählich aus der Mode?

Martini *hard*

1 Gläschen trockenen Wermut in ein hohes, mit 6 Eiswürfeln gefülltes Glas (im Fachjargon *mixing glas*) gießen und mit einem langen Löffel (im Fachjargon *stirrer*) gut verrühren. Dann abgießen und dabei das Eis zurückhalten (hier können Sie den *strainer* benutzen, falls Sie einen besitzen, also ein spezielles Sieb mit einer Art Spirale außen, das genau auf den Cocktailbecher passt) und 1 Teil Gin oder Wodka mit Kühlschrank-, nicht Eisschranktemperatur, hinzufügen. Behutsam 30 Sekunden lang rühren und dann durch ein Sieb in ein Glas geben. Zum Schluss noch 1 Scheibchen Zitrone dazugeben, und fertig ist er.

Negroni

1 Teil roten Wermut, 1 Teil Campari Bitter und 1 Teil Gin in ein mit Orangeneis ← gefülltes Glas gießen. Verrühren und mit 1 Orangenscheibe servieren. Eine echte Bombe.

Bloody Mary

Passierte Tomaten, möglichst hausgemacht ←, mit Salz, Pfeffer, gefiltertem Zitronensaft und Tabasco (alles in einer Menge nach Ihrem Geschmack) verrühren. Ein kleines Glas mit 1 Teil eisgekühltem Wodka füllen. Über eine mit der Spitze nach unten gerichtete Messerklinge 1 Teil der Tomatenmischung in das Glas gleiten lassen. Des Kohäsionsphänomens wegen durchfließen die Tomaten den Wodka und breiten sich am Boden des Glases aus. Genießen Sie die *Bloody Mary* in einem Zug:

Der Alkohol im Wodka wirkt, wie er wirken soll, und der etwas bittere Nachgeschmack wird durch die Süße der Tomaten abgemildert. Wodka und Tomate einfach miteinander zu verrühren, so wie es alle machen, halte ich für einen Akt der Barbarei.

Besondere Leidenschaft des Autors Nr. 1:

Das perfekte Soffritto

Es war einmal – so beginnen unzählige Märchen. Man nehme 1 Zwiebel, 1 Karotte und 1 Stange Sellerie, zerkleinere die Zutaten, bräune sie – so beginnen unzählige Rezepte.

Solch eine in der Pfanne geschmorte Gemüsemischung nennt man *Soffritto*. Es ist die Basis der meisten Pasta-Saucen und vieler, vieler anderer Gerichte, gibt ihnen Volumen und Körper. Ein *Soffritto* wird immer auf allerkleinster Flamme gegart, »über einer Kerze«, wie ich es gerne nenne. Bei größerer Hitze brennt es an, wird bitter und unverdaulich. Stößt Ihnen ein Zwiebelgeschmack bitter auf, so bedeutet das in 99 Prozent der Fälle, dass das *Soffritto* zu starker Hitze ausgesetzt war.

In manchen Fällen, zum Beispiel bei der Zubereitung eines Risottos ←, ist es höchst problematisch, das fein gehackte Gemüse und den Reis zusammen anzubräunen. Denn verlangt ein *Soffritto* stets eine möglichst niedrige Gartemperatur, wird Reis erst durch eine Röstung bei starker Hitze vor dem eigentlichen Garen zu einem echten Risotto: Beides, sowohl die Ziege als auch den Kohlkopf, zu retten, ist hier unmöglich. Entweder verbrennt die Zwiebel oder der Reis wird nicht richtig geröstet. Wird bei einem Schmorbraten das Fleisch mit Zwiebeln und Gemüse in einem Topf angebraten, brennen diese nicht nur an, sondern sie behindern auch die Bräunung des Fleisches, wodurch der ganze Braten misslingen kann. Solche Fälle gibt es zuhauf.

Welche Lösung bietet sich an? Ganz einfach: Man bereitet das *Soffritto* so zu, wie es sich gehört, also auf kleinster Flamme, nimmt es aus der Pfanne, zerkleinert es, stellt es zur Seite und gibt es erst wieder hinein, wenn die Gartemperatur der anderen Zutaten nicht mehr so hoch ist. Aber es gibt sogar noch eine bessere Lösung. Bereiten Sie *Soffritto* auf Vorrat zu, in aller Ruhe an einem Tag, wenn Sie genug Zeit und nichts Besseres vorhaben. Bewahren Sie es im Kühlschrank auf, wo es sich problemlos eine Woche lang hält, oder, in Portionen aufgeteilt, in der Gefriertruhe. Dort können Sie es drei Monate aufbewahren und haben es immer fertig, perfekt gegart, wenn es gebraucht wird. Dadurch sparen Sie sich eine Menge Zeit, Ihre kostbarste Zutat, und können jederzeit jedes Gericht damit verbessern und verfeinern. Es ist gar nicht nötig, es vor dem Gebrauch zu erwärmen. Nehmen Sie es einfach zwei Stunden vorher aus dem Eisschrank.

Geraten Sie nicht in Panik, und ärgern Sie sich bitte nicht über mich, wenn Sie in zahllosen Rezepten nur die Angabe, soundso viel Löffel *Soffritto* hinzuzufügen, finden. Haben Sie es nicht parat, so bereiten Sie es rasch in einem Töpfchen zu und zerkleinern es, und schon ist das Problem gelöst. Rechnen Sie dazu, dass 1 Zwiebel ungefähr 4 Esslöffel Zwiebel-*Soffritto* ← ergibt, und 1 Zwiebel, 1 Karotte und 1 Stange Sellerie ungefähr 6 Esslöffel *Soffritto all'italiana* ←.

- Ein *Soffritto* wird mit Butter zubereitet, gegebenenfalls auch mit Schmalz, das gar nicht so schwer ist, wie man vielleicht annehmen mag. Wenn Sie unbedingt Öl verwenden wollen, muss es Olivenöl *extravergine* sein, aber kein geschmacksintensives, sonst dominiert der Olivengeschmack.
- Ein *Soffritto* wird nicht gesalzen, man isst es ja auch nicht löffelweise. Salzen Sie das Gericht, in dem Sie es verwenden. In allen Kochbüchern ist immer wieder zu lesen, Gewürze maßvoll zu verwenden. Das ist richtig. Doch es gibt ein Gewürz, mit dem wir alle gerne übertreiben: Salz. Man nimmt wenig, wenn und falls es nötig ist, und das ganz zuletzt.

Zwiebel-*Soffritto*

1 kg weiße, gelbe oder rote Zwiebeln schälen und, wenn möglich mit einem Keramikmesser, in ganz dünne Scheiben schnei-

den. 150 g Butter (oder Öl) in einer Kasserolle zerlassen und die Zwiebeln auf kleinstmöglicher Flamme anschwitzen. 30 Minuten garen lassen (ruhig auch mehr, verkochen können Sie das *Soffritto* gar nicht), dabei mit einem Holzlöffel umrühren und ein wenig Wasser angießen, wenn die Flüssigkeit zu stark einkochen sollte. Vor allem aber gut aufpassen, dass die Zwiebeln nicht anbrennen. Zum Schluss die Zwiebeln fein hacken oder mit dem Zauberstab pürieren. Ich weiß, 150 g Fett scheinen recht viel zu sein, aber das ist nur eine Frage der Wahrnehmung. Auf eine mittelgroße Zwiebel von 100 g Gewicht kommt hier ein Stück Butter, das sind 10 bis 15 g, also …

- Ein Keramikmesser ist vorteilhaft zum Schneiden von rohem Gemüse, vor allem, wenn dieses roh gegessen wird, da es nicht oxidiert: Das ist kein Snobismus, es macht wirklich einen Unterschied.

Lauch-*Soffritto*

Mit 1 kg Lauch wie beim Zwiebel-*Soffritto* ← vorgehen. Ruhig ein wenig Grün dranlassen, das gibt einen guten Geschmack.

Schalotten-*Soffritto*

Mit 1 kg Schalotten wie beim Zwiebel-*Soffritto* ← vorgehen. Am besten nimmt man die mit den dickeren Köpfen, die sind noch feiner und leckerer im Geschmack.

Soffritto all'italiana

Mit 500 g Zwiebeln, 300 g Karotten, 200 g Stangensellerie und 150 g Butter (oder Öl) wie beim Zwiebel-*Soffritto* ← vorgehen.

***Soffritto all'italiana* mit Bauchspeck (*pancetta*)**

Eine Variante mit frischem oder geräuchertem Bauchspeck. Gehen Sie wie beim Zwiebel-*Soffritto* ← vor, und nehmen Sie 500 g Zwiebeln, 300 g Karotten, 200 g Sellerie, 200 g gewürfelten Bauchspeck (*pancetta*) und 100 g Butter (oder Öl) dazu. Nach 10 Minuten Garzeit 1 Gläschen trockenen Weißwein ohne Alkohol ← angießen und 1 Messerspitze Tomatenmark darunter rühren.

Soffritto mit Entenfleisch

Für diese Zubereitung sollten Sie nicht die edleren Stücke, sondern die Reste verwenden, jenen Verschnitt also, mit dem Sie sonst nichts anzufangen wüssten. Selbstverständlich lässt sich das Rezept auch mit den Resten von anderem Geflügel oder anderen geschmacksintensiven Fleischsorten variieren.

Mit einem schweren Messer 200 g Entenreste klein schneiden: Aufgepasst, sie werden nicht gehackt. Das Fleisch 4 Minuten lang in 1 Stück Butter bräunen. 1 Gläschen Weißwein ohne Alkohol ← angießen, 500 g *Soffritto all'italiana* ← und 1 Messerspitze Tomatenmark hinzufügen. Das Ganze bei sehr schwacher Hitze 10 Minuten lang sanft garen.

Ihre Majestät, die Tomate

Die Tomate ist die Königin der italienischen Küche, und man mag es kaum glauben, dass sie bis zum Ende des 19. Jahrhunderts kaum bekannt war: Wie kamen die Menschen bloß ohne sie aus? Dann hat die aus Mittel- und Südamerika stammende Frucht (denn sie ist eine Frucht und kein Gemüse) ihren Siegeszug um die ganze Welt angetreten, den italienischen Stiefel aber noch stärker als alle anderen Länder erobert.

In unzähligen Gerichten dürfen Tomaten nicht fehlen; man findet sie in allen Geschäften, und das zwölf Monate im Jahr. In Italien verwenden wir sie nicht nur frisch, sondern in vielerlei Formen; als passierte Tomaten, als geschälte ganze Tomaten, als gewürfelte Tomaten, als Tomatenmark, doppelt oder dreifach konzentriert, oder auch als bereits fertige Sauce. Auch wenn die industrielle Zubereitung zuweilen (aber nicht oft) mehr als akzeptabel sein kann, ist der hausgemachten auf alle Fälle der Vorzug zu geben. Im Folgenden nun einige Rezepte dazu.

Passierte Tomaten

Üblicherweise kauft man sie schon fertig im Laden – die Macht der Gewohnheit –, dabei ist die Zubereitung zu Hause ganz einfach und schmeckt viel besser. Machen Sie doch mal die Cocktailprobe: Bereiten Sie sich eine *Bloody Mary* ← zunächst mit industriell hergestellten passierten Tomaten und dann mit hausgemachten zu: Sie werden sehen, was das für ein Unterschied ist.

1 kg gut gereifte Tomaten, die besten, die Sie finden können, in Scheiben schneiden. Im Backofen bei 70 °C 3 Stunden lang ziehen lassen, damit so viel wässriger Saft wie möglich ver-

dampfen kann, und dann nur noch, ohne allzu viel Druck, durch die Flotte Lotte drehen. Das ist alles. Die passierten Tomaten halten sich im Kühlschrank 6 Tage, im Gefrierschrank 3 Monate.

Tomatensauce

Tomatensauce ist Grundlage und Dreh- und Angelpunkt der italienischen Küche. Die Zubereitung ist relativ unkompliziert, aber es existieren unzählige Varianten, und ein jeder hütet eifersüchtig »das wahre«, von Mutter und Großmutter ererbte Rezept. Natürlich sind diese Rezepte alle gleichermaßen »wahr«, und darum stelle ich Ihnen hier *mein* wahres vor, bei dem es sich genau genommen sogar um zwei Rezepte handelt.

- Es ist sinnlos, sich mit den Streitfragen, Salattomate oder Saucentomate, mit dicker oder mit dünner Schale und dergleichen mehr aufzuhalten. Gewiss gibt es für jede Zubereitungsart eine ganz besonders geeignete Sorte, in Wahrheit aber verlaufen die eigentlichen Trennungslinien zwischen den guten, den relativ guten und den anderen Tomaten. Für Ihre Saucen nehmen Sie nur die guten und die relativ guten; alle anderen, die übergroße Mehrheit also, können Sie vergessen. Um es noch klarer zu sagen: Kaufen Sie immer die teuersten Tomaten; sie sind immer noch preiswert, und ein guter Kauf lohnt allemal.

Süditalienische Tomatensauce

Diese Sauce lässt sich nur kochen, wenn man durch ein gütiges Schicksal (etwa dem, mit jemandem befreundet zu sein, der sie selbst anbaut und dazu noch den grünen Daumen besitzt) an wirklich sehr gute, reife Tomaten gekommen ist. Eine nur mittelmäßige Zutat verzeiht diese Sauce nicht.

1 kg Tomaten halbieren, die Hälften ausdrücken, um auf diese Weise so viel wässrigen Saft wie möglich und auch einige Samenkerne auszusondern, und dann in grobe Stücke schneiden. Eine ordentliche Menge Olivenöl *extravergine* mit 1 oder mehre-

ren Knoblauchzehen erhitzen und die Tomaten darin 2 Minuten lang anbräunen. 1 Messerspitze Zucker hinzufügen und 10 Minuten bei schwacher Hitze weiter köcheln lassen, dabei hin und wieder mit einem Holzlöffel umrühren. Und schon ist die Sauce fast fertig. Sie können jetzt, wenn Sie möchten, die Knoblauchzehe entfernen und die Tomaten, falls Sie das wünschen, durch die Flotte Lotte drehen. Zum Schluss mit Salz sowie Peperoni in einer Menge nach Ihrem Gusto abschmecken und, wenn gewünscht, Basilikum hinzugeben. Das Basilikum darf aber nie mitkochen, sondern erwärmt sich nur in der fertigen Sauce.

- Wie gesagt, die Tomaten müssen wirklich sehr gut und reif sein, damit diese Sauce ein unvergessliches Erlebnis wird! Haben Sie auch nur die geringsten Zweifel an der Qualität der Früchte, so bereiten Sie die Sauce lieber auf andere Weise zu, indem Sie die Tomaten in kochendem Wasser blanchieren ←, sie schälen, zerschneiden und Samen und wässrigen Saft entfernen.

Norditalienische Tomatensauce

Eine vielseitig verwendbare Sauce, die man stets im Kühlschrank bereitstehen haben sollte: Hier genügen auch die relativ guten Tomaten und im Notfall sogar geschälte Tomaten aus der Dose.

1 kg Tomaten kurz in siedendes Wasser geben, dann schälen und Samenkerne und wässrigen Saft entfernen. In grobe Stücke schneiden und in ein wenig Butter oder 1 Schuss Olivenöl 2 Minuten lang anbräunen. 400 g *Soffritto all'italiana* ←, 1 Esslöffel Tomatenmark und 1 Teelöffel Zucker hinzugeben und bei schwacher Hitze 10 Minuten lang garen. Wer will, dreht das Ganze danach durch die Flotte Lotte – ich mache es lieber nicht. Dann fein gehackte Petersilie in beliebiger Menge unterrühren und mit Salz abschmecken. Das ist die Sauce, zu der Sie immer greifen sollten, wenn es im Rezept heißt: Tomatensauce hinzufügen. Sie ist wirklich universell. Anstelle von Petersilie können Sie auch Basilikum nehmen, oder, etwas unorthodoxer, aber sehr lecker, Minze, ebenfalls fein gehackt.

Rote Sauce oder *bagnèt ross*

Diese Sauce könnte man auch als hausgemachtes Ketchup bezeichnen. Sie ist eine der großen Errungenschaften der piemontesischen Küche und passt, zusammen mit grüner Sauce ← (*salsa verde*), hervorragend zu gemischtem Fleischtopf ← (*bollito misto*), aber auch zu gegrilltem Fleisch. Und sie ersetzt bei allen Gelegenheiten industriell hergestelltes Ketchup.

2 Gläser Essig 5 Minuten lang leicht sprudelnd köcheln lassen. Dann 4 Esslöffel Zucker, 500 g mit Öl zubereitete norditalienische Tomatensauce ←, reichlich Peperoni und 1 Messerspitze Kartoffel- oder Maismehl (in 1 Esslöffel kaltem Wasser aufgelöst) darunter rühren und 10 Minuten lang unter weiterem Rühren köcheln lassen. Die Sauce wird kalt genossen.

Besondere Leidenschaft des Autors Nr. 2:

Wein ohne Alkohol

Ebenso wie in ganz Europa taucht in der italienischen Küche Wein in unzähligen Rezepten auf.

Dieser Bacchusnektar weist bekanntermaßen einen gewissen Alkoholanteil auf (10 bis 14 Prozent), während der Rest aus Wasser und zahllosen weiteren Stoffen besteht, es sind bis zu 1000 (!), die Geruch und Geschmack des Weines bestimmen.

Wird Wein zum Kochen verwendet, gilt es, eine Sache zu berücksichtigen: Während der Aromastoff- und Wasseranteil unproblematisch ist (die tun, was sie tun sollen), macht uns der Alkohol Schwierigkeiten, und das nicht zu knapp. Denn beim Kochen bildet er einen sauren, bitteren Bodensatz, der vollkommen ungenießbar ist. Sie mögen einwenden, dass er wieder verdampft, weil er flüchtiger ist als Wasser. Aus diesem Grund gibt man ja auch üblicherweise eine gute Messerspitze Zucker in das mit Wein zubereitete Gericht. Er dient dazu, die Säure abzuschwächen. Und es stimmt auch, dass man Wein traditionell bei Gerichten mit sehr fettem Schweinefleisch verwendet (aber wann haben Sie zum letzten Mal eine Speckschwarte gekauft?), das gut mit der Säure harmonieren soll. Das ist alles richtig, doch das Problem bleibt ungelöst, wenn wir einen Schmorbraten in Rotwein oder Huhn in Weinsauce zubereiten wollen.

Dabei ist die optimale Lösung ganz einfach: Man trennt den Alkoholanteil vom Wasser und den Aromastoffen. Wie? Indem man den Wein 5 Minuten lang aufkocht. Der Alkohol ist sehr flüchtig und verdampft sofort, was man gleich riecht, wenn man die Nase über den Topf mit dem kochenden Wein hält. Solch einen Wein ohne lästigen Alkoholanteil (lästig natürlich nur im Kochtopf, im Glas ist er wunderbar) verwendet man (bis auf wenige Ausnahmen) bei allen Rezepten, in denen Wein verlangt wird. Glauben Sie mir, das ist ein guter Trick, der entscheidend sein kann für das Gelingen eines Gerichts.

- Nachdem der Alkohol verflogen ist, wird niemand mehr, da gehe ich jede Wette ein, sagen können, ob ein Essen mit einem sündteuren so genannten Meditationswein oder einem ordentlichen Tafelwein gekocht wurde. Deshalb rate ich Ihnen auch davon ab, in der Küche kostbare Weine zu verwenden: Ein ganz normaler tut es auch. Ein würziger weißer Trebbiano oder ein namenloser gehaltvoller Roter aus dem Süden reichen in 99,99 Prozent der Fälle vollkommen aus. Schmorbraten in Barolo natürlich ausgenommen.

Ich will schon gleich im Voraus jene Leser um Vergebung bitten – ich hoffe, es sind wenige –, die bei der Angabe »Wein ohne Alkohol hinzufügen« mit dem Verweis auf dieses Kapitel in Rezepten ratlos den Kopf schütteln. Natürlich können Sie auch, so wie allgemein üblich, normalen Wein verwenden. Das Ergebnis wird allerdings immer eine mehr oder weniger starke Andeutung von Säure im Essen sein. Wer's mag…

Die Saucen, oder besser, die Sughi Italiens

Zu Beginn einige Definitionen. Unter Saucen versteht man gebundene flüssige bis sämige Beigaben zu Fleisch, Fisch, Gemüse und anderen Speisen. Ein *Sugo* ist hingegen eine Sauce, mit der Pasta angemacht wird. Mit dieser sicherlich subjektiven Unterscheidung werden vielleicht manche nicht einverstanden sein, aber wenn Sie diese Begriffe hier finden, wissen Sie, was gemeint ist. Aus meiner Erfahrung als Autor kulinarischer Publikationen weiß ich, dass die Italiener keine Liebhaber von Saucen sind. Die halten sie für »typisch französisch«. Natürlich sind unsere Saucen etwas anders. Im Folgenden eine Reihe von Beispielen dafür. Fest steht jedenfalls, dass die übergroße Mehrheit »unserer« Saucen eigentlich *Sughi* sind. Und 99 Prozent unserer *Sughi* werden unter die Pasta gerührt, während man nur ein Prozent davon zu etwas anderem reicht, wodurch diese wenigen *Sughi* wieder zu Saucen werden.

Ragù

Was ein *Ragù* ist, dürfte klar sein: die italienische Version der französischen oder deutschen Ragouts. Nur dass es sich bei einem Ragout um eine Art Gulasch handelt, während unsere *Ragù* Saucen bzw. *Sughi* sind, weswegen das Fleisch auch sehr gut zerkleinert werden muss. Es gibt einen entscheidenden Trick, damit ein *Ragù* gelingt: Das Fleisch sollte nicht gehackt, sondern mit einem großen Messer sehr fein geschnitten und dann nur so kurz wie möglich gegart werden.

Fleisch-*Ragù*

Mit einem großen Messer 500 g gemischtes Rind-, Kalb- und Schweinefleisch in kleine Würfel schneiden. 1 Stück Butter zerlassen und das Fleisch darin 4 Minuten lang anbraten. 250 g *Soffritto all'italiana* mit Bauchspeck (*pancetta*) ←, 1 Glas Rotwein ohne Alkohol ← und 1 Messerspitze Tomatenmark hinzufügen und alles 20 Minuten, keinesfalls länger, bei schwacher Hitze köcheln lassen; ein wenig Rinderbrühe ← nachgießen, falls die Flüssigkeit zu stark einkochen sollte. Zum Schluss mit 1 Hand voll Petersilie überstreuen und mit Salz und Pfeffer abschmecken.

Lamm-*Ragù*

500 g Lammschulter entbeinen (es wäre Verschwendung, edlere Teile des Tieres zu opfern) und mit einem schweren Messer in kleine Würfel schneiden. Diese in 1 Stück Butter 2 Minuten lang anbraten, 250 g *Soffritto all'italiana* ← und 1 Messerspitze Tomatenmark hinzugeben und 1 Glas trockenen Weißwein ohne Alkohol ← angießen. Bei schwacher Hitze 10 Minuten lang, nicht länger, garen lassen, dabei ein wenig Rinderbrühe ← nachgießen, falls die Zutaten zu trocken werden sollten. Zum Schluss 1 Hand voll gehackte Petersilie oder Minze (die ist delikater und aromatischer) darüber streuen und mit Salz und Pfeffer abschmecken.

Fisch-*Ragù*

500 g Fischfilet in Würfelchen schneiden. Geeignet ist hierfür jeder Fisch, außer den so genannten »blauen« Fischen, also Sardinien, Sardellen und Makrelen. Allerdings zählen Thun- und Schwertfisch auch zu dieser Gruppe, und mit deren Fleisch lassen sich herrliche Ragùs zubereiten – Kochen ist auch deshalb so schön, weil es stets mehr Ausnahmen als Regeln gibt. 1 Schuss Öl erhitzen und den Fisch 1 Minute darin wenden. Dann 200 g Schalotten- oder Lauch-*Soffritto* ← hinzufügen, 1 Gläschen Fisch- oder Gemüsebrühe ← angießen und 1 kleine

Messerspitze Tomatenmark dazugeben. 4 Minuten, nicht länger, auf kleiner Flamme köcheln lassen. 1 Hand voll fein gehackte Minze darüber streuen und mit Salz und Pfeffer abschmecken.

Pesto

Seine Heimat ist Ligurien, aber auch die Provence, wo es *pistou* genannt wird, und die Streitfrage nach seiner Herkunft ist unlösbar. Die Basis des Pesto ist aber ligurisches Basilikum. Und hier beginnen die Probleme. Die Ligurer haben es nämlich nie geschafft, die Herkunftsbezeichnung ihres wunderbaren Basilikums schützen zu lassen: eine typisch italienische Geschichte. Und so müssen Sie sich, wenn Sie ligurisches Basilikum kaufen wollen, schon auf Ihren Gemüsehändler verlassen. Vielleicht haben Sie Glück, und er kann die verschiedenen Basilikumsorten unterscheiden und Ihnen das Richtige geben. Sonst erhalten Sie das aus Süditalien. Die Unterscheidung ist aber auch schwer. Das süditalienische hat größere Blätter und ein anderes Aroma. Es schmeckt leicht nach Minze, aber das werden Sie erst feststellen, wenn die Sauce fertig ist. Wie gesagt, Sie müssen Ihrem Gemüsehändler vertrauen, aber ein »Buh« auf die Ligurer, weil sie es wohl nicht für nötig befanden, die Herkunftsbezeichnung schützen zu lassen.

Pesto sollte eigentlich in einem marmornen Mörser mit einem Stößel aus Buchsbaumholz zubereitet werden, aber das macht niemand, außer einigen Fanatikern wie mir. In der Küchenmaschine wird es auch etwas, aber Achtung: Da Basilikum bei Wärme oxidiert, was einen bitteren Geschmack zur Folge hat, und die rotierenden Klingen warm werden, sollte man den Behälter ein paar Stunden vor Gebrauch in den Gefrierschrank stellen. Sollte dieser, was vorkommen kann, voll sein, so geben Sie einfach ein paar Eiswürfel in den Becher. Außerdem sollten Sie das Basilikum nur ganz kurz pürieren, dann hat es keine Zeit, sich zu erwärmen, und der bittere Geschmack wird vermieden. Wann erfindet eigentlich jemand eine Küchenmaschine mit Keramikschneiden …?

- Pesto kann man schlecht aufheben. Verbrauchen Sie es also so rasch wie möglich. Industriell hergestelltes Pesto schmeckt immer schrecklich. Lassen Sie lieber die Finger davon.

50 Basilikumblätter nicht waschen, sondern mit einem feuchten Tuch putzen. 1 Hand voll Pinienkerne kurz rösten. Den Behälter der Küchenmaschine aus der Gefriertruhe nehmen und ohne Zeit zu verlieren 5 cl Olivenöl *extravergine* (natürlich aus Ligurien), das Basilikum, die Pinienkerne, 2 bis 5 Knoblauchzehen (in einer Menge nach Ihrem Geschmack, aber es kann ruhig mehr als genug sein), ein wenig grobkörniges Salz, 15 g geriebenen Schafskäse (*pecorino romano*) und die gleiche Menge geriebenen Parmesan hineingeben. 10 Sekunden lang mixen. Dann in eine Schüssel umfüllen, noch einmal die gleiche Menge Öl und weitere 15 g *pecorino* und 15 g Parmesan unterrühren.

Artischockenpesto

Für die Zeit, wenn die Basilikumsaison vorbei ist.

3 Artischocken putzen und alle harten Teile entfernen. Dann in Scheibchen schneiden und mit 2 (oder mehr, wenn man mag) Knoblauchzehen, 1 Hand voll kurz gerösteten Pinienkernen und 1 Glas Milch gründlich pürieren. Zum Schluss 6 Esslöffel Olivenöl und 1 Hand voll geriebenen Parmesan darunter rühren und mit Salz abschmecken.

Grüne Sauce

Sie wird auch *bagnèt vert* genannt. Puristen vertreten die Ansicht, hierzu müssten unbedingt in Salz eingelegte und gewässerte Anchovis verwendet werden. Obwohl selbst kein Purist, stimme ich hier doch ausnahmsweise einmal zu. Mit in Öl eingelegten Anchovis, und seien sie noch so gut, wird diese Sauce nichts. Besonders lecker schmeckt sie zu gekochtem Fleisch.

3 Scheiben Toastbrot ohne Rand in Weißweinessig oder, sehr unorthodox, in Apfelessig einweichen und ausdrücken. 1 Ei 10 Minuten lang kochen und klein schneiden. Dann sorgfältig und mit viel Geduld 100 g gut gewaschene und getrock-

nete Petersilie (ohne Stängel) und ungefähr 5 Knoblauchzehen (mehr oder weniger, das kommt auf Ihren Geschmack an), 1 Hand voll in Salz eingelegte und gewässerte Kapern sowie 3 in Salz eingelegte und gewässerte Anchovis sehr fein hacken. Alle Zutaten in eine Schüssel geben und mit einem Schneebesen mit 0,1 l oder wenig mehr Olivenöl *extravergine* vom Gardasee oder aus Ligurien gut verquirlen. Zum Schluss nur noch mit Salz und Pfeffer abschmecken. Vor dem Genuss 1 Stunde lang ziehen lassen.

Trauben-*Mostarda*

Ein Rezept von Pellegrino Artusi, sehr ähnlich zu *Cognà* ←, aber ohne Zucker. Auch diese Sauce eignet sich perfekt als Beigabe zu gekochtem Fleisch.

1 kg Äpfel, Sorte Renette, und 2 Birnen schälen, das Kerngehäuse entfernen und die Früchte in feine Scheiben schneiden. Dann 5 Minuten bei schwacher Hitze unter Rühren in 2 Gläsern süßem Weißwein köcheln lassen, danach 1 l Traubenmost hinzugießen. Das Ganze so lange garen, bis die *Mostarda* deutlich eingedickt ist. Das wird ungefähr 1 Stunde dauern, hängt aber davon ab, wie flüssig der Most ist. Schließlich abkühlen lassen und 1 Esslöffel Senf (in ein wenig warmem Wein aufgelöst), 100 g fein gehacktes Zitronat und 1 Hauch Zimt hinzufügen. Die Mostarda lässt sich in geschlossenen Gläsern im Kühlschrank aufbewahren.

Pearà

Eine sehr traditionsreiche Veroneser Sauce mit Rindermark. Sehr kräftig… Verwendung: ebenfalls zu gekochtem Fleisch.

400 g altbackenes Brot im Ofen rösten und dann reiben. In einer Kasserolle 50 g zerkleinertes Rindermark zerlassen und mit dem Brot verrühren. 50 g Butter sowie – Kelle für Kelle – 0,4 l heiße Rinderbrühe ← hinzugeben und bei schwacher Hitze 1 Stunde lang zugedeckt sowie 30 Minuten lang ohne Deckel köcheln lassen. Mit Salz und reichlich im Mörser oder

mit einem Fleischklopfer zerstoßenem schwarzem Pfeffer abschmecken. *Pearà* wird warm serviert.

Walnusssauce

Eine sehr delikate ligurische Sauce, die sich auch als *Sugo* eignet. Anstelle von *Ricotta* (Quark) müsste man eigentlich *prescinsoeua*, einen Sauerteig, verwenden. Aber der ist kaum noch zu bekommen. Verwendung: Auf Pasta mit Gemüsefüllung kann sie sich am besten entfalten. Besonders auf *pansotti*, einer ligurischen Pasta-Sorte, die mit Kräutern der Saison, Borretsch, Mangold, *Ricotta*, Parmesan und Knoblauch gefüllt wird.

1 kg Walnüsse knacken, die Kerne blanchieren und schälen. Sie können aber auch, so wie ich, einfach schon fertig geschälte Walnusskerne nehmen; das ist bequem, wenn auch politisch nicht korrekt. Jedenfalls die Kerne gut zerstoßen und zusammen mit 3 Scheiben in ein wenig Milch eingeweichtem und ausgedrücktem Toastbrot (ohne Rinde) in eine Schüssel geben. Knoblauch nach Belieben, sagen wir 2 Zehen, 100 g *Ricotta* und ein wenig Olivenöl hinzufügen und gut verrühren. Zum Schluss das Ganze durch die Flotte Lotte drehen, nach Belieben noch etwas Olivenöl hinzugeben und mit Salz abschmecken.

Knoblauchsauce

Diese Sauce ist ein echter Mythos für Leute, die Knoblauch lieben. Aber wer täte das nicht? Sollten Sie so jemanden kennen, gehen Sie ihm einfach aus dem Weg. Wichtig wäre es, frischen Sommerknoblauch ohne den grünen Spross innen zu verwenden. Befinden Sie sich aber gerade in einer anderen Jahreszeit, so ist das auch kein Drama. Deswegen werden Sie doch nicht auf solch eine köstliche Sauce verzichten wollen? Schneiden Sie das Grün einfach weg, und fertig. Verwendung: Perfekt passt diese Sauce zu kaltem Braten, zu Fisch oder zu harten Eiern. Kosten Sie sie aber auch einmal auf Pasta oder geröstetem Brot.

Zunächst jede Menge Knoblauch zerstoßen (diese Menge hängt von Ihnen ab, aber es muss wirklich viel sein). 2 Eigelb,

1 Spritzer gefilterten Zitronensaft, 300 g Olivenöl und 1 Esslöffel kaltes Wasser in eine Schüssel geben und mit dem Schneebesen gut durchschlagen. Mit Salz und Pfeffer abschmecken.

Meerrettichsauce

Eine deftige Sauce; wer einmal einen Narren an ihr gefressen hat, kommt so leicht nicht mehr von ihr los. Aber aufgepasst: Der Meerrettich (*armoracia rusticana*) hat nichts mit Radi oder Rettich (*raphanus rapanistrum*) zu tun, zu denen auch Hederich (den kein Mensch kennt) sowie Radieschen gehören, die sehr fein im Geschmack, aber für eine Sauce denkbar ungeeignet sind. Verwendung: zu gekochtem, geräuchertem oder auch gegrilltem Fleisch.

Den geschälten Meerrettich reiben (dabei werden Sie alle Tränen weinen, die Sie haben – das müssen Sie einplanen) und dann in eine Schüssel geben. Ein wenig Senfpulver, ein wenig Zucker, ganz wenig Salz und ein wenig Apfelessig hinzufügen und gut verrühren. Wenn man die Sauce so verzehrt, ist sie wirklich äußerst scharf, und nur wenige Hartgesottene schaffen es, sie so auch zu genießen. Sollten Sie nicht dazu zählen, mildern Sie ihre Schärfe durch 1 Scheibe in Milch eingeweichtes und gut ausgedrücktes Toastbrot (ohne Rand) oder auch mit Apfelkompott oder Crème fraîche ←.

Rotweinsauce

Wie Sie sehen werden, handelt es sich hierbei um eine große Synthese, ein Rezept, bei dem fast alle »Küchenhelfer« aufs Glücklichste zusammenspielen. Verwendung: ein Gedicht vor allem zu Rinder- und Kalbsfilet.

In einem kleinen Topf 0,1 l Rotwein ohne Alkohol ← mit 0,2 l Fleischfond ←, 1 Thymianzweig, 1 Messerspitze Zucker und 4 Esslöffeln Zwiebel-*Soffritto* ← 4 Minuten lang einkochen lassen. Danach durch die Flotte Lotte drehen, 40 g Roux ← hinzufügen und auf sehr kleiner Flamme weitere 10 Minuten lang köcheln lassen. Vor dem Verzehr, aber wirklich erst dann, 60 g in dünne Scheibchen geschnittenes, in der heißen Pfanne gewendetes oder blanchiertes Rindermark damit verrühren. Mit Salz und Pfeffer abschmecken.

Chutney-Sauce auf italienische Art

Hierbei handelt es sich um eine herrliche Sauce indischen Ursprungs, die mittlerweile überall in Europa heimisch geworden ist und aus Früchten und Gemüsen, Rohrzucker und Apfelessig hergestellt wird. Sie können dazu entweder nur Früchte verwenden (etwa Äpfel, Birnen, Mangos, Papayas usw.) oder auch nur Gemüse (hervorragend geeignet ist Kürbis) oder einen Mix aus Früchten und Gemüse; besonders bewährt hat sich die Hinzugabe von Zwiebeln. Wichtig ist nur, Obst mit kleinen Kernen, wie etwa Kiwis, zu vermeiden und die Zutaten sehr fein zu schneiden. Verwendung: zu allen Fisch- und Fleischgerichten, egal, ob gekocht, gebraten oder gegrillt.

4 Teile geputztes und klein geschnittenes Gemüse oder Früchte mit 1 Teil Rohrzucker, 1 Teil Apfelessig und ganz wenig Salz 1 Stunde lang kochen lassen. Die *Chutney*-Sauce dann in Gläser füllen und kühl, am besten im Kühlschrank, aufbewahren. Nach 2 Wochen kann man sie verzehren, nach 2 Monaten schmeckt sie aber noch besser.

Currysauce auf italienische Art

Curry ist eine Mischung verschiedenster Gewürze wie Koriander, Pfeffer, Kümmel oder Muskatnuss. Hauptbestandteil aber ist Kurkuma, durch den es seine typische gelbe Farbe erhält. Currypulver kann mild, scharf oder sehr scharf sein, was üblicherweise auf der Verpackung angegeben ist. Die Schärfe richtet sich nach dem Anteil an Chilischoten. Sie sollten natürlich zu einem guten indischen Currypulver greifen und nicht zu einer seiner blassen europäischen Kopien. Verwendung: zu klein gewürfeltem Fleisch ebenso wie zu Fisch und Krustentieren, kurzum zu allem, was Ihnen schmeckt. Die Currysauce immer erst nach dem Garen hinzufügen und mit Joghurt und Crème fraîche verfeinern.

2 Hähnchenflügel mit Haut 3 Minuten lang anbraten und dann 4 Esslöffel *Soffritto all'italiana* ←, 1 Glas Weißwein ohne Alkohol ← 30 g Butter, 4 Gläser Hühner- oder Universalbrühe ←, 1 geschälten und in Scheibchen geschnittenen Apfel (Sorte Renette), 1 Teelöffel gesiebtes Mehl sowie Currypulver nach Belieben dazugeben. »Nach Belieben« kann natürlich vieles bedeuten. Das einzige Mal, als ein Freund aus dem indischen Goa ein »echtes« Curry nach heimischem Rezept für mich zubereitete, war ich, nachdem er mich zugegebenermaßen mehrmals gewarnt hatte, drauf und dran, die Feuerwehr zu rufen, um das Feuer in meinem Mund zu löschen: So ist es in der Heimat des Curry eben Brauch. Sie aber sollten sich nach Ihrem eigenen und nicht nach deren Gusto richten. Das Ganze nun bei schwacher Hitze zugedeckt garen und etwas Brühe nachgießen, falls die Flüssigkeit eingekocht sein sollte. Mit Salz abschmecken, durch die Flotte Lotte drehen, und Ihre Sauce ist fertig. Sie hält sich 6 Tage im Kühlschrank und 3 Monate in der Gefriertruhe.

Senfsauce

Eine Sauce für Senfliebhaber. Aufgepasst, die Senfpalette reicht von süß bis derart scharf, dass es einem die Tränen in die Augen treibt. Nicht zufällig werden Öle aus Senfsamen dazu verwendet, Ohnmächtige wieder aufzuwecken. Verwendung: zu Grillfleisch, Kalbs- und Rinderfilet.

1/2 l Brühe, 50 g Roux ← und Senf nach Belieben (die Menge hängt von seiner Schärfe und Ihrem Geschmack ab; probieren und entscheiden Sie) in einem Topf verrühren und 10 Minuten lang garen. Zum Schluss mit Salz und Pfeffer abschmecken.

Minzsauce

Unkompliziert und köstlich ist diese Sauce englischen Ursprungs – wer behauptet eigentlich, dass nur schwierige Zubereitungen gut schmecken können? Verwendung: Perfekt passt sie zu kaltem Fleisch, vor allem zum Roastbeef.

100 g frische Minze fein hacken und mit 0,2 l warmem Essig und 3 Esslöffeln Zucker in eine Schüssel geben. Gut verquirlen und mit Salz abschmecken. Die Mischung vor dem Verzehr mindestens 12 Stunden lang ziehen lassen.

Apfelsauce

Verwendung: passend zu allen gebratenen oder geschmorten Fleischarten, aber auch zu unzähligen anderen Zubereitungen.

3 Äpfel schälen, in Würfelchen schneiden und zunächst mit dem Saft von 1 Zitrone in eine Schüssel geben. Anschließend in einem Topf mit 1 großen Esslöffel Rohrzucker, Zimt nach Belieben, einigen zerstoßenen Gewürznelken, 2 Esslöffeln Zwiebel-*Soffritto* ← und 1 guten Schuss Weißwein ohne Alkohol ← 10 Minuten lang kochen lassen. Schließlich durch die Flotte Lotte drehen und eventuell noch mit Mais- oder Kartoffelmehl, das in 1 Esslöffel kaltem Wasser aufgelöst wurde, oder auch Roux ← andicken. Zum Schluss erst mit Salz und Pfeffer und, wenn gewünscht, mit ein wenig Senf abschmecken.

Süßsaure Sauce

Ein Klassiker, der durch die asiatische Küche in aller Welt verbreitet wurde. Verwendung: überall dort, wo eine süßsaure Note bei einem Gericht gewünscht ist.

80 g Rosinen und 80 g getrocknete Aprikosen 1 Stunde lang in lauwarmem Tee einweichen, ausdrücken und in Stückchen hacken. Dann 50 g Zucker in einem Töpfchen bei schwacher Hitze karamellisieren lassen, 0,2 l Essig und die Früchte darunter rühren. 5 Minuten lang köcheln lassen. Eventuell mit ein wenig Kartoffelmehl, das in 1 Esslöffel kaltem Wasser aufgelöst wurde, andicken.

Joghurtsauce

Ein delikate Sauce der Zukunft, die anstelle von saurer Sahne ← verwendet werden kann. Sie ist vielseitig einsetzbar, passt hervorragend zu Braten oder Fisch, zu Suppen, gedünstetem Gemüse und vielem, vielem mehr.

4 Teile griechischen Vollmilchjoghurt (Joghurt aus Schafsmilch) und 1 Teil frische Sahne miteinander verrühren. Mit Salz abschmecken, Schnittlauch in beliebiger Menge hinzugeben und mit ein wenig Tabasco und Worchestersauce würzen.

Orangensauce

Eine abgewandelte Version der legendären Orangensauce aus der französischen Küche. Verwendung: zu Geflügelbraten.

250 g Rindfleisch (gemischt) klein schneiden, in Mehl wenden und in 1 Stück Butter anbraten. 50 g *Soffritto all'italiana* ←, 1/2 Flasche Rotwein ohne Alkohol ←, 1 Lorbeerblatt, 1 Knoblauchzehe und 1 halbierte Orange hinzufügen. Bei schwächster Hitze 2 Stunden lang sanft schmoren lassen und dann durch ein Sieb geben (aber ohne Druck, weil sonst der bittere Geschmack der Orangenschalen hervortritt). Die Sauce zur Konsistenz eines Fonds einkochen lassen und dann mit einem Stück Butter montieren ←. Zum Schluss mit Salz und Pfeffer abschmecken.

Birnen-Schoko-Sauce

Modern, prächtig, köstlich. Verwendung: zu Wild und verschiedenen Braten.

2 reife Birnen schälen und in Würfelchen schneiden. In 1 Stück Butter anbräunen und 1 Prise Zimt hinzugeben. 1 Glas warmen Cognac darüber gießen und flambieren ←. Dann 800 g frische Sahne und 20 g geriebene Bitterschokolade hinzugeben. 20 Minuten auf kleiner Flamme ohne Deckel köcheln lassen. Zum Schluss pürieren und mit Salz und Pfeffer abschmecken.

Schokoladensauce

Diese schon klassischere Sauce ist für alle Fleischsorten geeignet.

0,1 l Weißwein ohne Alkohol ← in einem Töpfchen mit 0,2 l Fleischfond ←, 20 g geriebener Bitterschokolade, 1 Messerspitze Zucker und 4 Esslöffeln Zwiebel-*Soffritto* ← 7 Minuten kochen lassen. Dann durch die Flotte Lotte drehen, 40 g Roux ← hinzugeben und auf kleinster Flamme weitere 7 Minuten lang köcheln lassen. Mit Salz und Pfeffer abschmecken.

Besondere Leidenschaft des Autors Nr. 3:

Emulgieren

In diesem Buch taucht häufiger der Begriff »Emulgieren« auf. Was ist damit gemeint?

Es bedeutet, mit einem geeigneten Gerät Flüssigkeiten zu verbinden, die sich nicht auf natürliche Weise miteinander mischen. Durch das Emulgieren werden die Teilchen aufgebrochen, und es hat den Anschein, als würden sie zu einem homogenen Ganzen verschmelzen, wobei häufig auch noch Luft untergerührt wird, was die betreffende Zubereitung schaumig und weich macht. Ich habe vom Anschein gesprochen, denn in Wirklichkeit werden sich die Bestandteile, wenn man eine entsprechende Zeit wartet, wieder voneinander trennen. Das heißt, eine Emulsion ist nie endgültig, obwohl es auch hier, wie immer beim Kochen, Ausnahmen gibt, in diesem Fall also Emulsionen, die sehr stabil sind. Wichtig ist aber nur zu wissen, dass schon diese vorübergehenden Verbindungen eine große Hilfe und Errungenschaft sind. Emulgieren sollte man immer im letzten Moment. Dann sind die Bestandteile, bevor sie sich wieder trennen können, bereits verzehrt und verdaut.

Manche Zutaten, so genannte Stabilisatoren, dienen dazu, solche Verbindungen zu festigen. Am gebräuchlichsten ist Eigelb.

In der alltäglichen Küche gibt es drei Zubereitungen, bei denen immer emulgiert werden sollte:

Erstens beim Salatdressing. In Italien werden die Zutaten viel zu selten emulgiert, was den Salatgenuss erheblich schmälert: Stets ist ein Teil des Salats zu ölig, ein anderer weist zu viel Essig, ein dritter zu viel Salz auf. Zum richtigen Vorgehen siehe das Kapitel »Gemischte Salate« ←.

Zweitens bei einigen Saucen, die mit Eigelb stabilisiert werden: Die bekannteste, die Mayonnaise ←, ist auch eine der stabilsten überhaupt. Durch das Eigelb und das kräftige Schlagen, den Vorgang der Emulsion also, verwandeln sich Öl und Zitronensaft, die sich nicht auf natürliche Weise mischen, in etwas Neues, Festes, Köstliches.

Drittens Saucen und Fonds, bei denen sich die flüssigen, halbflüssigen oder gar festen, jedoch gut zerkleinerten Bestandteile nur schwer miteinander verbinden. Besonders hier gilt es zu emulgieren. Verwenden Sie, wie es Ihnen angeraten erscheint, eine Gabel, einen Schneebesen, einen Mixer oder aber jene phantastische Erfindung, den Pürierstab. Nehmen Sie, was Sie wollen, aber schlagen Sie die Sauce auf, eine Minute reicht bei weitem, indem Sie, wenn es das Rezept erlaubt, ein wenig Butter hinzugeben. Durch diesen einfachen Vorgang erhalten Sie stets eine homogene, lockere, weiche, schöne und appetitliche Sauce.

Im Folgenden die Erläuterung weiterer Zubereitungstechniken, die Sie in diesem Buch finden werden.

Deglacieren oder Ablöschen

Das Deglacieren dient dazu, die Kruste abzulösen, die sich beim Anbraten von Fleisch in der Kasserolle gebildet hat: Die ist lecker; es wäre schade, sie nicht zu verwenden. Dazu nimmt man das Fleisch aus der Pfanne, gießt ein Glas Wein an und lässt ihn bei stärkerer Hitze verdampfen, während man gleichzeitig mit einem Holzlöffel die Kruste abschabt. Sie wird später zum Bestandteil einer Sauce, die dann mit anderen Zutaten zubereitet wird. Üblicherweise deglaciert man mit Weißwein, aber auch alle anderen Flüssigkeiten sind geeignet. Nehmen Sie dazu aber etwas Hochprozentiges wie Brandy oder Cognac, wenn gleich nach dem Angießen flambiert wird ←.

Flambieren

Flambieren bedeutet, Speisen mit einem Branntwein, üblicherweise Brandy oder Cognac, zu übergießen und anzuzünden. Dabei dringen die Aromastoffe in die Speise ein, während der Alkohol verbrennt. Der Branntwein muss kochend heiß sein. Man entzündet ihn mit einem Streichholz oder, was eigentlich zu gefährlich ist, indem man die Pfanne zur Gasflamme neigt. Auf alle Fälle muss die Flamme immer ganz aufgedreht sein. Flambiert werden zahlreiche Gerichte, vor allem Filets und Crêpes. Besonders beliebt ist das Flambieren in Luxusrestaurants, wo es vor den Augen der Gäste effektvoll in Szene gesetzt wird. Passen Sie immer auf, dass Sie sich nicht verbrennen.

Einweichen

Eingeweicht werden getrocknete Pilze, Rosinen und alle Trockenfrüchte. Das Wasser sollte lauwarm sein – aber nur, damit es schneller geht: Bei kaltem Wasser muss man mehr Zeit einkalkulieren, bei heißem beginnen die Zutaten zu früh zu kochen, was vermieden werden sollte. Durch das Einweichen können sich getrocknete Lebensmittel wieder mit Wasser voll saugen; außerdem werden sie gesäubert. In den meisten Fällen reichen 30 Minuten bei weitem aus, manchmal auch schon weniger. Vor der Verwendung sollten die eingeweichten Zutaten ausgedrückt werden. Speziell bei Trockenfrüchten kann es eine reizvolle Alternative sein, sie nicht in Wasser, sondern in Tee einzuweichen.

Natürlich werden auch getrocknete Hülsenfrüchte eingeweicht – das aber sehr viel länger.

Schlagen oder Montieren

Beide Begriffe zählen zum Emulgieren ←. Schlagen kennen wir von Schlagsahne oder Eischnee; Montieren bedeutet, eine Suppe oder Sauce durch Aufschlagen mit einem Schneebesen unter Zugabe kalter Butterflöckchen zu binden.

Blanchieren

Blanchieren bedeutet, Gemüse (und auch andere Nahrungsmittel, aber ich will es hier nicht zu kompliziert machen), kurz, ein bis drei Minuten, in leicht gesalzenes, siedendes Wasser zu geben. Geben Sie das – falls nötig – etwas zerkleinerte Gemüse nach und nach in den Topf, denn das Wasser soll ständig weitersprudeln. Dann gießt man ab oder hebt das Gemüse heraus und stoppt den Garvorgang, indem man es sofort eine Minute lang in eiskaltes Wasser gibt (fügen Sie also Eiswürfel hinzu). Blanchiert werden Gemüse, die erst ganz zum Schluss einem Gericht beigegeben werden; wenige Minuten Garzeit genügen jetzt schon. Das hat den Vorteil, dass das Gemüse nicht breiig gekocht wird, sondern knackig und bissfest bleibt, was nicht nur leckerer, sondern auch gesünder ist, weil mehr Nährstoffe erhalten bleiben. Ein wirklich äußerst wichtiger Trick!

Schaum abschöpfen

Wird Fleisch gekocht (auch bei anderen Nahrungsmitteln, aber dort nicht in diesem Maß), so bildet sich auf der Flüssigkeit Schaum. Diesen Schaum schöpft man mit einem flachen Löffel, dem so genannten Schaumlöffel, ab. Es geht aber auch mit einem Esslöffel. Auch bei der Zubereitung von Konfitüren ist das Schaumabschöpfen unverzichtbar.

Fett abschöpfen

Hierbei wird mit einem Löffel überschüssiges Fett abgeschöpft, das sich beim Kochen bildet. Zuweilen wird auch die Speise selbst entnommen, das Fett abgegossen. Vor allem wenn Fleisch gekocht wird, ist das Fett zu entfernen, denn klare Brühe verträgt kein Fett.

Sautieren

Der Begriff kommt von franz. (*faire*) *sauter,* »springen (lassen)« und bedeutet, eine Zutat in einer großen Pfanne (Schwenkkasserolle) bei stärkerer Hitze kurz in Fett oder Flüssigkeit zu schwenken. Dabei kann es sich um Fleisch und Gemüse, aber auch um Pasta handeln (siehe Kapitel »Vom richtigen Pasta-Kochen«).

Auflösen

In Flüssigkeit durch starkes Rühren aufgelöst werden feste Substanzen wie Senfpulver, Kartoffel- oder Maismehl, um sie anschließend Speisen, oft zum Andicken, hinzuzufügen. Auch Tomatenmark wird aufgelöst, aber nur, wenn größere Mengen gebraucht werden. Ist nur eine Messerspitze davon hinzuzugeben, ist Auflösen nicht nötig.

Die Königinnen: Béchamelsauce und Mayonnaise

Diese beiden berühmten Kreationen der französischen Küche sind schon seit ewigen Zeiten auch in unserer Küche heimisch: Wir haben schon ganz vergessen, dass Béchamelsauce und Mayonnaise eigentlich gar nicht aus Italien stammen.

Béchamelsauce

Namensgeber ist der Marquis Louis de Béchameil, bei dem ich nie so recht verstanden habe, welche Rolle er nun eigentlich am Hofe Ludwigs XIV. spielte. Unsterblich wurde sein Name nicht etwa, weil er die Sauce kreierte, sondern weil er für eine höchst simple Zubereitung das Grundrezept festschrieb: Man stellt ein Roux ← her, schwitzt also Mehl mit Butter an, und löst das Ganze dann mit Milch auf. Hört sich nicht schwer an, ist es auch nicht, aber... Die weißliche Creme, die aus diesem einfachen Vorgang entsteht, ist eine der großen »Muttersaucen« der guten Küche, eine jener Saucen also, die nicht direkt verzehrt, sondern, mehr oder weniger gewürzt, verfeinert und verarbeitet, als Grundlage für neue Saucen dienen.

Mit 100 g Butter und 100 g gut gesiebtem Mehl in einer Kasserolle mit einem dicken Boden ein Roux ← zubereiten. Dann nach und nach unter ständigem Rühren mit dem Schneebesen 1 l frische Vollmilch (Zimmertemperatur) angießen und 10 Minuten bei schwacher Hitze und unter weiterem Rühren köcheln lassen, bis sich die Milch glatt verbunden hat. Zum Schluss mit Muskatnuss würzen und mit Salz und Pfeffer abschmecken. Die Milchmenge variiert natürlich je nachdem, ob Sie für Ihr Gericht eine festere oder flüssigere Béchamelsauce wünschen. Je länger die Garzeit des Gerichts, desto flüssiger sollte die Sauce sein.

- In vielen Kochbüchern ist zu lesen, man solle heiße Milch angießen. Aber das ist ein Fehler. Wenn heiß auf heiß stößt, begünstigt das die Klümpchenbildung. Zu einem heißen Roux gibt man eine kalte, zu einem kalten Roux eine heiße Flüssigkeit. Der Temperaturschock und das gleichmäßige Rühren mit dem Schneebesen verhindern Klümpchen.

***Soubise*- oder Zwiebel-Béchamelsauce**

300 g weiße Zwiebeln in dünne Scheiben schneiden und in kaltes Wasser legen. Nach 30 Minuten herausnehmen, gut abtropfen lassen und dann in 2 Esslöffeln Butter 20 Minuten oder ein wenig länger bei schwacher Hitze sanft anschwitzen. 400 g Béchamelsauce hinzufügen und weitere 20 Minuten köcheln lassen, dabei ein wenig Wasser dazugießen, falls die Sauce zu stark einkochen sollte. Schließlich durch die Flotte Lotte (die Scheibe mit den kleinen Löchern) passieren und dann mit 1 Stück Butter und 5 cl Sahne montieren ←. Wenn nötig, nochmals mit Salz und Pfeffer abschmecken. Die Sauce passt hervorragend zu Braten.

***Aurore*-Sauce**

400 g Béchamelsauce bei schwacher Hitze (sie darf nie zum Kochen kommen) mit 150 g dickflüssiger Tomatensauce ← und 5 cl Sahne emulgieren ←. Ideal zu gekochtem Huhn und harten Eiern.

***Mornay*-Sauce oder Käse-Béchamelsauce**

400 g Béchamelsauce bei schwacher Hitze (sie darf nie kochen) mit 50 g Sahne, 50 g Butter und 100 g geriebenem Gruyère-Käse oder Parmesan aufschlagen. Von der Herdplatte nehmen und mit 1 Eigelb legieren. Perfekt zu Gemüsegratins.

- Wenn Sie hier anstelle der Milch Brühe verwenden, wird aus der Béchamelsauce eine Käsecremesuppe.

Mayonnaise

Die Mayonnaise ist eine weitere französische Saucenkreation, die bei uns heimisch geworden ist. Der Koch des Herzogs von Richelieu soll sie im Jahr 1756, am Abend nach der glorreichen Eroberung Mahóns, erfunden haben. All diese hohen Adeligen, die berühmten Rezepten ihren Namen gaben, spielen darüber hinaus in der Geschichte der feinen Küche keine große Rolle, verraten aber viel von der französischen Sozialgeschichte.

Keine andere Sauce ist so verbreitet auf der Welt wie die Mayonnaise. Ich persönlich verstehe unter Mayonnaise eigentlich sogar zwei Saucen. Die eine ist schwer, wird per Hand geschlagen und nur mit Eigelb zubereitet. Die andere ist leichter und würziger und wird in der Küchenmaschine mit Eigelb und Eiweiß hergestellt.

- Das Hinzugeben von Senf hat einen strategischen Sinn. Er wirkt als Stabilisator, der das Risiko mindert, dass die Mayonnaise gerinnt. Und wenn es trotzdem passiert? Kein Problem, dann machen Sie eine neue, indem Sie die geronnene Mayonnaise anstelle des Öls verwenden.

Mayonnaise, mit dem Schneebesen geschlagen

Verwendung: als Dip für gekochten Fisch. Es gibt noch weitere, aber mir fällt gerade keine ein.

4 cl Essig mit ein wenig Salz bei schwacher Hitze 3 Minuten lang einkochen und dann abkühlen lassen. In einer Schüssel 3 sehr frische Eigelb (Zimmertemperatur) mit dem Essig und 1 Messerspitze Senf verrühren. Dann abwechselnd 0,2 l eines besonders leichten Olivenöls *extravergine* und 0,2 l Pflanzenöl zunächst tröpfchenweise, dann löffelweise hinzugeben, und das unter ständigem Schlagen mit dem Schneebesen in einer Kreisbewegung von oben nach unten. Wenn sich das Volumen vergrößert hat, können Sie das Öl schneller angießen. Ist alles Öl aufgenommen, noch 1 Esslöffel oder wenig mehr gefilterten Zitronensaft hinzugeben. Mit Salz abschmecken.

Mayonnaise in der Küchenmaschine

Verwendung: *passim* – was, wie ich meinem Lexikon entnehme, eine »mehrfache Lokalisierung des betreffenden Gegenstands« bedeutet. Mit einfachen Worten: Die Verwendungsmöglichkeiten sind endlos.

2 Eier aufschlagen und mit 1 Messerspitze Senf in die Küchenmaschine geben. Auf höchste Geschwindigkeit stellen und abwechselnd 0,2 l Olivenöl (nicht *extravergine*) und 0,2 l Pflanzenöl nach und nach in kleiner Menge hineingeben. Zum Schluss, aber wirklich erst zum Schluss, 2 Esslöffel (mehr oder weniger, nach Ihrem Gusto) gefilterten Zitronensaft hinzufügen und mit Salz abschmecken. Sie können die Mayonnaise natürlich auch mit dem Zauberstab herstellen. Das Problem ist nur, das Gefäß festzuhalten, wenn Sie in der einen Hand den Pürierstab halten und mit der anderen das Öl angießen.

Grüne Mayonnaise

Aus 2 Eiern eine Mayonnaise in der Küchenmaschine ← herstellen und dabei 1 Bund frische Kräuter der Saison, die zuvor blanchiert ← und ausgedrückt wurden, hineingeben. Petersilie und Estragon bieten sich dazu an, aber auch Spinat, Kresse, Kerbel und viele andere. Eine sehr würzige, aromatische und nicht alltägliche Mayonnaise.

Thunfischmayonnaise

Mit 2 Eiern eine Mayonnaise in der Küchenmaschine ← zubereiten, dazu 80 g in Olivenöl eingelegten Thunfisch (gut abgetropft) und 2 gewässerte Anchovisfilets hineingeben. Zum Schluss mit 1 kleinen Hand voll in Salz eingelegten und gut abgespülten Kapern garnieren. Perfekt als Dip zu kaltem Fleisch.

Tatarsauce

Aus 2 Eiern eine Mayonnaise in der Küchenmaschine ← zubereiten. Danach eine sehr fein gehackte Mischung aus 1 Esslöffel Petersilie, 1 Esslöffel Estragon, 1 Esslöffel Schalotten, 1 Esslöffel

Gewürzgürkchen und 1 Esslöffel eingelegten und gut abgespülten Kapern mit einem Löffel per Hand unterrühren. Mit ein paar Tropfen Worcestersauce und 1 Messerspitze Senf verfeinern. Lecker zu gebratenem oder gegrilltem Fleisch.

Cocktailsauce

Mit 2 Eiern eine Mayonnaise in der Küchenmaschine ← zubereiten. Dann per Hand 3 Esslöffel rote Sauce ← oder Ketchup, 1 Esslöffel Worcestersauce, 1 Esslöffel Cognac und ein wenig Senf darunter rühren. Zum Schluss noch ein paar Tröpfchen Tabasco hineingeben. Ein Gedicht auf Meeresfrüchtecocktails.

Chantilly-*Sauce*

Diese beliebte Sauce ist die ideale Ergänzung zu Spargel. Mit der gleichnamigen gezuckerten Schlagsahne hat sie wenig gemein. 100 g Sahne und, in einem anderen Gefäß, 1 Eiweiß mit 1 Prise Salz zu Eischnee schlagen. Mit 2 Eiern eine Mayonnaise in der Küchenmaschine ← zubereiten, den Eischnee und die Schlagsahne unterziehen.

Besondere Leidenschaft des Autors Nr. 4:

Geklärte Butter

Ein in Butter gebratenes saftiges *Cotoletta alla milanese* (aber das Gleiche gilt auch für viele andere Gerichte) ist eine ganz besondere Gaumenfreude. Das Problem ist nur, dass Butter nicht zu stark erhitzt werden darf, weil sie sonst verbrennt. Also, was tun, um ein wirklich knuspriges Kotelett zu erhalten?

Da gibt es nur eine Möglichkeit: Man muss geklärte Butter, auch *ghee* oder Butterfett genannt, verwenden, jenes Fett also, das die Araber im Mittelalter einst in die von ihnen eroberten Länder mitbrachten und das, wie so vieles, im 18. Jahrhundert von den Franzosen wiederentdeckt wurde. Es handelt sich um eine Butter, der Kasein und Wasser entzogen wurde, wodurch sie dann, ebenso wie Oliven- oder anderes Pflanzenöl, auch höheren Temperaturen ausgesetzt werden kann. Geklärte Butter hält sich im Kühlschrank problemlos einige Monate lang.

Zubereitung: 1 kg Butter in einem Töpfchen mit rundem Boden, wie es speziell in der Feinbäckerei verwendet wird, im leichten Wasserbad (das Wasser darf nur ganz leicht sprudeln) ohne Rühren zerlassen. Dabei bildet sich auf der Oberfläche ein Schaum, den Sie mit dem Schaumlöffel abheben. Nach 1 Stunde ist das Wasser verdampft, und das bräunliche Kasein hat sich auf dem Topfboden abgesetzt. Den Rest, der jetzt einem Pflanzenöl gleicht, filtern Sie ab, wobei Sie aufpassen müssen, dass das Kasein auf dem Topfboden bleibt. Abkühlen lassen und in einem Gefäß im Kühlschrank aufbewahren.

- Beim Klären verringert sich das Gewicht der Butter um rund 40 Prozent. Beim Braten ist daher nur die Hälfte der in den

Rezepten für normale Butter angegebenen Menge zu nehmen. Das heißt: Butter zu klären, macht zwar ein wenig Arbeit, ist aber kein Kostenfaktor.

Grundteige, die man gut selbst machen kann

Nichts ist amüsanter, als in Kochbüchern, und zwar in allen – auch den besten – das Rezept für Blätterteig zu lesen. Man versteht es einfach nicht. Tatsächlich ist die Herstellung zu Hause, wo Sie weder eine anständige Knet- noch eine passable Ausrollmaschine, die klassischen Geräte des Bäckerhandwerks, zur Verfügung haben, ungeheuer aufwändig und kompliziert. Um das Blätterteigrezept auch nur annähernd genau wiederzugeben und zu erläutern, wären mindestens drei Seiten vonnöten, und zum Schluss wüssten Sie immer noch nicht, wie es geht.

Aus diesem Grund werden Sie dieses Rezept hier nicht finden. Wenn Sie Blätterteig verwenden wollen, machen Sie es wie ich: Kaufen Sie ihn schon fertig beim besten Händler, der für Sie erreichbar ist. Es ist (ein wenig) traurig, doch die Wahrheit ist eben, dass in manchen Fällen das vom Fachmann hergestellte, ja sogar (aber man verrate mich nicht) das industriell gefertigte und vielleicht auch noch tiefgefrorene Produkt das bessere ist.

Deshalb finden Sie hier nur einige wenige ausgesuchte, realistische Vorschläge, die zu Hause mit guten Erfolgsaussichten in die Tat umzusetzen sind. Diese wären:

Mürbeteig

Dieser bei Groß und Klein beliebte Teig ist, wie der Name schon sagt, sehr mürbe und verlangt eine schnelle Verarbeitung, möglichst mit sehr kalten Händen (tauchen Sie sie zuvor längere Zeit in Eiswasser) und auf einer Marmor- oder Stahloberfläche, damit die Butter nicht warm wird. Zu lange geknetet, wird er hart. Die Faustregel lautet, je halb so viel Butter und Zucker wie Mehl zu nehmen, wobei es besser ist, mit dem Zucker etwas sparsamer zu sein, damit der Teig nicht zu mürbe und beim Backen zu dunkel wird.

Für einen Kuchen oder rund 30 Plätzchen benötigen Sie: 200 g Mehl Type 405, 100 g Butter, 90 g Kristallzucker, 1 Ei, 1 Eigelb, 1 Prise Salz.

Mehl, Salz und Zucker vermengen, auf die Arbeitsfläche geben und in der Mitte eine Mulde formen. Stückchenweise die kalte Butter hineingeben und mit den Fingerspitzen das Mehl mit der Butter locker verkneten. Ei und Eigelb, die Zimmertemperatur haben müssen, hinzugeben und den Teig zügig kneten, aber nur mit den Fingerspitzen oder einer Messerklinge, damit er nicht warm wird, und nur so lange, bis die Zutaten locker miteinander verbunden sind und einen krümeligen, aber harmonischen Teig bilden. Wenn er bei der Verarbeitung zu stark zwischen den Fingern bröckelt, ein paar Spritzer Zitronensaft hinzugeben. Aus dem Teig eine Kugel formen, in Frischhaltefolie einschlagen und 30 Minuten im Kühlschrank ruhen lassen.

- Statt Kristallzucker können Sie auch Puderzucker nehmen. Dabei ist aber die Menge um ein Drittel zu verringern, weil er stärker süßt. Eine andere Variante sieht vor, den Teig mit abgeriebener Zitronenschale zu würzen, oder auch mit leicht gerösteten, geschälten und geriebenen Mandeln oder Haselnüssen oder mit dunklem Kakaopulver.

Brisée-Teig

Ein ähnlicher Teig wie Mürbeteig, allerdings ohne Zucker. Er wird für Kuchen mit salzigem Belag und Salzgebäck verwendet.

Für 1 Kuchen oder rund 50 salatini *(Salzgebäck) benötigen Sie: 300 g Mehl Type 405, 150 g Butter, 1 Prise Salz, 0,1 l kaltes Wasser.*

Mehl mit Salz auf die Arbeitsplatte sieben, stückchenweise die kalte Butter hinzufügen und alles miteinander vermengen.

Rasch kneten und dabei nach und nach das kalte Wasser hinzufügen, bis eine feste homogene Masse entstanden ist. Einen Brotlaib formen, in Frischhaltefolie wickeln und 1 Stunde in den Kühlschrank stellen.

- Mögen Sie den Teig süß, so geben Sie 2 Esslöffel Zucker hinzu. Wie gesagt, ähnlich wie Mürbeteig, nur neutraler und vielseitiger verwendbar.

Teig für Pizza und Focaccia

Wir sind in Italien, da sollte jeder wissen, wie er zubereitet wird.

Für rund 700 g leichten Hefeteig benötigen Sie: 500 g Mehl Type 405, 25 g Bierhefe, 1 Teelöffel Zucker, 0,3 l lauwarmes Wasser, 1 Teelöffel Salz, 2 Esslöffel Olivenöl.

Die Hefe in der Hälfte des lauwarmen Wassers auflösen, Zucker hinzufügen und 10 Minuten stehen lassen. Mehl auf die Arbeitsfläche geben, mit Salz bestreuen, in der Mitte eine Mulde formen und die Hefe, das restliche Wasser und das Öl hineingeben. Kräftig kneten, bis ein weicher, glatter und elastischer, aber nicht klebriger Teig entstanden ist: Wenn nötig, noch ein wenig Mehl hinzugeben. Zu einer Kugel geformt in eine Schüssel geben, ein Kreuz oben einritzen, mit einem Tuch abdecken und an einem warmen Platz, jedoch nicht auf der Heizung oder im Durchzug, ca. 1 1/2 Stunden gehen lassen, bis sich das Volumen verdoppelt hat. Vor der Weiterverarbeitung sollte der Teig auf der mit ein wenig Mehl bestäubten Arbeitsfläche einige Minuten durchgeknetet werden: Dadurch wird das Aufgehen der Hefe gestoppt.

- Denken Sie daran, das Salz nie in direkten Kontakt mit der Bierhefe zu bringen: Es verlangsamt das Aufgehen, während Zucker es beschleunigt.

Besondere Leidenschaft des Autors Nr. 5:

Brot

Gutes Brot zu finden, ist heutzutage fast schon wie ein Sechser im Lotto. Aber es gibt ja eine Alternative: Man kann es selbst backen. Das ist einfacher, als Sie vielleicht glauben mögen, und wird für Eindruck unter Ihren Gästen sorgen. Also los … Denn Brot backen ist eine Leidenschaft, die einen, einmal infiziert, so leicht nicht mehr loslässt.

- Brot ohne eine grammgenaue Küchenwaage und ohne eine gute Knetmaschine zu backen, ist äußerst mühsam. Häufig sogar unmöglich.

Schwedisches Brot

Dieses Rezept hat mir vor vielen Jahren einmal meine skandinavische Freundin Bodil gegeben. Seit damals backe ich dieses Brot fast jeden Sonntag. Es hält sich problemlos die ganze Woche über und kommt ohne Hefe aus, ist also ein »schnelles Rezept«.

Für ein Brot von der Größe eines Toastbrots benötigen Sie: 500 g Naturjoghurt, 2 Teelöffel Backpulver, 1 Teelöffel Salz, 5 cl Sirup oder flüssigen Honig, Olivenöl sowie in der nötigen Menge: Weizenmehl Type 405, Weizenvollkornmehl, Roggenmehl, Sojamehl, Haferflocken, Reisflocken, Weizenflocken, Malzflocken, Kleieflocken. Die letzten Zutaten können eventuell ganz oder teilweise durch ähnliche ersetzt werden.

Backpulver zum Joghurt geben und mit dem Schneebesen durchschlagen. Salz und Sirup bzw. Honig hinzugeben und wieder durchschlagen. Verschiedene Mehlsorten und Flocken nach Ihrer Wahl in ausreichender Menge hinzugeben und verrühren.

Da die Mehle und Flocken alle verschiedene Konsistenzen besitzen, bedeutet »in ausreichender Menge«: so viel davon, dass der Teig zwar relativ fest wird, sich aber auch, wenn Sie ihn in die Form gießen, noch gut mit dem Spachtel verstreichen lässt, damit er die Kastenform restlos ausfüllt. Da keine Hefe verwendet wird, kann die Form direkt in den Ofen geschoben werden. Gießen Sie den Teig also in eine 30 cm lange beschichtete oder gut geölte Aluminiumform, und streichen Sie ihn glatt. Dann im Backofen bei 180 °C backen. Nach 2 Stunden aus dem Ofen nehmen und abkühlen lassen.

Brioche-Brot

Schwierig ist dieser Teig nicht, aber Sie müssen aufs Gramm genau vorgehen.

Für 4 Plum-Cake-Formen von 20 cm Durchmesser benötigen Sie: 860 g Mehl Type 405, 520 g ganze Eier, 110 g Eigelb, 520 g Butter, 80 g Kristallzucker, 40 g Rohrzucker, 70 g Bierhefe, Milch, 20 g Salz.

Mit der Küchenmaschine 10 Minuten lang die ganzen Eier, Zucker, Hefe und Salz verarbeiten. Mehl hinzufügen und weitere 5 Minuten kneten lassen. Wenn das Mehl gut verarbeitet ist, die 110 g Eigelb und die Butter (cremig geschlagen) mit Zimmertemperatur hinzufügen. Weitere 10 Minuten durcharbeiten lassen, bis eine elastische Masse entstanden ist. Dann den Teig in einem geschlossenen Behälter 20 Minuten lang an einem warmen Platz gehen lassen. Danach noch einmal durchkneten, in die mit ein wenig Butter eingefetteten Backformen verteilen und weitere 20 Minuten an einen warmen Platz stellen. Die Oberfläche mit geschlagenen Eiern und ein wenig Milch bepinseln. Bei 160 °C 20 Minuten backen.

Butterbrötchen

Für 15 Brötchen benötigen Sie: 500 g Mehl Type 405, 100 g Butter, 35 g Bierhefe, 0,2 l Milch, 1 Teelöffel Salz, 1 Esslöffel Zucker, 1 Eiweiß.

Die Bierhefe mit dem Zucker in der Hälfte der lauwarmen

Milch auflösen und einige Esslöffel Mehl hinzufügen, um einen dünnflüssigen Teig zu erhalten; 20 Minuten ruhen lassen. Mehl mit der weichen, in Stückchen geteilten Butter, dem Salz und dem dünnflüssigen Teig verkneten und dabei nach und nach die restliche Milch einarbeiten. Ist der Teig schön fest, aber auch glatt und weich, mit einem Tuch abdecken und 1 Stunde an einem warmen Platz gehen lassen. Noch einmal einige Minuten lang durcharbeiten, in 15 oder mehr Portionen teilen und auf der Arbeitsfläche zu Kugeln rollen. Dann nebeneinander auf einem mit Backpapier ausgelegten Blech anordnen, mit einem Tuch abdecken und noch einmal für 30 bis 40 Minuten gehen lassen. Mit leicht geschlagenem Eiweiß bestreichen und im Backofen ca. 15 Minuten lang bei 220 °C backen.

Rosmarin-Speck-Brötchen

Für 60 Brötchen benötigen Sie: 1 kg weißes Mehl Type 405, 60 g Bierhefe, 40 g Salz, 0,15 l Olivenöl, 0,45 l Wasser, 200 g klein gewürfelten Speck, 60 g fein gehackte Rosmarinnadeln.

Die Zutaten mit der Knetmaschine 15 Minuten lang verarbeiten. 60 kleine runde Brötchen formen und 20 Minuten lang an einem warmen Platz gehen lassen. Nebeneinander auf einem mit Backpapier ausgelegten Blech anordnen und 15 Minuten lang im Backofen bei 170 °C backen.

Stangenbrot mit Tomate und Basilikum

Für 8 Stangenbrote benötigen Sie: 2 kg weißes Mehl Type 405, 80 g Bierhefe, 80 g Salz, 1 l Wasser, 0,25 l Öl, 30 Basilikumblätter, 8 feste Tomaten, ein wenig geriebenen Parmesan.

Hefe, Salz, Wasser und Öl 20 Minuten lang mit der Maschine zu einem Teig kneten. Die mit der Hand klein gezupften Basilikumblätter einarbeiten und weitere 3 Minuten kneten. Den Teig 20 Minuten lang an einem warmen Platz gehen lassen. Anschließend noch einmal per Hand durchkneten und 8 Stangen formen. In geringem Abstand zueinander auf einem mit Backpapier ausgelegten Blech anordnen und mit ein wenig Öl bestreichen. Mit der Handkante bei jeder Stange eine Vertiefung in Längsrichtung formen und die in feine Scheiben geschnittenen Tomaten hineinlegen. Salzen und ein wenig geriebenen Parmesan darüber streuen. 30 Minuten lang an einem warmen Platz gehen lassen und bei 180 °C im Backofen 25 Minuten lang backen.

Stangenbrot mit Zucchiniblüten und Käse

Für 8 Stangenbrote benötigen Sie: 2 kg weißes Mehl Type 405, 80 g Bierhefe, 80 g Salz, 1 l Wasser, 0,25 l Olivenöl, 20 Zucchiniblüten, 300 g geräucherten Scamorza-*Käse.*

Mehl, Hefe, Salz, Wasser und Öl mit der Knetmaschine 20 Minuten lang verarbeiten. Behutsam die entstielten und in schmale Julienne-Streifen geschnittenen Zucchiniblüten per Hand einarbeiten. Den Teig an einem warmen Platz 20 Minuten lang gehen lassen. Dann noch einmal mit der Hand durchkneten und dabei den geriebenen *Scamorza*-Käse hinzugeben. Anschließend 8 Stangenbrote formen und in geringem Abstand zueinander auf einem mit Backpapier ausgelegten Blech anordnen, mit ein wenig Öl bestreichen und an einem warmen Platz 30 Minuten gehen lassen. Schließlich 25 Minuten lang bei 170 °C backen.

Grissini

Selbst gemacht stoßen sie auf besonders großen Anklang...

Für 30 Grissini benötigen Sie: 500 g Mehl Type 405, 15 g Bierhefe, 1 Teelöffel Salz, 4 cl Olivenöl extravergine*, 0,25 l lauwarmes Wasser, 1/2 Teelöffel Zucker.*

Das Mehl auf ein Nudelbrett geben und eine Mulde formen. Die in der Hälfte des lauwarmen Wassers aufgelöste Bierhefe zusammen mit dem Zucker hineingeben und vermengen, Öl und restliches Wasser hinzugeben und zu einem weichen, glatten Teig kneten. Daraus eine Kugel formen, mit Öl bestreichen, in eine Schüssel geben, mit Frischhaltefolie abdecken und 50 Minuten lang gehen lassen. Dann den Teig noch einmal für einige

Minuten durchkneten und zu einer Rolle von 10 cm Durchmesser formen. Diese in ca. 2 cm dicke Scheiben schneiden und zwischen den Fingern viele »Schnürchen« daraus ziehen. Diese in geringem Abstand zueinander auf einem mit Backpapier ausgelegten Blech anordnen und 15 Minuten lang im Backofen bei 220 °C backen.

- Vor dem Backen können Sie die Stängchen noch mit einer Mischung aus Wasser und Öl bepinseln und mit Sesam-, Mohn- oder Fenchelkörnern oder auch mit fein gehackten Rosmarinnadeln bestreuen.

Pizza, Calzone und Focaccia

oder
der Ruhm Italiens in der ganzen Welt

Pizza

Pizza ist gleich Italien, wer wollte das bestreiten? Im Folgenden stelle ich Ihnen nur ein einziges Rezept vor. Die weiteren 1000, und ich glaube, es gibt sogar mehr als 1000, werden Sie dann schon selbst kreieren. Das Einzige, was Sie dazu tun müssen: das zerkleinern, was Sie gerne auf der Pizza essen möchten, und schon kann es losgehen.

Pizza mit Mozzarella und Tomaten

Für 6 Personen: 700 g Teig für Pizza und Focaccia ← dünn ausrollen. Auf ein leicht eingefettetes Backblech legen und 300 g Mozzarella (gut abgetropft und gewürfelt, er muss wirklich richtig trocken sein), eine reichliche Menge Tomatensauce ← und einige klein gezupfte Basilikumblätter gleichmäßig darauf verteilen. Mit ein wenig Olivenöl beträufeln und ca. 25 Minuten im 200 °C heißen Ofen backen.

Calzone oder gefüllte Pizza

Seltsamerweise lässt sich eine *Calzone* noch einfacher als eine normale Pizza zu Hause selbst machen. Im Folgenden zwei interessante Rezepte, die Sie nach Belieben variieren können.

Für 4 Personen: 500 g Pizzateig ← vierteln und jedes Stück auf einer mit Mehl bestäubten Arbeitsfläche zu einer Scheibe ausrollen. 300 g *Ricotta* mit 150 g gewürfeltem Mozzarella, 200 g Salami in dünnen Scheiben, 16 entkernten Oliven und 4 Esslöffeln Zwiebel-*Soffritto* ← in einer Schüssel verrühren. Mit Salz und Pfeffer abschmecken. Die Füllung auf die Teigscheiben geben, umklappen und gut verschließen, indem Sie den Rand mit den Fingern fest andrücken; die *Calzoni* nun auf ein gefettetes Backblech legen, jede mit 2 Esslöffeln passierten Tomaten ← gleichmäßig übergießen, mit 1 Schuss Olivenöl beträufeln und im Backofen auf höchster Stufe 20 Minuten lang backen.

Calzone mit Büffelkäse

Eine praktische Möglichkeit, nicht mehr frischen Büffelmozzarella (das heißt, er ist älter als zwei Tage) zu verwerten. Aber kaufen Sie ihn nicht eigens zu diesem Zweck, das wäre Verschwendung. Eine Alternative hierzu wäre auch der bekannte *Mozzarella in carozza* (gebackene Mozzarellabrote), aber dieses Gericht gelingt, wenn alles gut geht, erst nach dem 50. Versuch. Lassen Sie also lieber die Finger davon!

Für 4 Personen: 300 g Büffelmozzarella in dünne Scheiben schneiden und zum Abtropfen mindestens 2 Stunden lang in ein Sieb legen: Die Scheiben müssen wirklich sehr trocken sein. 300 g Kohlrübengrün (*broccoletti*) 2 Minuten lang blanchieren ←, in einer Pfanne mit 1 Schuss Olivenöl und 1 Knoblauchzehe 5 Minuten lang andünsten und dann fein zerhacken. Den Teig wie im vorherigen Rezept angegeben teilen und ausrollen. Die Calzoni mit den Mozzarellascheiben und *broccoletti* füllen, mit ein wenig Salz und viel Pfeffer bestreuen, dann gut verschließen, mit Olivenöl beträufeln und im Backofen auf höchster Stufe 20 Minuten lang backen.

Focaccia mit Cocktailtomaten und …

Selbstverständlich können Sie anstelle der Zucchini auch andere Gemüse Ihrer Wahl mit hineingeben. Wichtig ist nur, sie sehr fein zu schneiden und gegebenenfalls – wenn sie zu hart sind – in der Pfanne mit ein wenig Olivenöl eine Minute oder nur wenig länger anzudünsten. Die Variationsmöglichkeiten sind nahezu unbegrenzt.

Für 6 Personen: 4 Esslöffel geriebenen Parmesan (oder einen ähnlichen Käse) mit 7 Esslöffeln Olivenöl, 1 Esslöffel Oregano und 1 Prise Salz und Pfeffer gut verrühren. 20 Cocktailtomaten waschen und die Schale kreuzförmig einritzen. 7 kleine Zucchini waschen, die Enden wegschneiden und auf der Vierkantreibe auf der Seite mit den großen Löchern zu Schnitzeln reiben. Eine eingeölte Backform mit Teig für Pizza und Focaccia ← belegen, Vertiefungen hineindrücken und die Cocktailtomaten hineinlegen. Mit den Zucchini überstreuen, leicht salzen und die Käse-Oregano-Mischung darüber geben. Bei 230 °C im Backofen 20 Minuten lang backen. Lauwarm servieren.

Gefüllte Focaccia mit Pilzen

Auch hier gibt es unzählige Variantsmöglichkeiten, aber ich möchte ihnen nicht das ganze Buch widmen! Also, trauen Sie sich was, und los geht's mit viel Phantasie …

Für 6 Personen: 150 g grobe Bratwürstchen (*salsicce*) enthäuten, zerbröseln und in einer beschichteten Pfanne anbraten. 2 Mozzarella in Würfelchen schneiden und zum Abtropfen in ein Sieb geben. 600 g gemischte Pilze putzen, in Scheiben schneiden und in einer Pfanne mit 4 Esslöffeln Olivenöl und 2 Knoblauchzehen 15 Minuten lang anbräunen, bis das Pilzwasser verdampft ist; den Knoblauch entfernen, salzen und abkühlen lassen. Dann den Mozzarella, die zerkleinerten Würstchen, 80 g geriebenen Schafskäse (*pecorino*), 3 harte Eier in Scheibchen und 1 Hand voll fein gehackte Petersilie darunter rühren. Eine mit Öl eingefettete Backform mit 600 g Teig für Pizza und *Focaccia* ← auslegen, die Masse darauf geben, mit 400 g Teig bedecken und die Ränder verschließen. Nun noch mit einem Zahnstocher viele kleine Löcher in den Teig stechen, mit Olivenöl bestreichen und im Backofen bei 230 °C 20 Minuten lang backen. Lauwarm servieren.

Das Büfett

Hierzu zählt alles, was kalt gereicht wird, für eine Mahlzeit am Tisch oder auch im Stehen im Kreis vieler Freunde. Diese Gerichte, im Grunde kalte Vorspeisen, können problemlos zum Auftakt jedes Menüs gereicht werden. Und zur Mittagszeit können sie eine vollständige oder fast vollständige Mahlzeit sein. Kurzum, die kulinarische Vielseitigkeit schlechthin.

Leberpastete

Dieses leckere Gericht findet immer besonderen Anklang. Man kann hierzu die Kalbsleber auch mit Schweine- oder Hühnerleber mischen.

Für 6 Personen: 400 g in Stückchen geschnittene Kalbsleber und 100 g fein gehackten Bauchspeck (*pancetta*) in 50 g Butter anbräunen. 4 Servierlöffel Zwiebel-*Soffritto* ←, 2 Lorbeerblätter und 2 Wacholderbeeren hinzufügen und weitere 10 Minuten anbräunen. 1 Glas süßen Wein angießen und bei stärkerer Hitze einkochen lassen. Die Lorbeerblätter entfernen und die Zutaten unter Zugabe von 100 g weicher Butter pürieren. 2 Gläser Sahne schlagen, unter die kalte Masse ziehen und die Pastete in eine mit Folie ausgelegte Kuchenform geben. 3 Stunden lang in den Kühlschrank stellen, dann aus der Form nehmen und mit 50 g gehackten Pistazien überstreuen. Mit geröstetem, möglichst warmem Brot reichen.

Russischer Salat

… den die Russen italienischen Salat nennen und der eigentlich eine französische Erfindung ist. Die Wege der Kochkunst …

Für 6 Personen: 4 gesalzene Heringsfilets in 0,2 l Milch 1 Stunde lang einweichen, abtropfen lassen und trockentupfen. 1 Apfel schälen, würfeln und ein wenig gefilterten Zitronensaft darüber geben. 200 g Kartoffeln in Salzwasser kochen, noch warm schälen und in Würfel schneiden. 150 g enthülste Erbsen blanchieren ←. 150 g Karotten und 150 g Buschbohnen putzen und separat in Salzwasser so lange garen, bis sie zart, aber immer noch knackig sind. Auf Zimmertemperatur abkühlen lassen und würfeln. Die verschiedenen Gemüse mit Mayonnaise aus der Küchenmaschine ← von recht fester Konsistenz verrühren. Dann noch 2 Esslöffel in Salz eingelegte und gewässerte Kapern, 150 g in Öl eingelegte Pilze, die Apfelwürfel und die in Stücke geschnittenen Heringsfilets hinzugeben. Mit Frischhaltefolie abdecken und für 24 Stunden im Kühlschrank ruhen lassen. 30 Minuten vor dem Servieren wieder auf Zimmertemperatur bringen.

Kürbis-Blätterteigkuchen

Für 6 Personen: 800 g Kürbis putzen und das Fruchtfleisch in Scheibchen schneiden. Diese auf ein mit Backpapier ausgelegtes Blech legen, im Backofen bei 180 °C 15 Minuten lang garen und dann mit einer Gabel ausdrücken. 100 g Räucherspeck fein hacken und in einer beschichteten Pfanne anbraten. Die Kürbisscheibchen hinzugeben und 5 Minuten ziehen lassen, dann salzen und mit 5 fein gehackten Salbeiblättern würzen. Schließlich 100 g gewürfelten *Provolone*-Käse und drei Eier, die mit 50 g geriebenem Parmesan und 0,2 l Sahne verquirlt wurden, darunter rühren. Eine runde, mit Backpapier ausgelegte Backform von 28 cm Durchmesser mit 400 g Blätterteig – dem besten, den Sie kriegen können – belegen. Die Masse darauf verteilen und noch einmal mit Teigstreifen garnieren. Im Backofen bei 190 °C 40 Minuten lang backen. Lauwarm servieren.

Artischockenkuchen

Für 6 Personen: 6 Artischocken putzen (die harten Teile entfernen), in Stückchen schneiden und in eine Schüssel mit Zitronenwasser (mit dem Saft von 1 Zitrone) geben. Gut abtropfen lassen und mit 1 Schuss Öl 5 Minuten lang andünsten. 0,1 l Weißwein ohne Alkohol ← angießen und einkochen lassen. Salzen, pfeffern, 4 Esslöffel heißes Wasser und 4 Esslöffel Zwiebel-*Soffritto* ← hinzufügen, den Deckel auflegen und 15 Minuten lang schmoren lassen. Danach die Artischocken durch die Flotte Lotte drehen und mit 0,25 l Béchamelsauce ← und 50 g geriebenem Parmesan verrühren; 1 Mozzarella sowie 100 g gekochten Schinken, jeweils in Würfelchen, hinzugeben. Eine Backform von 28 cm Durchmesser mit Backpapier auslegen und mit 250 g Blätterteig – dem besten, den Sie bekommen können – belegen. Die Artischocken darauf verteilen und mit einer zweiten Schicht Blätterteig in der gleichen Menge abdecken. Die Ränder verschließen und den Teig mit einem Zahnstocher an mehreren Stellen einstechen. Zum Schluss noch mit in 2 Esslöffeln Wasser aufgelöstem Eigelb bepinseln und im Ofen bei 190 °C 35 Minuten lang backen. Lauwarm servieren.

Blumenkohlkuchen

Für 6 Personen: 2 Blumenkohlköpfe in Röschen zerteilen und 10 Minuten lang in siedendem Salzwasser garen; abgießen und in Stückchen teilen. 0,3 l Wasser in eine Kasserolle gießen, 150 g Butter in Stückchen und 1 Teelöffel Salz hinzugeben und bei mittlerer Hitze zum Kochen bringen. Vom Feuer nehmen, 200 g Mehl auf einmal hinzufügen und gut mit einem Holzlöffel verrühren. Die Kasserolle wieder auf den Herd stellen und den Teig unter ständigem Rühren 10 Minuten lang erhitzen, bis er glatt und fest ist und sich von den Rändern und dem Boden der Kasserolle löst. Dieser Teig heißt übrigens *pâte à chou* und ist, wie man sieht, relativ einfach zuzubereiten. Dann vom Herd nehmen und unter weiterem Rühren abkühlen lassen. Erst dann nacheinander 5 Eier, den Blumenkohl, 70 g geriebenen Parmesan und 1 Prise Zimt unterrühren. Die Masse in eine gebutterte feuerfeste Form geben, mit Paniermehl überstreuen und bei

190 °C im Backofen 30 Minuten lang backen. Lauwarm auf den Tisch bringen.

Fischkroketten

Für 6 Personen: 30 g Butter zerlassen, 300 g gekochte und durch die Kartoffelpresse gedrückte Kartoffeln hinzugeben, mit 1 Eigelb und 1 Esslöffel geriebenem Parmesan vermengen. 300 g zerkleinerten Klippfisch (oder anderen Fisch mit weißem Fleisch) mit 4 Esslöffeln Zwiebel-*Soffritto* ← anbräunen. Vom Feuer nehmen und das Kartoffelpüree, 1 Esslöffel gehackte Petersilie und 1 Stückchen Peperoni hinzugeben. Mit 2 Eigelb legieren und mit Salz abschmecken. Abkühlen lassen und aus der Masse viele zylindrische Kroketten formen. Diese mit Mehl bestäuben und zunächst in geschlagenem Ei, dann im Paniermehl wenden und in reichlich heißem Öl goldgelb backen.

Reiskroketten

Für 6 Personen: 400 g Reis (*fino* oder *superfino;* siehe dazu auch das Kapitel »Risotto«) bissfest kochen und mit 1 Tütchen in ein wenig Wasser aufgelöstem Safran färben. Mit 3 Esslöffeln geriebenem Schafskäse (*pecorino*) und einigen zerkleinerten Basilikumblättern vermengen und abkühlen lassen. 100 g fein gewürfelten, geräucherten Bauchspeck (*pancetta*) mit 4 Esslöffeln Zwiebel-*Soffritto* ← anbräunen. 0,1 l Tomatensauce ← hinzufügen, 20 Minuten weitergaren lassen und dann 100 g gekochte Erbsen hinzufügen. Mit Salz und Pfeffer abschmecken, abkühlen lassen und 2 in Würfelchen geschnittene Mozzarella hinzufügen. Mit feuchten Händen aus dem Reis viele aprikosengroße Bällchen formen, jeweils in die Mitte eine Vertiefung stechen, 1/2 Esslöffel Füllung hineingeben und wieder verschließen. Zunächst in geschlagenem Ei mit ein wenig Salz, dann in Paniermehl wenden. Schließlich in reichlich sehr heißem Öl ausbacken und auf Küchenkrepp abtropfen lassen.

Hühnchenkroketten

Für 6 Personen: 1 Schalotte und 100 g Champignons fein zerhacken und in 1 Stück Butter anschwitzen. 400 g gekochte oder gebratene Hühnerbrust und 50 g Schinken fein pürieren, zu den Pilzen geben und einige Augenblicke miterhitzen. 0,3 l dickflüssige Béchamelsauce ← und 2 Esslöffel geriebenen Parmesan darunter rühren, mit 2 Eigelb legieren, salzen und pfeffern. Die Masse abkühlen lassen und viele nussgroße Kroketten daraus formen. In mit Semmelbröseln vermischten Sesamkörnern (wenn Sie keine bekommen, geht's auch ohne) wenden, in heißem Öl ausbacken und zum Abtropfen auf Küchenkrepp legen.

Riesenfrikadelle

Für 6 Personen: 50 g Weißbrot ohne Rand in 0,15 l Milch einweichen, ausdrücken und mit je 200 g Kalb- und Truthahnfleisch aus der Nuss sowie 200 g Schweinelende (alles durch den Fleischwolf gedreht) sowie 1 Hand voll Petersilie, 1 Zweig Majoran und einigen Salbeiblättern (alles fein gehackt), 100 g zerkleinertem rohem Schinken, 1 Ei, 1 Eigelb und 50 g geriebenem Parmesan gut verrühren. Die Masse durchkneten, salzen, pfeffern und zu einer großen Frikadelle formen. Diese in ein Tuch wickeln, an den Enden und in der Mitte mit Küchengarn zubinden und in einen Topf mit kaltem Wasser legen. Das Wasser zum Kochen bringen. Wenn der Siedepunkt erreicht ist, die Frikadelle noch weitere 40 Minuten darin garen; dabei darauf achten, dass das Wasser immer leicht sprudelt. Die Riesenfrikadelle im Wasser abkühlen lassen, dann herausheben, abtropfen lassen und aus dem Tuch nehmen. Erst wenn sie kalt ist, die Frikadelle in Scheiben schneiden und mit einem Dip, den Sie aus 2 harten Eiern, 7 Esslöffeln Öl, 3 Esslöffeln Balsamico-Essig, 6 in Öl eingelegten Artischockenherzen, 1 Knoblauchzehe und 1 Prise Salz pürieren, servieren. Als Alternative können Sie dazu auch eine *Chutney*-Sauce ← aus Gemüsen oder eine andere Sauce für Fleischgerichte, auf die Sie Lust haben, reichen.

Falscher Fisch

Für 8 Personen: 500 g helle Kartoffeln kochen, schälen, durch die Kartoffelpresse drücken und abkühlen lassen. In der Küchenmaschine 300 g in Öl eingelegten, gut abgetropften Thunfisch mit 2 Anchovisfilets in Öl, 4 Essiggürkchen, 2 Esslöffeln in Essig eingelegten, abgetropften Kapern, 1 Knoblauchzehe, 50 g Butter und 2 Esslöffeln nicht zu fester Mayonnaise ← pürieren. Die Masse mit dem Kartoffelpüree verrühren, mit Salz und Pfeffer abschmecken und mit 1 Teelöffel abgeriebener Zitronenschale und 1 Esslöffel Zitronensaft verfeinern. Die Masse in eine eingeölte Fischform geben und mit einem Spachtel gut andrücken, dann mit Frischhaltefolie abdecken und im Kühlschrank 3 Stunden lang ruhen lassen. Anschließend die Folie entfernen, die Form auf eine ovale Platte stürzen und vorsichtig anheben. Verfügen Sie nicht über eine solche Fischform, können Sie den Fisch auch mit den Händen direkt auf der Platte formen und mit einem Messer Schuppen und Flossen einritzen. Zum Schluss nach eigenem Gusto dekorieren und mit reichlich Mayonnaise ← servieren.

Pilze mit Fleischfüllung

Für 6 Personen: 500 g Champignons putzen und die Stiele entfernen. 1 Mozzarella, 50 g gekochten Schinken und 1 Hand voll Petersilie klein hacken und mit 150 g Rinderhack, 100 g enthäuteten und zerbröselten Schweinswürstchen (*salsicce*), 1 Ei, 3 Esslöffeln geriebenem Schafskäse (*pecorino*) und 1 gekochten und zerdrückten Kartoffel verrühren; mit Salz und Pfeffer abschmecken und mit 1 Prise Muskatnuss würzen. Die Pilzköpfe nun mit der Mischung füllen, dann in eine feuerfeste Form geben, 0,1 l Wasser angießen, mit Öl beträufeln und im Backofen bei 180 °C 30 Minuten oder nur wenig länger backen.

Tomaten mit Thunfischfüllung

Für 6 Personen: 6 mittelgroße Tomaten waschen, halbieren, mit einem Teelöffel ausnehmen, leicht salzen und umgedreht

30 Minuten austropfen lassen. 200 g in Öl eingelegten, gut abgetropften Thunfisch zerkleinern und mit 1 Esslöffel Majoran, 2 Esslöffeln in Essig eingelegten Kapern, 1 geschlagenem Ei und einer ausreichenden Menge Semmelbrösel (die Masse sollte nicht allzu fest werden) verrühren; mit Salz abschmecken und noch 2 Esslöffel Olivenöl hinzugeben. Die Tomatenhälften mit der Masse füllen, in Reihen auf einem mit Öl eingefetteten Backblech auslegen und im Backofen unter dem Grill 10 Minuten lang garen.

Paprika mit Auberginenfüllung

Für 6 Personen: 2 Auberginen schälen und in Stückchen schneiden. In 5 Esslöffeln Olivenöl bei schwacher Hitze 1 Minute lang anschmoren, 6 Esslöffel Zwiebel-*Soffritto* ← hinzugeben, leicht salzen und 15 Minuten garen. 1 Hand voll Kapern und 6 in Öl eingelegte, zerkleinerte Anchovisfilets hinzugeben und ein wenig ziehen lassen; dann 1 Ei, 4 Esslöffel Semmelbrösel, 150 g geschälte Tomaten in Stückchen und 1 Esslöffel Oregano darunter rühren und mit Salz abschmecken. 3 gelbe Paprika waschen, längs halbieren und den Strunk, die Samen und alles Weiße entfernen. Dann mit der Mischung füllen, in eine mit Öl eingefettete und 1 cm hoch mit Wasser gefüllte Backform geben, mit Olivenöl beträufeln und im Backofen bei 180 °C 30 Minuten oder nur ein wenig länger garen.

Zucchini mit Reisfüllung

Für 6 Personen: 6 Zucchini waschen, längs halbieren und dann in einem Topf bissfest dämpfen; das Innere mit einem Löffel herausheben; aber so, dass das Fruchtfleisch an der Schale noch mindestens 1 cm dick bleibt. Dann salzen und pfeffern. Die Hälfte des herausgenommenen Fruchtfleischs zerkleinern (die andere Hälfte verwenden Sie für andere Gerichte) und in 3 Esslöffeln Olivenöl mit 2 Knoblauchzehen und 1 klein gehackten Zweig Minze, Salz und Pfeffer anbräunen. Dann 150 g gegarten langkörnigen Reis (Patna ist sehr gut geeignet) und 1 Hand voll grob gehackte Mandeln damit verrühren und einige Augenblicke ziehen lassen. Nun die Zucchini mit der Mischung füllen, in eine eingeölte feuerfeste Form legen und im Backofen bei 200 °C 5 Minuten lang backen. Zum Schluss noch 5 Esslöffel Olivenöl mit 3 Esslöffeln Zitronensaft und 1 Prise Peperonipulver verquirlen und über die Zucchini gießen.

Besondere Leidenschaft des Autors Nr. 6:

Gemischte Salate

Wegen des Überangebots in den Schnellrestaurants der großen italienischen Städte (es sind meist frühere Bars, die sich aber nicht selten ihren Charme erhalten haben) neigen wir mittlerweile schon dazu, über gemischte Saltatteller die Nase zu rümpfen, sie als schlichten Notbehelf zu betrachten. Doch das ist ein Fehler: Gemischte Salate können wunderbare, köstliche Gerichte sein. Im Folgenden die beliebtesten, interessantesten und ausgefallensten. Doch lesen Sie zuvor aufmerksam, was in puncto Salatdressing zu berücksichtigen ist: Es ist Zeitverschwendung, einen üppigen Salat zuzubereiten und ihn dann mit dem falschen Dressing zu ruinieren.

Salatdressings

Den Salat anzumachen, indem man zuerst das Salz, dann den Essig und schließlich das Öl darüber gibt, ist eine echte Barbarei. So können sich die Zutaten nicht miteinander verbinden, mit dem Ergebnis, dass ein Salatblatt zu stark gesalzen, ein anderes nur mit Essig, wieder ein anderes nur mit Öl bedeckt ist. Deshalb sollte man immer – ja man muss unbedingt! – das Dressing emulgieren ←, das heißt, alle Zutaten ausreichend lange miteinander verquirlen.

Zum Basisdressing gehören die richtige Menge Salz (es kommt hier auf den Salat an, aber 1/2 Gramm pro Kopf, was ungefähr einem Teelöffel für 8 Personen entspricht, ist mehr als genug), 1 Esslöffel Essig, 3 Esslöffel Öl und nach Belieben frisch gemahlener Pfeffer. Das Ganze wird 1 Minute lang mit der Gabel geschlagen, sodass die Zutaten emulgieren ← können. Anstelle der Gabel, die eigentlich ausreichen sollte, können Sie auch einen Schneebesen, einen Handmixer oder einen Pürierstab nehmen. Dann lässt man das Dressing ruhen, damit sich die Aromen durchdringen können, schlägt es zum Schluss noch einmal kurz durch und gibt es über den Salat.

Statt Essig können Sie auch gefilterten Zitronensaft nehmen. Möglich ist weiterhin die Zugabe von einem Teelöffel mehr oder weniger scharfem Senf, wozu ich Ihnen rate, weil es schmeckt und der Senf die Verbindung stabilisiert. Bei einer anderen Variante kommt neben dem Senf noch die gleiche Menge Sahne hinzu. Oder aber Gorgonzolabröckchen. Oder Sardellenpaste ... Sie sehen schon, Ihrer Phantasie sind keine Grenzen gesetzt.

- Im Fachgeschäft sind spezielle Plastikflaschen mit Düse zur Aufbewahrung des Dressings erhältlich, die bei Köchen sehr beliebt sind. Darin hält sich ein Dressing problemlos eine Woche, auch bei Zimmertemperatur. Sie funktioniert im Grunde nach dem gleichen Prinzip wie das Einlegen in Öl. Vor dem Gebrauch deshalb kräftig schütteln.
- Wenn Sie in einem gemischten Salat sowohl härtere als auch zartere Blätter verwenden, sollten Sie zunächst die härteren Blätter und die anderen härteren Zutaten miteinander vermischen. Erst dann fügen Sie die zarteren hinzu und heben sie sanft unter, bevor Sie das Dressing darüber geben.
- Es ist besser, Salatblätter zu zerzupfen als klein zu schneiden. Wenn Sie Ihren Salat unbedingt schneiden möchten, sollten Sie zu einem Keramikmesser greifen, weil damit ein Oxidieren der Blätter verhindert wird. Eine Investition, die sich bezahlt macht.

Salatrezepte gibt es zu Hunderten. Hier einige, die ich ganz besonders liebe.

Caesar-Salat

Eine abgewandelte Version des legendären amerikanischen Salats.

Für 6 Personen: 2 zerdrückte Knoblauchzehen in 3 Esslöffeln Olivenöl goldgelb anschwitzen. Von 4 Toastbrotscheiben die Rinde entfernen, mit Öl bestreichen, würfeln und im Backofen bei 180 °C 10 Minuten lang rösten. 100 g geräucherten Bauchspeck in Scheiben schneiden und in einer beschichteten Pfanne ohne Zugabe von Fett knusprig rösten. 2 Eigelb mit 2 Teelöffeln scharfem Senf, 1 Prise Salz und etwas frisch gemahlenem Pfeffer verrühren und mit 1 Gläschen Olivenöl (in Portionen hinzugeben), 1 Teelöffel Worcestersauce, 2 Esslöffeln Weißweinessig und 2 Esslöffeln geriebenem Parmesan zu einem Dressing verquirlen. 2 Herzen Romana-Salat putzen, waschen und trocknen, dann mit den Händen die Blätter zerteilen und in eine Salatschlüssel geben. Mit dem Dressing, dem Bauchspeck, 4 in Öl eingelegten, zerkleinerten Anchovisfilets, den gerösteten Brotwürfeln und 50 g zu Flocken geriebenem Parmesan anmachen und vorsichtig verrühren.

Salat mit *bottarga*, Orangen und Fenchel

Für 6 Personen: 100 g *bottarga* (Meeräschenrogen) in Scheibchen schneiden. Ebenso 3 Fenchelknollen, aber in wirklich hauchdünne Scheibchen. 3 Orangen (wenn möglich Blutorangen) schälen: Das erledigen Sie am besten über einer Schüssel, um den Saft aufzufangen. In einer großen Salatschüssel *bottarga*, Fenchel und Orangen mischen. 5 Esslöffel Olivenöl, 1 Esslöffel Orangensaft, 1/2 Teelöffel Salz und 1 reichliche Messerspitze Pfeffer zu einem Dressing verquirlen und den Salat damit anmachen.

Salat mit Gurken, Paprika und Oliven

Für 6 Personen: 250 g Gruyère-Käse oder auch einen ähnlichen Käse in Würfelchen, 6 große reife, aber feste Tomaten in Stückchen und eine grüne Paprika in schmale Streifen schneiden. 6 kleine Gurken den Länge nach halbieren, die Samen entfernen und danach in Scheiben schneiden. 1 rote Zwiebel schälen und in hauchdünne Scheiben schneiden. Das alles zusammen mit 24 schwarzen Oliven in eine Salatschüssel geben. Nun

5 Esslöffel Olivenöl, 1 Esslöffel Essig, 1/2 Teelöffel Salz, 1 gute Prise Oregano oder Majoran zu einem Dressing verquirlen und den Salat damit anmachen.

Nizza-Salat

Für 6 Personen: 400 g Kartoffeln kochen, schälen und in Scheiben schneiden. 300 g Buschbohnen putzen, waschen und bissfest dämpfen. 3 Tomaten in Scheiben schneiden und alle Zutaten in eine Salatschüssel geben. 2 Esslöffel Essig mit 6 Esslöffeln Olivenöl, 1 Esslöffel scharfem Senf, 1 Hand voll fein gehackter Petersilie oder Basilikumblättern und 1 Prise Salz zu einem Dressing mixen und die Kartoffeln, Tomaten und Bohnen damit anmachen. Zum Schluss noch 200 g in Öl eingelegten und gut abgetropfen Thunfisch und 6 Anchovisfilets in Öl, 3 harte, in Stückchen geschnittene Eier, 1 Esslöffel in Essig eingelegte Kapern und 18 schwarze Oliven ohne Kern dazugeben.

Salat mit Räucherfisch

Für 6 Personen: 2 Fenchelknollen putzen, in hauchdünne Scheiben schneiden und 10 Minuten lang in Eiswasser geben, damit sie knackiger werden. Dann abgießen, trocknen und mit 1 roten, in dünne Scheiben geschnittenen Zwiebel, den zerstoßenen Kernen von 10 Walnüssen und 2 Bund zerkleinertem Rucolasalat in einer Salatschüssel verrühren. 1 Avocado schälen, das Fruchtfleisch in Würfelchen schneiden und mit dem Saft von 1/2 Zitrone beträufeln. Den Saft der anderen Hälfte mit 1 Prise Salz, 5 Esslöffeln Olivenöl und etwas gemahlenem Pfeffer zu einem Dressing aufschlagen und über den Salat gießen. 6 Scheiben geräucherten Schwertfisch, 6 Scheiben Räucherlachs, 6 Scheiben geräucherten Stör (alle in Streifen geschnitten), die Avocadowürfel sowie 12 schwarze Oliven hinzugeben.

Exotischer Salat

Für 6 Personen: 2 Ananas putzen und das Fruchtfleisch in Würfel schneiden. 2 Avocados schälen, das Fruchtfleisch in Stückchen schneiden und mit dem gefilterten Saft von 1 Zitrone beträufeln. Die Früchte mit 2 gewürfelten Tomaten verrühren und mit einem gut verquirlten Dressing aus 4 Esslöffeln Olivenöl, 1 Prise Curry, einigen Tropfen Tabasco und 1 Prise Salz anmachen. 400 g gewürfeltes Hühnerfleisch oder in derselben Menge kleine, gar gedämpfte und mit 2 Esslöffeln Mayonnaise angemachte Scampi hinzugeben.

Warme Vorspeisen

Es ist gar nicht so leicht, eine passende Vorspeise als Einstieg zu einem größeren Essen zu finden. Denn darauf folgen ja noch – wir sind schließlich in Italien – der erste Gang (meistens mit Pasta oder Risotto), der zweite Gang (meistens mit Fisch oder Fleisch) und schließlich noch ein Dessert. Das ist meiner Ansicht nach zu viel, drei Gänge reichen bei weitem. Daher schlage ich folgende Lösung vor: Wenn Sie es opulent mögen, beginnen Sie mit einer kleinen Portion kalter Vorspeise (etwa einer aus meinem Büfett ←) und machen dann mit einem Teller Pasta oder Ähnlichem weiter. Möchten Sie jedoch auf eine reichhaltige, sättigende Vorspeise nicht verzichten, so lassen Sie den ersten Gang danach einfach weg.

Auf den nächsten Seiten finden Sie eine kleine Auswahl köstlicher warmer Vorspeisen, die durchaus den ersten Gang ersetzen können.

Kichererbsenfladen

Für 4 Personen: 500 g Kichererbsenmehl in eine Schüssel geben. Nach und nach unter Rühren mit einer Gabel, um Klümpchen zu vermeiden, 1 l Wasser dazu gießen. Mit Salz und Pfeffer abschmecken und 3 Stunden ruhen lassen. Den Schaum, der sich danach auf der Oberfläche gebildet hat, müssen Sie mit einem Löffel entfernen. Eine Backform mit einigen Esslöffeln Olivenöl einfetten und den Teig hineingießen, dabei mit einem Holzlöffel rühren, bis das Öl ganz aufgesogen ist. Die optimale Höhe des Fladens hängt von Ihrem Geschmack ab, mehr noch aber vom Typ Ihres Backofens. Funktioniert er mit Gas, was vorteilhaft ist, weil der Fladen so knuspriger wird, sollte er etwas flacher sein. In einem elektrischen Backofen gelingt der Fladen nicht ganz so gut (er wird trockener), weshalb Sie ihn etwas dicker machen sollten. Leider hat heutzutage kein Mensch mehr einen Steinofen, der mit Holz gefeuert wird. Darin werden die Fladen perfekt. Den Kichererbsenfladen also bei 220 °C 12 Minuten im Gasbackofen und 14 Minuten im Elektrobackofen backen. Warm und in Rauten geschnitten, wie es die Tradition verlangt, servieren. Er ist wirklich sehr sättigend...

Mürbeteigkuchen mit Steinpilzen

Mürbeteigkuchen mit salzigem Belag sind ein gutes Beispiel für reichhaltige warme Vorspeisen, die einen Pasta-Gang überflüssig machen. Hier zwei klassische Rezepte.

Für 6 Personen: 500 g Steinpilze säubern, in feine Stücke schneiden und 10 Minuten in 1 Schuss Öl anbraten. In einer Schüssel die Pilze mit 2 Eiern und 200 g gewürfeltem Gruyère-Käse, 4 Servierlöffeln Sahne und 4 Servierlöffeln Zwiebel-*Soffritto* ← verrühren. Mit Salz und Pfeffer abschmecken. 250 g *Brisée*-Teig ← ausrollen, in eine mit Backpapier ausgelegte Backform von 24 cm Durchmesser legen, die Masse hineingeben und glatt streichen. Bei 180 °C 40 Minuten lang backen.

Erbolata di primavera

Eines der ältesten italienischen Rezepte überhaupt, erfunden von Martino de Rossi, dem großen italienischen, im Schweizer Tessin geborenen Koch der Renaissance. Zu jener Zeit eröffnete dieses Gericht, das mit allen nur vorstellbaren Kräutern zubereitet wurde, jede größere Mahlzeit an den Fürstenhöfen.

Für 6 Personen: 500 g Mangold blanchieren ←, klein schneiden und mit Majoran, Salbei, Minze, Petersilie (alles fein gehackt), 200 g passiertem *Ricotta* (Quark), 2 zu Eischnee geschlagenen Eiweiß und 50 g weicher Butter gut verrühren. Mit Salz und Pfeffer abschmecken und 1 Esslöffel Zucker hinzugeben. 250 g *Brisée*-Teig ← ausrollen, in eine mit Backpapier ausgelegte

24-cm-Form legen, die Masse darüber geben und verteilen. Bei 180 °C 40 Minuten lang backen.

Lauchauflauf

Ein Auflauf, für den sich auch alle anderen Gemüse eignen, Auberginen oder Zwiebeln, Spinat, Paprika – oder was Sie wollen.

Für 6 Personen: 12 in Ringe geschnittene Stangen Lauch in einer Pfanne 6 Minuten lang mit wenig Olivenöl anbraten und dann fein zerhacken. 500 g Béchamelsauce ←, 6 Eier und 100 g geriebenen Parmesan unterrühren und mit Salz und Pfeffer abschmecken. Die Masse in eine mit Backpapier ausgelegte Backform geben und 40 Minuten lang bei 180 °C garen. Den Auflauf warm, in Scheiben geschnitten und mit Parmesan bestreut servieren.

Polenta-Auflauf mit Spargel

Für 6 Personen: 12 Spargelstangen (die Köpfe für eine andere Verwendung aufheben) in Scheibchen schneiden und in Butter und 1 Glas Gemüsebrühe bei stärkerer Hitze 10 Minuten lang sautieren ←. Dann pürieren und mit Salz abschmecken. Aus 250 g Maismehl eine Polenta ← kochen, 100 g Gorgonzola und 50 g Sahne hinzufügen und gut verrühren. Die angemachte Polenta dann auf 6 mit Butter ausgefettete Förmchen verteilen und mit Semmelbröseln überstreuen. Im Backofen bei 180 °C 15 Minuten lang backen. Dann aus den Förmchen nehmen und mit der Spargelsauce garnieren.

Strudel mit Ente und Wirsing

Aber sicher, Strudel essen wir auch in Italien. Wenn etwas so herrlich schmeckt, muss man ein Rezept aus einem anderen Land doch übernehmen. Im Folgenden zwei einmal nicht süße Varianten. Den mit Öl hergestellten griechischen *Phillo*-Teig finden Sie tiefgefroren in guten Supermärkten. Sich an diesem Teig, egal, ob mit Öl oder Butter, zu Hause selbst zu versuchen, würde ich niemandem raten.

Für 4 Personen: 300 g gewürfelte Entenbrust mit wenig Butter 2 Minuten lang in der Pfanne anbraten, mit 2 Gläschen gefiltertem Orangensaft ablöschen und 10 Minuten lang köcheln lassen. 500 g Wirsingkohl in dünne Streifen schneiden und 10 Minuten lang anbräunen. In einer Schüssel Kohl und Entenbrust verrühren, 1 Prise Zimt hinzugeben und mit Salz und Pfeffer abschmecken. Abkühlen lassen. 3 aufgetaute Blätter *Phillo*-Teig mit zerlassener Butter bestreichen, übereinander schichten, die Masse darauf geben, die Blätter zusammenrollen und dabei die Ränder gut verschließen. Ein Backblech mit Backpapier auslegen und mit Butter bestreichen. Den ebenfalls mit Butter bepinselten Strudel darauf legen und im Ofen bei 200 °C 20 Minuten lang backen.

Strudel mit Artischocken und Jakobsmuscheln

Für 4 Personen: 300 g Artischocken putzen (die harten Teile entfernen) und in Stückchen schneiden. In der Pfanne mit 1 Knoblauchzehe und ein wenig Butter 15 Minuten lang anbräunen; ein wenig Wasser hinzufügen, wenn die Zutaten zu stark einkochen. 300 g Jakobsmuscheln aus der Schale lösen, würfeln und hinzugeben. Mit 1 Gläschen Weißwein ohne Alkohol ← ablöschen und 5 Minuten bei schwacher Hitze köcheln lassen. Die Knoblauchzehe entfernen, alles mit Salz und Pfeffer abschmecken und abkühlen lassen. 3 Blätter *Phillo*-Teig mit zerlassener Butter bestreichen, übereinander schichten, die Masse darauf geben und zusammenrollen, dabei die Ränder gut verschließen. Ein Backblech mit Backpapier auslegen, mit Butter bestreichen, den ebenfalls mit Butter bestrichenen Strudel darauf legen und 20 Minuten lang bei 200 °C backen.

Miesmuscheln mit Currysauce

Für 4 Personen: 2 kg Miesmuscheln mit einer Bürste gut reinigen und den Bart entfernen. Mehrere Male gut waschen. Dann in einer großen Pfanne mit 1 Schöpfkelle Wasser aufkochen, bis sie sich öffnen, abgießen und den Fond durch ein am besten mit

Musselin ausgelegtes Sieb (um den Sand fern zu halten) filtern. Die gefilterte Flüssigkeit in die Pfanne zurückgießen und 4 Servierlöffel Zwiebel-*Soffritto* ← und 4 Servierlöffel Currysauce ← (es kann auch etwas mehr oder weniger sein; es kommt darauf an, wie scharf der Curry ist) hinzufügen. Aufkochen lassen, und wenn die Sauce sämig zu werden beginnt, die Muscheln und einen 250-g-Becher griechischen Joghurt hinzugeben. Noch einmal 1 Minute kochen lassen, vorsichtig verrühren und servieren. Salzen dürfte nicht nötig sein – wenn doch, tun Sie es einfach …

Gelbe Miesmuscheln mit Sahne

Für 4 Personen: Bis zum Filtern des Fonds wie bei den Miesmuscheln mit Currysauce ← vorgehen. Die gefilterte Flüssigkeit in die Pfanne zurückgießen, 0,4 l Sahne und 50 g Roux ← hinzugeben und mit 1 oder 2 Tütchen Safran würzen. Sobald die Sauce sämig zu werden beginnt (das wird ca. 3 Minuten dauern), die Muscheln hinzugeben und, falls nötig, salzen und noch einmal 3 Minuten lang kochen.

Miesmuscheln mit Pfeffer und Anis

Für 4 Personen: Bis zum Filtern des Fonds wie bei den Miesmuscheln mit Currysauce ← vorgehen. Die gefilterte Flüssigkeit in die Pfanne zurückgießen und die Muscheln hinzugeben, mit reichlich zerstoßenem (nicht gemahlenem) Pfeffer bedecken und 1 Gläschen Anislikör darüber gießen. 5 Minuten lang kochen lassen, mit Petersilie bestreuen und, falls nötig, mit Salz abschmecken.

Clam's Chowder

Die italienische Version eines legendären amerikanischen Gerichts.

Für 4 Personen: 2 Kartoffeln bissfest kochen und schälen. 100 g in Streifen geschnittenen Bacon in einer beschichteten Pfanne anbräunen und gewärmt zur Seite stellen. In einer großen Kasserolle 2 kg Miesmuscheln mit einer Schöpfkelle Wasser aufkochen, bis sie sich geöffnet haben. Dann die Miesmuscheln herausnehmen, den Fond filtern und wieder in die Kasserolle geben. Die in feine Scheiben geschnittenen Kartoffeln, 4 Servierlöffel Zwiebel-*Soffritto* ←, 50 g Roux ←, den gebratenen Speck und gut 2 Gläser Milch hinzugeben und 5 Minuten lang kochen. Dann die Muscheln hinzugeben und noch einmal 4 Minuten garen. Zum Schluss mit Pfeffer und, falls nötig, Salz abschmecken. Der Fond muss ziemlich eingedickt sein.

Dazu geröstete Scheiben Bauernbrot reichen – wer jetzt nicht tunkt, hat was verpasst. Besteck ist gar nicht nötig. Vergessen Sie aber, wie auch bei allen anderen Muschelgerichten, nicht, eine Schüssel für die leeren Schalen sowie hier auch Schüsselchen mit Wasser und einer Zitronenscheibe auf den Tisch zu stellen, um zwischendurch die Finger zu reinigen.

Gefüllte Weinblätter

Für 4 Personen: 20 Weinblätter in kochendes Wasser geben und nach 5 Minuten abgießen. 150 g sehr gut abgespülten Patna- oder Basmatireis mit 200 g Kalbshackfleisch, 2 Zwiebeln, Petersilie und Minze (alles fein gehackt) gut miteinander vermischen und mit 1 Messerspitze Tomatenmark binden. Mit Salz und Pfeffer abschmecken. 1 Löffel dieser Füllung auf ein Weinblatt (mit den Blattadern nach oben) geben und zu einer Art Zigarre zusammenrollen. Die Röllchen nebeneinander in eine feuerfeste Form legen, mit dem Saft von 1 Zitrone beträufeln und knapp mit Wasser bedecken. Zum Schluss noch mit einem Teller abdecken, damit sich die »Zigarren« nicht öffnen (was aber doch nicht ganz zu verhindern ist), mit einem Deckel schließen und im Backofen bei 180 °C 2 Stunden lang garen; ein wenig Wasser nachgießen, falls die Flüssigkeit zu stark einkochen sollte.

Karamellisierte Zwiebelchen, Kartoffeln und Garnelen süßsauer

Für dieses Rezept sind auch alle anderen Meeresfrüchte geeignet.

Für 4 Personen: 100 g getrocknete Aprikosen und 100 g Rosinen in lauwarmem Wasser einweichen, dann ausdrücken und die Aprikosen in Stückchen schneiden. 2 Kartoffeln bissfest kochen, schälen und in kleine Stückchen schneiden. 16 Zwiebelchen (*cipolline borettane*) in einem Topf knapp mit Wasser bedecken, 2 Esslöffel Zucker und 2 Esslöffel Olivenöl hinzugeben, zum Kochen bringen und die Flüssigkeit ganz einkochen lassen. Warm stellen. In einer großen Pfanne Garnelenschwänze (geschält und ohne Darm) 1 Minute lang in heißem Fett wenden, die Früchte, die Kartoffeln und die Zwiebelchen hinzugeben und mit 2 Esslöffeln Balsamico-Essig weitere 2 Minuten garen. Mit Salz abschmecken und servieren.

Besondere Leidenschaft des Autors Nr. 7:

Tatar und Carpaccio

Köstliche Gerichte, wenn auch politisch fast schon zu korrekt. Tatar, oder auch *tartare*, ist eine französische Erfindung, Carpaccio hingegen eine geniale Kreation der jüngeren venezianischen Küche, die sich rasch in aller Welt verbreitet hat. Beim Carpaccio stellt sich immer das Problem, dass kaum jemand im Haushalt über geeignete Maschinen verfügt, um das Fleisch wirklich hauchdünn zu schneiden. Und die Scheiben mit dem Messer zu schneiden, ist fast eine Kunst. Lässt man sich aber vom Metzger, auch nur wenige Stunden vor dem Verzehr, das Carpaccio schneiden, besteht die Gefahr, dass der Sauerstoff der Luft den Geschmack beeinträchtigt. In Zitrusfrüchtesaft mariniertes Carpaccio nennt man übrigens *ceviche*.

Fleischtatar

Ein echtes Tatar wird aus Pferdefleisch zubereitet, das mit dem Messer fein gehackt und nie durch den Fleischwolf gedreht wird. Andernfalls wird das Fleisch breiig und ähnelt gar zu sehr den vielerlei industriell hergestellten Pastetchen im Supermarkt.

Für 2 Personen: 300 g Filet oder Lendensteak vom Pferd (aber auch wenn es Rindfleisch sein sollte, will ich ein Auge zudrücken...) in dünne Scheiben schneiden und auf einem Hackbrett mit einem schweren Messer 15 Minuten lang fein zerhacken. Den gefilterten Saft von 1/2 Zitrone, 2 Esslöffel Olivenöl, 1 Prise Salz, 1 Prise frisch gemahlenen Pfeffer und einige Tropfen Worcestersauce zu dem Fleisch geben und mit einer Gabel gut vermischen. Daraus 2 Frikadellen formen, ein wenig andrücken und auf 2 Teller verteilen. Durch die Mitte eine Rinne ziehen,

1 Eigelb darüber geben und mit 1 Messerspitze Senf und einigen wenigen Tropfen Tabasco anmachen. Rundherum, in separaten Häuflein und alles fein gehackt, 2 Schalotten, 1 Hand voll Petersilie, 4 Essiggürkchen und 1 Esslöffel Kapern anrichten. Diese Zutaten können auch unter das Tatar gemischt werden.

- Das Tatar kann auch einige Stunden vor dem Verzehr zubereitet werden. So haben die Aromen der Zutaten mehr Zeit, um sich zu entfalten. Allerdings dürfen Eigelb, Zitrone und Salz erst im letzten Moment hinzugegeben werden.
- Pferdefleisch sollte vor dem Verzehr mindestens einen Tag in der Gefriertruhe gelegen haben. Dadurch werden eventuell vorhandene Bakterien und Parasiten abgetötet. Anschließend lässt man das Fleisch im Kühlschrank auftauen. Beim Rindfleisch ist dies nicht notwendig.

Fischtatar

Für 2 Personen: Hierzu brauchen Sie 300 g Fisch. Es kann sich um Schwertfisch, Thunfisch oder Lachs (alle ohne Haut), Kabeljau, Seebarsch, Goldbrasse oder Seezunge (jeweils als Filet), geschälte Scampi oder Garnelen handeln. Mehr noch als bei anderen Fischrezepten ist hier absolute Frische ein Muss. Den Fisch mit einem großen Messer in Würfel schneiden. Dann mit 2 Esslöffeln Wodka, der abgeriebenen Schale eines Zitronendrittels sowie zerstoßenem Pfeffer in eine Schüssel geben und 1 Stunde im Kühlschrank ruhen lassen. Danach die Fischwürfel abtropfen lassen und mit Salz, 2 Esslöffeln Olivenöl, ein wenig gefiltertem Zitronensaft, 2 fein gehackten Schalotten und 1 Zucchini in Würfeln, die zuvor in Olivenöl, Zitronensaft, Salz, Pfeffer und 1 Prise Ingwerpulver mariniert wurden, anmachen. Zum Schluss noch mit einigen in Essig eingelegten Kapern und ein wenig fein gehacktem Schnittlauch garnieren.

Fleisch-Carpaccio

Ein Gericht fast wie in der legendären Harry's Bar in Venedig, mit Hemingway am Nebentisch.

Für 2 Personen: 200 g Oberschale oder Lendenstück vom Rind (ohne die fetten Teile) in Frischhaltefolie wickeln und 30 Minuten in den Gefrierschrank legen. Dann in hauchdünne Scheiben schneiden und, leicht überlappend, auf einer Servierplatte so anrichten, dass wirklich die ganze Platte bedeckt ist. 3 Esslöffel Mayonnaise ← mit 1 Esslöffel Sahne, 1 Esslöffel Senf, einigen Tropfen Worcestersauce und 1 Teelöffel Cognac verrühren. Eine Gabel in die Sauce tauchen und damit in Fäden über das Fleisch geben. Mit Salz und Pfeffer abschmecken.

Fisch-Carpaccio

Für 2 Personen: 200 g Fisch, am besten Seebarsch, Thunfisch, Schwertfisch oder Stör (Sie können aber auch jeden anderen Fisch oder Krustentiere für diese Zubereitung verwenden, sie müssen nur absolut frisch sein) 20 Minuten lang in den Gefrierschrank legen und dann in hauchdünne Scheiben schneiden. Diese auf einem Teller anrichten und mit *Ponzu*-Sauce auf italienische Art ← oder *Citronnette* ← übergießen.

***Ponzu*-Sauce auf italienische Art**

Als Beigabe zu Sushi (rohem Fisch mit Reis) verwenden die Japaner Sojasauce. Aber in Maßen, denn die Sauce ist sehr salzig. Sie tunken den Fisch also nur »einen Augenblick« in die Sauce (den Reis gar nicht, weil der sich voll saugen würde) und verzehren ihn dann perfekt gesalzen. Wir Italiener nehmen's da nicht so genau und übertreiben immer mit der Sojasauce. Na wennschon, trinkt man eben mehr Bier oder Sake dazu. Eine bessere Lösung ist es aber, in einem japanischen Restaurant zum Sushi eine *Ponzu*-Sauce zu bestellen, die in Japan zum Anmachen von *sashimi*, den hauchdünnen Fischscheiben ohne Reis, verwendet wird. Diese Sauce gibt es in verschiedenen Versionen. Mein Freund Ichi, ein begnadeter Koch, hat mir eine gezeigt, die mit Sojasauce, Sake und *mirin* (ein süßer Reiswein, der nur zum Kochen verwendet wird) zubereitet wird; es gibt aber auch eine mit Sojasauce, gefiltertem Zitronensaft und *dashi* (einer japanischen Brühe aus *Konbu*-Seetang). Damit können Sie Ihr Sushi problemlos und mit der richtigen Salzdosierung würzen. Hier nun meine italienische Version der *Ponzu*-Sauce.

In einer Schüssel 1 Teil Sojasauce mit 1 Teil Olivenöl und 1 Teil trockenem Wermut verquirlen. 1 fein gehackte Zwiebel und Tabasco nach Ihrem Gusto darunter rühren. 1 Stunde ziehen lassen. Kurz vor dem Servieren noch einmal gut durchschlagen.

Citronnette

Ein wenig Salz mit 1 Esslöffel gefiltertem Zitronensaft, 3 Esslöffeln Olivenöl, 1 Messerspitze süßem Senf und Tabasco nach Belieben in einer Schüssel gut miteinander verrühren.

Fisch-Carpaccio mit Zitrusfrüchten

Bei diesem Rezept »gart« der Fisch in einer Zitrusfrüchtemarinade. Es handelt sich also im Grunde um ein *ceviche* ← aus der traditionellen spanischen und lateinamerikanischen Küche.

Für 2 Personen: Wie beim Fisch-Carpaccio vorgehen, den Fisch also in hauchdünne Scheiben schneiden. 1 Zitrone und 1/2 Orange ausdrücken und den Saft filtern. 3 Esslöffel des Saftes auf eine Servierplatte geben und darauf die Fischscheiben anrichten. Dann mit dem restlichen Zitrusfrüchtesaft beträufeln. Mit Frischhaltefolie abdecken und im Kühlschrank 30 Minuten marinieren lassen. 2 Knoblauchzehen mit 1 Bund Rucola, 5 Esslöffeln Olivenöl und 1 Prise Salz und Pfeffer pürieren und die Sauce über den Fisch gießen.

Ceviche mit Paprika

Praktisch ein opulenter Hauptgang.

Für 2 Personen: 6 Riesengarnelen 2 Minuten lang in kochendem Wasser garen und dann in Eiswasser abkühlen. Anschließend schälen und den schwarzen Darm entfernen, in eine Schüssel geben, mit dem Saft von 1 Orange beträufeln und 1/2 weiße Zwiebel und 50 g Sellerie (beides in Scheibchen geschnitten) hinzufügen. 100 g Paprikaschoten (wenn möglich, 1/3 gelbe, 1/3 grüne und 1/3 rote) würfeln und mit 100 g halbierten Cocktailtomaten, 0,2 l Limettensaft und 0,1 l eines leichten Olivenöls *extravergine* aus Ligurien oder vom Gardasee in eine Schüssel geben. Die abgetropften Riesengarnelen, 200 g in Scheibchen geschnittenes Zackenbarschfilet, 150 g Krake und 150 g Kalmar (beides fein gehackt) hinzugeben. Pfeffern, mit Frischhaltefolie abdecken und 30 Minuten im Kühlschrank marinieren lassen. Schließlich mit zerkleinertem Koriander und ein wenig Salz überstreuen und servieren.

Besondere Leidenschaft des Autors Nr. 8:

Gegarte Austern

Einer jener Sätze, die mich furchtbar auf die Palme bringen, lautet: Austern esse ich doch nur roh; sie zu kochen, wäre barbarisch. Zugegeben, auch roh sind Austern ein Gaumenschmaus. Aber was ist mit den gegarten? Schließlich gibt es unzählige Rezepte für gegarte Austern, und davon ist eines leckerer als das andere. Machen Sie doch mal ein Experiment. Laden Sie ein paar gute Freunde zum Abendessen ein und servieren Sie Austern, und zwar eine Hälfte roh, die andere gegart. Und dann beobachten Sie, welche Platte zuerst leer geputzt ist.

Austern lassen sich roh öffnen, aber dazu braucht man ein geeignetes Messer, das leicht aufzutreiben ist, und als Vorsichtsmaßnahme einen Kettenhandschuh, der teuer ist und den kein Mensch im Haus hat. Servieren Sie die Austern ohnehin gekocht, ist es also ratsam, sie zum Öffnen in den Backofen zu schieben. Dazu legen Sie sie in eine breite Kasserolle, bedecken den Boden knapp mit Wasser und schieben sie bei 200 °C in den Ofen. Nach wenigen Minuten werden sich die Austern ein wenig öffnen. Die Kasserolle nun aus dem Ofen nehmen, abkühlen lassen und die Schalen auseinander klappen: Das geht vollkommen mühelos, denn von dem nun leicht gegarten Muskel, der Muschelfleisch und Schale zusammenhält, kommt kein Widerstand mehr. Alle Muscheln also aus der Schale lösen und beiseite stellen. Das würzige Austernwasser filtern.

Im Folgenden nun einige Beispiele für diese »barbarische« Zubereitungsart. Wie viele Austern Sie pro Kopf einplanen, überlasse ich Ihnen.

Oyster Shot – Austerncocktail

Das passende Rezept, um nicht nur diesen Abschnitt, sondern auch jedes Mahl mit einem Paukenschlag zu beginnen. Eigentlich werden die Austern hierbei gar nicht gekocht, aber egal, auf alle Fälle ist das Rezept eine echte Bombe.

Die Austern öffnen ←. 1 davon zerkleinern und in ein Gläschen geben. 1 Teil des Austernsaftes mit 2 Teilen kaltem Wodka verrühren und mit Worcestersauce, Tabasco und ein klein wenig Meerrettichsauce ← verfeinern. Alles in einem Zug trinken. Keine Sorge, es wird Ihnen nicht im Halse stecken bleiben.

Austern mit Gorgonzola

Die Austern öffnen ←. Scharfen Gorgonzola mit Sahne und einem Teil des Austernsaftes zu einer Creme verrühren. In 1 Austernschale 1 blanchiertes Blatt Wirsing legen und um den Rand herum abschneiden (es dient nur dazu, die Creme von der Muschelschale fern zu halten). Die Auster auf das Blatt legen und mit der Creme bedecken. Dann noch einen Hauch geriebenen Parmesan darüber geben und für 2 Minuten in den Grill schieben.

Austern mit Käse und Spinat

Die Austern öffnen ←. Einige Spinatblätter in ein wenig heißer Butter anschwitzen und fein hacken. 1 Esslöffel Spinat in die Muschelschale geben, die Auster darauf legen und mit in ein wenig Muschelwassser verflüssigter *Mornay*-Sauce ← begießen. Dann für 2 Minuten in den Grill geben.

Austern nach Mailänder Art

Die Austern öffnen ← Gut trockentupfen und in geschlagenem Ei und leicht gerösteten Semmelbröseln wenden. In reichlich heißer Butter und Olivenöl (nicht *extravergine*) 3 Minuten lang frittieren, zum Abtropfen auf Küchenkrepp legen und salzen. Vor dem Verzehr 1 Spritzer Zitronensaft darüber geben.

Austern *alla diavola*

Die Austern öffnen ← Etwas Butter mit dem Muschelwasser, fein gehacktem Knoblauch, fein gehackter Petersilie, gerösteten Semmelbröseln, Tabasco, Worcestersauce, Gin und Zitrone zu einer Paste verarbeiten; eventuell mit Salz abschmecken. Die Austern wieder in die untere Schale geben, mit 1 Esslöffel Paste bedecken und im Backofen 3 Minuten lang garen.

Besondere Leidenschaft des Autors Nr. 9:

Soufflés

Ich weiß, Soufflés gelingen nie, und das aus vielerlei Gründen, die ich aber nie so richtig verstanden habe. Dabei sind sie so lecker! Wenn ich allein bin und mir etwas Gutes tun will, bereite ich mir ein üppiges Soufflé zu und bin bald schon mit mir selbst und der Welt wieder im Reinen. Es klappt wirklich, versuchen Sie es doch einfach mal. Wenn Sie dann mehrere Male ein prächtiges Soufflé gezaubert haben, wagen Sie es, Ihre Freunde zu einem Soufflé-Essen einzuladen – wobei Sie aber immer eine Form für jeden Gast verwenden sollten.

- Die Formen müssen aus Porzellan sein, rund, mit hohen glatten Rändern, und sollten nie höher als zu zwei Dritteln gefüllt werden. Öffnen Sie während der Garzeit nie den Ofen. Das geschlagene Eiweiß darf nicht sehr fest, sondern muss cremig sein. Ein Soufflé kann man auch im Backofen im Wasserbad zubereiten, doch in diesem Fall muss das Wasser zuvor erwärmt werden; bei dieser Methode wird vermieden, dass das Soufflé-Innere zu trocken wird.

Servieren Sie Ihr Soufflé immer sofort, bevor es wieder zusammenfällt!

Bei den Zutaten habe ich es sehr gut gemeint, doch um mit sich selbst und der Welt wieder ins Reine zu kommen…

Steinpilz-Soufflé

Für 1 Person: 50 g Steinpilze und 50 g Schalotten in Scheibchen schneiden und in ein wenig Butter 5 Minuten lang anbräunen. 2 Esslöffel süßen Wein ohne Alkohol ← angießen und 10 Minuten bei schwächster Hitze zugedeckt köcheln lassen. Dann pürieren, 1 Eigelb und 0,1 l Béchamelsauce ← hinzugeben und mit Salz und Pfeffer abschmecken. 1 Eiweiß mit 1 Prise Salz zu Eischnee schlagen und unter die Masse ziehen. Eine Form mit Butter einfetten, die Masse hineingießen und im Backofen bei 160 °C 8 bis 10 Minuten lang backen.

Gorgonzola-Soufflé

Für 1 Person: 0,1 l Béchamelsauce ← erhitzen und 50 g zerkleinerten Gorgonzola und ebenso viel geriebenen Parmesan hinzugeben. Mit Zimt, Muskat, Salz und Pfeffer abschmecken. Vom Feuer nehmen und 1 Eigelb darunter rühren. 1 Eiweiß mit 1 Prise Salz zu Schnee schlagen und unterziehen. Eine Form mit Butter einfetten, die Masse hineingeben und im Backofen bei 160 °C 8 bis 10 Minuten backen.

Garnelen-Soufflé

Hierfür sind auch alle anderen Krustentiere geeignet.

Für 1 Person: 100 g geschälte und gegarte Garnelen pürieren. Mit 0,1 l heißer Béchamelsauce ←, 1 Eigelb und ein wenig Muskatnuss verrühren und mit Salz und Pfeffer abschmecken. 1 Eiweiß mit 1 Prise Salz zu Eischnee schlagen und unter die Masse ziehen. Eine Form mit Butter einfetten, die Masse hineingießen und im Backofen bei 160 °C 8 bis 10 Minuten backen.

Soufflé mit Speck und Anchovis

Hier ist die Garzeit besonders kurz, weil kein Eigelb oder andere Zutaten, die länger garen müssen, verwendet werden.

Für 1 Person: 50 g sehr fein gehackten Speck mit ein klein wenig in kurze, schmale Streifen geschnittenem Sauerampfer und 2 Anchovisfilets in Stückchen in einer Schüssel mit einem Holzlöffel verrühren. 3 Eiweiß mit 1 Prise Salz zu Eischnee schlagen und unter die Masse ziehen. Eine Form mit Butter einfetten, mit ein wenig geriebenem Parmesan bestreuen, die Masse hineingeben und im Backofen bei 160 °C im schon heißen Wasserbad 3 Minuten lang garen.

Moderne Gemüse- und Bohnensuppen

»Zuppa«, »Minestra«, »Minestrone«, dazu eine Unzahl regionaler Begriffe: In Bezug auf Gemüse- und Bohnensuppen herrscht bei uns in Italien eine große Sprachverwirrung. In dürren Worten handelt es sich dabei um eine Brühe aus verschiedenen klein geschnittenen Gemüsen, die meistens, aber nicht immer, mit Hülsenfrüchten, Nudeln oder Reis angedickt und mit unterschiedlichen Fetten angereichert wird: eine Definition, die auch nicht viel weiterhilft. Wie auch immer, ich persönlich benutze am liebsten den Begriff »Minestra«, weil er allgemeiner als die anderen und aus diesem Grund nie falsch ist. Hauptsache, jeder weiß – mehr oder weniger –, wovon die Rede ist. Und dass die *Minestra* schmeckt. Eine Pasta ist lecker, Reis auch, doch eine gute, reichhaltige *Minestra* erwärmt Körper und Seele wie nur wenige andere Dinge auf der Welt. Darüber hinaus entspannt der Anblick einer köchelnden Gemüsesuppe mehr als ein Beruhigungsmittel. Und außerdem ist eine Gemüsesuppe immer ein preiswertes Gericht. Kann man also noch mehr verlangen?

- Werden in einer köchelnden *Minestra* Nudeln oder Reis mitgekocht, gibt es zwei Alternativen: Entweder verbrennt man sich den Mund, weil man die Suppe zu früh essen will, oder die Einlagen verkochen, während die Suppe auf eine menschlich erträgliche Temperatur abkühlt. Sehr viel klüger ist es also, die Einlage getrennt bissfest zu garen und sie der Suppe beizugeben, wenn diese Serviertemperatur erreicht hat.
- Es ist für mich unmöglich, Ihnen die richtige Einweichzeit für die verschiedenen Hülsenfrüchte anzugeben. Es kommt

ja immer darauf an, wie alt sie sind, und dies kann man nie genau wissen. Es bleibt Ihnen also nichts anderes übrig, als dem Etikett zu vertrauen oder Ihren Händler zu fragen. Das Gleiche gilt für die »richtigen« Garzeiten. Es ist also ratsam, alle Suppen mit Hülsenfrüchten im Voraus zuzubereiten. Wenn sie auf den Punkt genau gar sind, stellen Sie sie beiseite und wärmen sie dann kurz vor dem Servieren wieder auf. So ist die Suppe sogar noch schmackhafter.

Bohnensuppe mit Nudeln

In Italien gibt es Hunderte verschiedener Versionen dieses legendären Gerichts »Pasta e fagioli«. Im Anschluss meine. Sollten Sie keinen Schinkenknochen finden, der aber bei jedem Metzger zu haben sein müsste, ersetzen Sie ihn durch einige Stücke Speckschwarte. Durch das Garen in zwei Töpfen umgehen Sie das lästige Problem, wie die frischen Gemüse beim Passieren von den Hülsenfrüchten zu trennen sind.

Für 4 Personen: 400 g getrocknete Borlotti-Bohnen 1 Nacht lang einweichen, dann abgießen und gut abspülen. Die Hälfte der Bohnen, 2 Lorbeerblätter und 2 Esslöffel Olivenöl in einen großen Topf geben, knapp mit Wasser bedecken und 2 Stunden kochen lassen; den Lorbeer entfernen. Die restlichen Bohnen mit 1 Zwiebel, 1 Karotte, 1 Stange Sellerie (alles in Scheiben geschnitten), 1 Schinkenknochen, 100 g gewürfeltem Bauchspeck und 2 geschälten Tomaten in einen Topf geben. Knapp mit Wasser bedecken und 2 Stunden lang kochen lassen; dabei etwas Wasser nachgießen, falls die Suppe zu stark einkochen sollte. Anschließend den Knochen entfernen, die Suppe mit dem Zauberstab pürieren, dann durch die Flotte Lotte drehen und wieder in den Topf geben. Die anderen, nicht zerkleinerten Bohnen hinzugeben, mit Salz und Pfeffer abschmecken und weitere 5 Minuten garen. Dann die Suppe vom Feuer nehmen und 10 Minuten mit geschlossenem Deckel ruhen lassen. Anschließend 120 g separat bissfest gegarte Nudeln hinzufügen, und zwar entweder kleine getrocknete Nudeln oder frische

Eiernudeln, die Sie etwas zerkleinert haben. Mit reichlich geriebenem Parmesan bestreut servieren.

Bohnensuppe mit Dinkel

Für 4 Personen: 100 g getrocknete Borlotti-Bohnen 1 Nacht lang einweichen, abgießen und abspülen, in einen Topf geben, knapp mit Wasser bedecken und 3 Stunden lang auf kleinster Flamme garen. 200 g getrocknete Cannellini-Bohnen ebenfalls 12 Stunden lang einweichen, dann abgießen und mit 1 Zwiebel, 1 Selleriestange und 1 Tomate in einen Topf geben. Knapp mit Wasser bedecken und 2 Stunden lang auf kleinster Flamme garen, dabei gegebenenfalls, wenn die Flüssigkeit verkocht sein sollte, etwas Wasser nachgießen. Die Zwiebel und die Selleriestange entfernen, die Bohnen mit dem Zauberstab pürieren und anschließend durch die Flotte Lotte drehen. Die Creme wieder in den Topf geben und 60 g Dinkel, der zuvor 1 Stunde lang eingeweicht wurde, hinzufügen. 4 Servierlöffel Tomatensauce ← dazugeben und weitere 10 Minuten, wiederum auf kleinster Flamme, garen; dabei Wasser angießen, falls die Suppe zu stark einkochen sollte. Zum Schluss die Borlotti-Bohnen hinzugeben, noch einmal 5 Minuten lang kochen lassen, mit Salz und Pfeffer abschmecken und mit 1 Schuss toskanischem Olivenöl *extravergine* servieren.

Gemüsesuppe mit Pesto

Für 4 Personen: 100 g gewürfelten Bauchspeck, 4 in kurze Stücke geschnittene Stangen Lauch, grob gehackte Petersilie, 100 g Cannellini-Bohnen (12 Stunden lang eingeweicht), 2 in Stückchen geschnittene Zucchini, 100 g in Julienne-Streifen geschnittene Eskariolblätter, 100 g ebenso geschnittenen Borretsch sowie 100 g Erbsen in einen großen Topf geben. Knapp mit Gemüsebrühe bedecken und bei schwacher Hitze 2 Stunden lang garen, dabei ein wenig Brühe nachgießen, falls die Flüssigkeit zu stark einkochen sollte. Mit Salz und Pfeffer abschmecken. Vom Feuer nehmen, 10 Minuten zugedeckt ruhen lassen und dann 120 g separat »al dente« gegarte Nudeln (eine kleine Sorte wie etwa *ditalini*) sowie 5 Servierlöffel Pesto ← hinzufügen. Mit geriebenem Parmesan und Schafskäse (*pecorino*) bestreuen und servieren.

Kalte Gemüsesuppe mit Reis

Für 4 Personen: 100 g gewürfelten Bauchspeck, 100 g in dünne Streifen geschnittenen gekochten Schinken, 4 Stücke Speckschwarte, 8 Esslöffel *Soffritto all'italiana* ←, grob gehackte Petersilie, 2 Salbeiblätter, 2 gewürfelte Kartoffeln, 100 g getrocknete, über Nacht eingeweichte und abgegossene Borlotti-Bohnen, 2 in Stückchen geschnittene Zucchini sowie 100 g Erbsen in einen großen Topf geben. Mit Gemüsebrühe ← knapp bedecken und bei schwächster Hitze 2 Stunden lang garen, dabei etwas Brühe nachgießen, falls die Suppe zu stark einkochen sollte. Mit Salz und Pfeffer abschmecken. Vom Feuer nehmen, 10 Minuten zugedeckt ruhen lassen und dann 120 g separat bissfest gegarten Reis hinzufügen. 1 weitere Stunde ruhen lassen und auf den Tisch bringen.

Gemüsesuppe mit Reis und Kürbis

Für 4 Personen: 1 kg Kürbisfruchtfleisch würfeln und in einen großen Topf geben. 4 Gläser Gemüsebrühe ←, 4 zerbröselte Mandelkekse (*amaretti*), 100 g gewürfelte *Mostarda* ← *di Cremona* und 4 Servierlöffel Zwiebel-*Soffritto* ← hinzufügen und 30 Minuten lang garen, dabei etwas Brühe nachgießen, falls die Flüssigkeit zu stark einkochen sollte. Anschließend den Topf vom Feuer nehmen, 120 g separat bissfest gegarten Reis unter die Suppe rühren und mit reichlich geriebenem Parmesan überstreuen.

Gemüsesuppe mit Kastanien und Steinpilzen

Steinpilze sind sehr aromatisch, aber auch teuer. Kocht man sie mit, gewinnen sie nichts, verlieren aber an Geschmack. Deshalb sollte man sie immer, egal, ob es sich um eine Suppe, ein Risotto oder etwas anderes handelt, erst zum Schluss ganz fein geschnitten hinzugeben. Auf diese Weise kommt ihr Aroma erst richtig zur Entfaltung.

Für 4 Personen: 200 g getrocknete Esskastanien 12 Stunden lang in lauwarmem Wasser einweichen. Abgießen, zerstückeln, in einen großen Topf geben, 4 Servierlöffel *Soffritto all'italiana* ← hinzufügen, mit Gemüsebrühe ← knapp bedecken und auf kleinster Flamme 1 1/2 Stunden garen; dabei Brühe nachgießen, falls die Flüssigkeit zu rasch verdampfen sollte. 50 g Reismehl (in 1 Glas Milch aufgelöst) hinzufügen und weitere 30 Minuten garen lassen. Mit Salz und Pfeffer abschmecken und vom Feuer nehmen. 200 g hauchdünn (wenn möglich mit dem Trüffelhobel) geschnittene Steinpilze darunter geben und 10 Minuten zugedeckt ruhen lassen. Mit reichlich geriebenem Parmesan auf den Tisch bringen.

Gemüsesuppe mit Kartoffeln und Steinpilzen

Für 4 Personen: Bei 250 g Steinpilzen die Hüte von den Stielen trennen. 1 kg Kartoffeln schälen und in 1,5 l Wasser garen. Wenn die Kartoffeln zerfallen sind, die Steinpilzstiele (fein gehackt), 4 Servierlöffel *Soffritto all'italiana* ← und 1 fein gehackte Knoblauchzehe hinzugeben. 30 Minuten kochen lassen und erst dann die in Scheibchen geschnittenen Steinpilzhüte und 4 Esslöffel Sahne hinzugeben. Mit Salz und Pfeffer abschmecken und mit reichlich geriebenem Parmesan bestreut servieren.

Gemüsesuppe mit *bianchetti*

Für 4 Personen: 4 in Ringe geschnittene kleine Zwiebeln, 300 g Erbsen, 300 g frische dicke Bohnen und 200 g Spargelspitzen in 1 l Gemüsebrühe ← oder einer leichten Fischbrühe ← 30 Minuten lang kochen. Mit Salz und Pfeffer abschmecken. Vom Feuer nehmen und 120 g zerbrochene dünne, in einem anderen Topf bissfest gegarte Spaghetti und 200 g *bianchetti* (ganz junge, winzige Anchovis oder Sardinen) hinzufügen.

Gemüsesuppe mit Garnelen

Für 4 Personen: 200 g geschälten und in Scheibchen geschnittenen Knollensellerie, 2 geschälte und in Scheibchen geschnittene Kartoffeln, 6 Servierlöffel *Soffritto all'italiana* ←, 1 Glas Krustentierfond ← (wenn möglich, von Garnelen) und 2 Lorbeerblätter in einen großen Topf geben. Knapp mit Wasser bedecken und 1 Stunde lang kochen lassen, dabei Wasser nachgießen, falls die Flüssigkeit zu stark einkochen sollte. Die Lorbeerblätter entfernen und die Suppe mit Salz und Pfeffer abschmecken. 16 große Garnelen (geschält und ohne Darm) mit 1 Schuss Olivenöl und 1 Knoblauchzehe in einer Pfanne anbräunen. Dann in die Suppe geben, 2 Minuten lang garen lassen und mit reichlich gehackter Petersilie bestreut servieren.

Perlgraupensuppe mit Wein

Für 4 Personen: 300 g gewaschene Perlgraupen, 150 g in dünne Streifen geschnittenen Bauchspeck, 1 in Streifen geschnittene und 5 Minuten lang blanchierte Speckschwarte, 6 Esslöffel Zwiebel-*Soffritto* ←, 2 in Ringe geschnittene Lauchstangen, 2 geriebene Karotten und 2 Gläser Rotwein ohne Alkohol ← in einen großen Topf geben. Mit Universalbrühe ← knapp bedecken und zugedeckt bei schwacher Hitze 1 1/2 Stunden garen; Brühe nachgießen, falls die Flüssigkeit zu stark einkochen sollte. Mit Salz und Pfeffer abschmecken und mit reichlich geriebenem Parmesan servieren.

Perlgraupensuppe mit Bohnen und Hopfensprossen

Für 4 Personen: 100 g gemischtes helles Fleisch (in Streifen geschnitten) 10 Minuten lang in ein wenig Olivenöl mit Majoran, Thymian und zerstoßenen Pimentbeeren anbräunen. 50 g in Streifen geschnittenen geräucherten Bauchspeck, 50 g fein gehackten Lauch und 2 fein gehackte Knoblauchzehen hinzufügen und unter Rühren 10 Minuten garen. Dann mit 0,2 l heißer, leicht gesalzener Milch übergießen und 100 g Perlgraupen (gewaschen), 50 g gemischte Kräuter (wie etwa Löwenzahn),

50 g gewürfelte Kartoffeln, 50 g getrocknete und über Nacht eingeweichte Bohnen und 100 g in Stückchen geschnittene Hopfensprossen hinzugeben. Knapp mit Fleischbrühe ← bedecken und 1 1/2 Stunden garen; Brühe nachgießen, falls die Flüssigkeit zu rasch einkochen sollte. Zum Schluss mit Salz und Pfeffer abschmecken. Den Topf vom Herd nehmen, mit 1 Eigelb legieren und mit geriebenem Parmesan bestreut servieren.

Pancotto alla pavese

Hierzu brauchen Sie eine wirklich außerordentlich gute Rinderbrühe ←, wie Sie sie sonst für ein Risotto *alla milanese* ← verwenden würden. Es handelt sich um eine leichter realisierbare Version der bekannten *Zuppa pavese*, bei der die Eier nur durch die darüber gegossene heiße Brühe gegart werden – und das Eiweiß immer unappetitlich roh bleibt.

Für 4 Personen: 4 Scheiben trockenes, in große Würfel geschnittenes Bauernbrot mit Rinderbrühe knapp bedecken und 1 Stunde die Flüssigkeit aufsaugen lassen. 8 pochierte Eier ← kochen und warm halten. Die Brotsuppe mit ein wenig zusätzlicher Brühe (sie darf aber nicht kochen) wieder leicht erwärmen, mit Salz abschmecken, in einzelne tiefe Teller geben, 2 Eier pro Teller hinzufügen, mit reichlich geriebenem Parmesan und viel Pfeffer überstreuen und servieren.

Linsensuppe mit *cotechino*

Vielfach wird dazu geraten, die Linsen über Nacht einzuweichen. Das ist aber nicht nötig, man muss sie nur sehr gut waschen und »lange genug« garen, also ca. 1 Stunde, aber das hängt auch von der Linsenart und ihrem Alter ab.

Für 4 Personen: 200 g *cotechino* (eine Kochwurst aus frischem Schweinefleisch) mit 1 Knoblauchzehe 15 Minuten lang anbräunen. 200 g eingeweichte Linsen, 4 Esslöffel Zwiebel-*Soffritto* ←, 2 geriebene Karotten, 2 Salbeiblätter, 1 Glas Weißwein ohne Alkohol ← und 1 Messerspitze Tomatenmark hinzufügen. Mit Wasser knapp bedecken. Bei sehr schwacher Hitze so lange garen, bis die Linsen zart, aber noch nicht breiig sind, dabei Wasser nachgießen, falls die Flüssigkeit zu rasch verdampfen sollte. Mit Salz und Pfeffer abschmecken und servieren.

Gemüsesuppe mit Kichererbsen und Schweinerippchen

Für 4 Personen: 200 g getrocknete Kichererbsen 1 Nacht lang einweichen. Dann zusammen mit 8 Schweinerippchen, 4 Esslöffeln *Soffritto all'italiana* ←, 1 Glas Weißwein ohne Alkohol ← und 1 Messerspitze Tomatenmark in einen Topf geben, knapp mit Wasser bedecken und 3 Stunden lang bei schwächster Hitze garen; Wasser nachgießen, falls die Flüssigkeit zu rasch verdampfen sollte. Zum Schluss mit Salz und Pfeffer abschmecken.

Gemüsesuppe mit Kutteln und Bohnen

Für 4 Personen: 100 g weiße Bohnen (*fagioli bianchi di Spagna*) 1 Nacht lang einweichen. 400 g gemischte Rinds- und Kalbskutteln säubern und in kleine Stücke schneiden. Ein wenig Olivenöl in einem schweren, möglichst gusseisernen Topf erhitzen, die Kutteln hineingeben und gut anbraten. Anschließend die abgegossenen Bohnen, 6 Servierlöffel *Soffritto all'italiana* mit Bauchspeck ←, 1 Glas Weißwein ohne Alkohol ←, 4 Gläser nicht zu starke Rinderbrühe ← und 1 Messerspitze Tomatenmark hinzufügen. Bei geschlossenem Deckel und sehr schwacher Hitze 3 (besser 4, noch besser 6) Stunden garen, dabei ein wenig Brühe nachgießen, falls die Zutaten zu trocken werden sollten. Zum Schluss mit Salz und Pfeffer abschmecken. Mit reichlich geriebenem Parmesan bestreut servieren.

Gemüsesuppe mit Entenfleisch

Für 4 Personen: 200 g Cannellini-Bohnen 12 Stunden lang einweichen. Dann zusammen mit 200 g *Soffritto* mit Entenfleisch ←, 4 in Stücke geschnittenen Lauchstangen, 4 in Ringe geschnittenen Schalotten, 2 geriebenen Karotten, etwas grob gehackter Petersilie, 2 Salbeiblättern, 2 gewürfelten Kohlrabi und 2 in Stücke geschnittenen Zucchini in einen großen Topf geben. Knapp mit Universalbrühe ← bedecken und auf kleinster Flamme 2 Stunden lang garen, dabei Brühe nachgießen, falls die Flüssigkeit zu stark einkochen sollte. Mit Salz und Pfeffer abschmecken und mit reichlich geriebenem Parmesan bestreut servieren.

Einige nicht alltägliche Vorschläge

Macco

Für 2 Personen: 150 g enthülste Saubohnen waschen und im zugedeckten Topf knapp mit Wasser bedeckt 1 Stunde bei schwacher Hitze garen. Zum Schluss durch die Flotte Lotte drehen und mit Salz abschmecken. Diese Creme auf 2 Schüsseln verteilen, 100 g gekochte *catalogna* (eine Zichorienart) pro Person hinzugeben. Mit ein wenig Olivenöl *extravergine* aus Apulien beträufeln und viel, viel Pfeffer darüber streuen.

Mesciua

Für 2 Personen: 100 g Cannellini-Bohnen und 50 g Kichererbsen separat 12 Stunden in lauwarmem Wasser einweichen. Dann zusammen mit 50 g Dinkel in einen Topf geben, knapp mit Wasser bedecken und sanft köcheln lassen, bis die Kichererbsen gar, aber nicht zu weich sind (falls nötig, ein wenig heißes Wasser nachgießen). Das wird ungefähr 3 Stunden dauern. Mit Salz abschmecken, mit Olivenöl *extravergine* aus der Toskana und viel Pfeffer verrühren.

Miesmuschelsuppe mit Mango und Minze

Für 2 Personen: 500 g Miesmuscheln putzen und in einer Pfanne 1 Minute lang mit 1 Schuss Öl und 1 Knoblauchzehe bei starker Hitze wenden, damit sie sich öffnen. Die Muscheln aus den Schalen lösen und den Sud filtern. Ein wenig Öl, 1 Tomate (blanchiert, geschält, entkernt und ohne den Saft), 1/2 gewürfelte Mango, die Miesmuscheln und den Sud in einen Topf geben und 3 Minuten bei stärkerer Hitze kochen. Mit Salz und Pfeffer abschmecken, die Temperatur herunterschalten, 5 Minzeblättchen hinzugeben und servieren.

Sibirische Suppe

Genau diese Suppe brauchen Sie, wenn im Winter Ihre Zentralheizung ausfällt. Sie wird mit ungekochten roten Rüben zubereitet, die schwerer zu finden sind, als man glauben sollte.

Für 2 Personen: 4 rote Rüben schälen, in Scheiben schneiden und mit einem halbierten Kalbsfuß und 1 Esslöffel Zucker in einen Topf geben. Knapp mit Wasser bedecken und bei sehr schwacher Hitze 2 Stunden lang garen, dabei ein wenig Wasser nachgießen, falls die Flüssigkeit zu rasch einkochen sollte. Zum Schluss die Rübenscheiben entfernen (sie haben der Brühe alles gegeben), den Kalbsfuß herausnehmen, entbeinen und das Fleisch in Stückchen schneiden. Diese wieder zurück in die Brühe geben, mit Salz und Pfeffer abschmecken, die schwere Winterkleidung ablegen und die Suppe mit saurer Sahne oder Joghurt garniert servieren. Bekleidet oder unbekleidet, ein Aphrodisiakum ist diese Suppe nicht…

Ochsenschwanzsuppe mit Sherry

Für 4 Personen: 2 Zwiebeln, 200 g Kohlrabi und 2 Karotten, jeweils in Stückchen geschnitten, mit Thymian und Majoran in beliebiger Menge 15 Minuten lang in 1 Stück Butter anbräunen. Dieses *Soffritto* ← fein zerhacken. 1 kg Schwanzstück vom Rind in Würfel schneiden und in 1 Stück Butter anbräunen. Dann mit Rinderbrühe ← bedecken, das *Soffritto* und 1 Lorbeerblatt hinzugeben und bei sehr schwacher Hitze 4 Stunden lang sanft schmoren lassen, dabei weitere Brühe nachgießen, falls die Flüssigkeit zu schnell einkochen sollte. Schließlich 2 Gläser Sherry hinzugeben, weitere 10 Minuten garen, das Lorbeerblatt entfernen, mit Salz und Pfeffer abschmecken und servieren.

Mulligatawny

Eine indische, in ganz Europa heimisch gewordene Hühnersuppe mit einem wunderschönen Namen.

Für 4 Personen: 1 Huhn von 1 kg Gewicht in kleine Stücke schneiden und in 1 Stück Butter fünf Minuten lang anbräunen. 6 Esslöffel Zwiebel-*Soffritto* ← hinzugeben, knapp mit Hühner- ← oder Universalbrühe ← bedecken und 1 Stunde sanft garen, dabei, falls nötig, etwas Brühe nachgießen. Zum Schluss mit Currysauce ← nach Belieben würzen und mit Salz abschmecken. Den Topf vom Herd nehmen und die Suppe mit 1 Becher griechischem Joghurt binden.

Besondere Leidenschaft des Autors Nr. 10:

Cremesuppen

Seit langem schon habe ich einen Albtraum, der mich besonders im Wachzustand quält: dass meine Gemüsesuppen zu dünnflüssig geraten. Um das zu verhindern, könnte man noch mehr Hülsenfrüchte, Kartoffeln, Nudeln oder Ähnliches hinzugeben – aber solche Exzesse mag ich nicht, zumindest nicht bei diesen Zutaten. Aus diesem Grund liebe ich auch Cremesuppen. Sie sind so angenehm warm, leicht, kuschelig, »richtig«, was immer das heißen mag, und sexy – sollte Ihr Partner sie nicht sexy finden, sollten Sie vielleicht nach einem anderen Ausschau halten. Üblicherweise gibt es bei Cremesuppen zwei Möglichkeiten, um sie anzudicken. Die erste sieht vor, Reis zu kochen, durch ein Sieb zu streichen und dann der Suppe hinzuzufügen; einfacher geht es, wenn man ihn durch Reismehl, das in einer Flüssigkeit aufgelöst wurde, ersetzt. Die zweite Möglichkeit wäre, ein Roux ← zu verwenden. Sieht ein Rezept die Zugabe von Kartoffeln oder anderen sämigen Zutaten vor, kann man sich das Andicken auch ganz sparen. Der Tradition nach wird vor dem Servieren dann noch mit Eigelb legiert, aber wir müssen ja nicht immer der Tradition folgen. Zum Schluss jedoch wird immer mit dem Schneebesen aufgeschlagen, damit die Cremesuppe schaumiger wird.

In den traditionellen Rezepten wird dazu aufgefordert, alle Gemüsezutaten unendlich lange zu kochen, damit man sie problemlos passieren kann. Ich denke hingegen, man sollte sie nie länger als 15 Minuten garen (sie schmecken dann viel besser und haben noch mehr Nährstoffe), sie anschließend mit dem Zauberstab pürieren und dann durch die Flotte Lotte (die Scheibe mit den kleinsten Löchern) drehen. In den meisten Fällen reicht der Zauberstab nämlich nicht aus. Wenn Sie etwas faul sind und sich die Arbeit mit der Flotten Lotte sparen wollen, so tun Sie das, aber pürieren Sie umso länger mit dem Zauberstab, und das bei höchster Geschwindigkeit.

Gemüsecremesuppe mit Minze

Frisch, delikat, köstlich!

Für 2 Personen: 1 Kopfsalat, 1 Kartoffel, 1 Gurke, 1 Zwiebel und die Blätter von 2 Zweiglein Minze in Streifen oder Scheiben schneiden, in wenig Butter anschmoren, knapp mit Gemüsebrühe ← bedecken und 15 Minuten lang garen. Pürieren, durch die Flotte Lotte passieren und mit Salz und Pfeffer abschmecken. Gut mit dem Schneebesen aufschlagen. Kalt und mit 1 Esslöffel Minzsauce ← sowie 1 Esslöffel Schafsjoghurt pro Person garniert servieren.

Biercremesuppe mit Hopfenkeimen

Falls Sie keine Hopfenkeime finden, können Sie auch wilden Spargel nehmen.

Für 2 Personen: 150 g Hopfenkeime klein schneiden und 10 Minuten mit 1 Stück Butter, 2 in Scheibchen geschnittenen Schalotten und 1 gewürfelten Kartoffel anschwitzen. 1 Flasche Bier (0,33 l) angießen und 20 Minuten lang kochen lassen. Pürieren, passieren, mit Salz und Pfeffer abschmecken und die Creme unter Zugabe von 1 Stückchen Butter mit dem Handmixer noch einmal aufschlagen.

Knoblauchcremesuppe

Zunächst wollte ich schreiben: nur für Knoblauchliebhaber geeignet. Aber wer mag schon keinen Knoblauch. Am besten gelingt diese Cremesuppe im Sommer, weil der Knoblauch dann keinen grünen Spross bildet. Zu anderen Jahreszeiten müssen Sie ihn eben ganz geduldig entfernen.

Für 2 Personen: 2 Knoblauchknollen (Knollen, nicht Zehen)

schälen. Die einzelnen Zehen mit 2 Gläsern leichter Rinderbrühe ←, 1 gewürfelten Kartoffel, 20 g Reismehl und 1 Lorbeerblatt in einen Topf geben. 20 Minuten lang garen, das Lorbeerblatt entfernen, pürieren und passieren. Mit Salz und Pfeffer abschmecken und mit 1 Schuss Öl noch einmal gut aufschlagen.

Vichyssoise

Ein Höhepunkt der… amerikanischen Küche, denn es handelt sich nicht, wie man denken würde, um ein französisches Gericht.

Für 2 Personen: 2 in Ringe geschnittene Lauchstangen in 1 Stück Butter anschwitzen, 2 in Würfelchen geschnittene Kartoffeln hinzufügen und 5 Minuten garen lassen. Dann mit Universalbrühe ← knapp bedecken, 1 Kräuterbund ← hinzugeben und 20 Minuten lang kochen, dabei ein wenig Brühe nachgießen, falls die Flüssigkeit zu stark einkochen sollte. Das Kräuterbund entfernen, die Suppe pürieren und mit Salz und Pfeffer abschmecken. Mit 1 Glas Sahne aufschlagen, die Creme abkühlen lassen und mindestens 2 Stunden in den Kühlschrank stellen. Mit Schnittlauch und Croûtons garniert auf den Tisch bringen.

Gemüsecremesuppe mit Sellerie und Lauch

Für 2 Personen: 200 g Knollensellerie schälen und in kleine Würfel schneiden. 2 in Ringe geschnittene Lauchstangen, 2 Servierlöffel Zwiebel-*Soffritto* ← und 20 g Reismehl hinzufügen. Mit Gemüsebrühe ← knapp bedecken und 20 Minuten lang kochen lassen. Dann pürieren und passieren. Mit Salz und Pfeffer abschmecken und noch einmal kräftig aufschlagen. Mit 50 g in dünne Streifen geschnittenem und in wenig Olivenöl 1 Minute lang angeschmortem Bauchspeck (*pancetta*) servieren.

Zwiebelcremesuppe

Für 2 Personen: 1 weiße, 1 rote und 1 gelbe Zwiebel, 2 Frühlingszwiebeln und 2 Schalotten in dünne Scheiben schneiden und in 1 Stück Butter 15 Minuten lang auf extrem kleiner Flamme anschwitzen. 2 Gläser Gemüsebrühe ← und 30 g Reismehl hinzufügen und 15 Minuten lang garen. Pürieren und passieren, mit Salz und Pfeffer abschmecken und noch einmal gut aufschlagen. Mit 2 Scheiben geröstetem und in Würfelchen geschnittenem Toastbrot und geriebenem Parmesan bestreut servieren.

Zwiebelcremesuppe mit Riesengarnelen

Für 2 Personen: 6 Riesengarnelen putzen, Kopf und Schwanz abtrennen und Fleisch aus der Schale nehmen. Aus den Schalen und Köpfen eine Krustentierbrühe ← zubereiten. 2 gelbe Zwiebeln in Ringe schneiden, 10 Minuten lang in Olivenöl glasig schmoren, 2 Gläser von der Brühe angießen, 40 g Roux ← hinzufügen und 10 Minuten sanft köcheln lassen. Pürieren, passieren, mit Salz und Pfeffer abschmecken und noch einmal mit dem Schneebesen aufschlagen. Die Garnelenschwänze (ohne Darm) in einer Pfanne in 1 Schuss Olivenöl anbräunen. Die Cremesuppe in Teller geben und mit den Garnelenschwänzen servieren.

Reis-Sahne-Cremesuppe

Ein sahniges Erlebnis, perfekt zum Schmusen und Kuscheln. Aber verraten Sie Ihrem Partner nicht, wie viel Sahne Sie genommen haben …

Für 2 Personen: 25 g Carnaroli- und 25 g Basmati-Reis in 1 l Sahne 20 Minuten lang kochen. Dann pürieren, passieren, mit Salz und Pfeffer abschmecken und noch einmal durchschlagen. Die Sahnescremesuppe in Teller geben und jeweils 1 Teelöffel grüne Sauce ← sowie 2 Riesengarnelen (geschält und 1 Minute lang in der Pfanne in wenig heißem Öl gewendet) hinzufügen. Alternativ können Sie auch 1 Teelöffel Fleischfond ← sowie 60 g in der Pfanne 1 Minute lang goldgelb gebräuntes Kalbsbries zu der Cremesuppe geben.

Cremesuppe mit Kutteln

Für 2 Personen: 200 g Kuttelreste mit 2 Gläsern Gemüsebrühe ← lange und geduldig pürieren. Die Creme erwärmen, 100 g bereits gegarte Borlotti- oder Cannellini-Bohnen hinzufügen, 10 Minuten lang kochen und mit Salz und Pfeffer abschmecken. Mit gehackter Minze bestreuen und servieren.

Spargelcremesuppe

Ein klassisches Rezept, wie es klassischer nicht sein könnte.

Für 2 Personen: Von 12 Spargelstangen die Spitzen abschneiden. Mit dem Kartoffelschäler den härteren Teil der Stangen schälen, dann in Ringe schneiden und 15 Minuten lang andünsten. Anschließend pürieren und passieren und 40 g Roux ←, 50 g Sahne und 2 Gläser Gemüsebrühe ← hinzufügen. So lange aufkochen, bis die Suppe sämig ist, dann mit Salz und Pfeffer abschmecken, vom Feuer nehmen und mit 1 Eigelb legieren. Zum Schluss die Spargelspitzen längs halbieren, in kochendem Wasser 1 Minute lang blanchieren, dann 2 Minuten mit 1 Schuss Öl und 1 Knochlauchzehe in einer Pfanne wenden und hinzufügen.

Besondere Leidenschaft des Autors Nr. 11:

Küchenhelfer Brühe

Wer mit kulinarischen Publikationen zu tun hat, weiß genau, dass praktisch alle Leser ständig auf der Jagd nach Tricks und Geheimnissen sind, mit denen Gerichte noch besser gelingen sollen. Die gibt es natürlich, auch wenn sie nicht so zahlreich sind, wie man vielleicht annehmen mag. Es ist in erster Linie immer sorgfältige Arbeit, die ein Gericht zum Gaumenschmaus macht. Dennoch gibt es tatsächlich ein Geheimnis, das jeder gute Koch kennen muss. Einen Trick, der einem Gericht das gewisse Etwas verleiht und es aus anderen, die mit genau den gleichen Zutaten gekocht wurden, heraushebt: und zwar der richtige, wohldosierte Einsatz von Grundzubereitungen, also von Brühe, Fond und Ähnlichem, die ich hier unter dem Begriff »Küchenhelfer« zusammenfassen will. Sie mit Augenmaß, Intelligenz, Leidenschaft und Zurückhaltung einzusetzen, ist zweifellos jener entscheidende Schritt, durch den ein ordentliches zu einem umwerfenden Essen wird. Professionelle Köche, die guten, wissen das und widmen diesen Zubereitungen die größte Aufmerksamkeit. Leidenschaftliche Amateurköche sind da schon etwas nachlässiger, und so kommt es vor, dass sie ein Vermögen für die besten und teuersten Zutaten ausgeben und ihr »Werk« dann durch die Verwendung eines Brühwürfels zu einem Alltagsessen machen. Nein, Brühen, Fonds und Ähnliches sind wirklich *der* entscheidende Punkt. Lassen Sie sich Zeit für ihre Zubereitung. Kochen Sie sie am besten schon im Voraus, an einem Tag, an dem Sie nichts Besonderes vorhaben, und heben Sie sie im Gefrierschrank auf, um sie jederzeit parat zu haben.

In diesem Kapitel geht es um Brühen, also Flüssigkeiten, die beim Kochen von Fleisch, Fisch oder Gemüse zurückbleiben. Alle Küchenhelfer sind nützlich, aber die Brühe ist es in besonderem Maß. Nicht nur in der italienischen und europäischen Küche steht sie an erster Stelle. Sie ist das Allerwichtigste. Widmen Sie ihr Sorgfalt und Aufmerksamkeit.

Wählen Sie immer die »richtige« Brühe. Die allgemeine Regel ist einfach: Die Brühe sollte immer aus den Resten solcher Zutaten zubereitet worden sein, wie man sie gerade für ein Gericht verwendet. Im Klartext: Für ein Rinderfilet eine Rinderbrühe, für ein Hühnerfrikassee eine Hühnerbrühe, für ein Frosch-Risotto eine Froschbrühe. Wie immer gibt es auch hierbei Ausnahmen, aber dies ist eine goldene Regel. Achten Sie immer genau darauf, wie stark eine Brühe konzentriert ist. Ist eine Brühe zu stark eingekocht, wird sie zu einer Bombe, die die anderen Aromen ausradiert. Ist sie zu schwach, kann man auch gleich Wasser nehmen. Ist sie aber auf den Punkt genau eingekocht, etwas, was man nur mit einiger Erfahrung hinbekommt, verleiht sie Ihrem Gericht jene besondere Note, die es unvergesslich macht.

Brühe lässt sich problemlos aufbewahren. Verwenden Sie dazu leere Mineralwasserflaschen aus Plastik (am besten die von Mineralwasser mit Kohlensäure, die sind stabiler). Füllen Sie sie nur zu drei Vierteln, sonst könnte die Flasche beim Einfrieren platzen, und verschließen Sie sie mit ihrem Verschluss, dann können Sie sie im Gefrierschrank problemlos drei Monate lang aufheben. Im Kühlschrank hält sie sich nicht so lange, vielleicht eine Woche, dann büßt sie ihre Qualität ein. Nicht vergessen: auf die Flasche ein Etikett mit dem Zubereitungsdatum und dem Inhalt kleben, sonst ist das Chaos vorprogrammiert.

Um eine gute Brühe zu kochen, sollten Sie kein Leitungswasser verwenden, sondern ein leichtes Mineralwasser mit einem festen Mineralgehalt zwischen 50 und 500 mg pro Liter nehmen – wenn Sie es ganz besonders gut machen wollen, entscheiden Sie sich für ein minimal mineralisiertes Wasser mit einem Mineralgehalt von unter 50 mg pro Liter. Brühe ist ein Konzentrat, daher sollte man besser nicht das noch konzentrieren, was sich so alles im Leitungswasser befindet, Salze, Kalk und Ähnliches mehr.

Bei den Rezepten werden Sie nichts von Salz lesen. Salz wird immer erst – und das zurückhaltend – bei der Zubereitung des speziellen Gerichts hinzugefügt, niemals vorher.

Wird eine Brühe zugedeckt gekocht, gerät sie trüber. Ebenso wenn das Fleisch länger als angegeben gart. Filtern Sie die Brühe immer durch weißes Musselin, es kann auch ein Stofftaschentuch sein.

Vergeblich suchen Sie hier vielleicht die so genannte »gemischte Brühe«, jene also, die bei der Zubereitung des gemischtes Fleischtopfes ← (*bollito misto all'italiana*) entsteht. Das Gericht ist herrlich, aber die Brühe aus verschiedensten Fleischsorten ist nur schwer weiterzuverwenden. Wenn Sie sich also dieses herrliche Gericht gönnen wollen, so tun Sie es und bewahren Sie die Brühe auf. Die ist zwar nicht optimal, aber sie wegzuwerfen wäre auch zu schade.

Rinderbrühe

Unter den Brühen ist die vom Rind die wahre Königin. Vor allem konzentriert ist sie sehr stark und dominierend. Das heißt, es ist nie ganz einfach, sie richtig zu kombinieren. Für die großen Fleischsaucen jedoch oder für das ruhmreiche Risotto *alla milanese* ← und einige klassische Suppen ist sie unverzichtbar. Und etwas verdünnt erweitert sie den Spielraum in der Küche.

Für 2 Liter: 1 kg Muskelfleisch eines erwachsenen Rindes am Stück, 1 Rinderknochen mit Mark, 2 Zwiebeln, 1 Stange Lauch, 2 mittelgroße Karotten, 2 Stangen Sellerie, 2 Lorbeerblätter, 1 Bund Petersilienstängel, schwarzer Pfeffer in Körnern, 4 Gewürznelken, 3 l leichtes Mineralwasser

1 Zwiebel schälen, halbieren und die flachen Seiten 20 Minuten lang in einer großen Kasserolle anschmoren. Hört sich wie eine biodynamische Methode an (vielleicht ist es das ja

auch), dient aber auf alle Fälle dazu, die Brühe klarer zu machen. Die andere Zwiebel mit den Gewürznelken spicken. Alle Zutaten kalt hinzufügen und zum Kochen bringen. Ohne Deckel sanft köcheln lassen, dabei den Schaum abschöpfen ← und besonders sorgfältig das Fett abschöpfen. Nach 1 1/2 Stunden vom Zeitpunkt des Siedens an das Gemüse herausnehmen und die Brühe weitere 1 1/2 Stunden köcheln lassen. Zum Schluss durch ein mit weißem Musselin ausgelegtes Sieb filtern und, falls Sie eine konzentriertere Brühe wünschen, noch 1 weitere Stunde lang sanft kochen lassen.

- Das gekochte Fleisch, mit grobkörnigem Salz und grüner Sauce ← (oder einer anderen) angemacht, schmeckt köstlich und ist ganz sicher alles andere als eine Resteverwertung.

Kalbsbrühe

Die optimale Beigabe zu Gerichten mit Kalbfleisch, aber ebenso zu unzähligen anderen Speisen, bei denen Fleisch im Vordergrund steht.

Doch Achtung: Stark konzentriert ist ihr Aroma fast so intensiv wie das von Rinderbrühe. Dann könnte man sie sogar für ein Risotto *alla milanese* ← verwenden.

Für 2 Liter: 600 g Kalbsmuskelfleisch am Stück, 600 g Rippenstück vom Kalb, 1 Kalbsknochen, 2 Zwiebeln, 1 Stange Lauch, 2 mittelgroße Karotten, 2 Stangen grüner Sellerie, 2 Lorbeerblätter, 1 Bund Petersilienstängel, schwarzer Pfeffer in Körnern, 3 Gewürznelken, 3 l leichtes Mineralwasser

Ebenso wie bei der Rinderbrühe ← vorgehen, also Fleisch und Gemüse 1 1/2 Stunden auf kleiner Flamme kochen lassen und nach dem Filtern nach Belieben konzentrieren.

Hühnerbrühe

Für 2 Liter: 1 ca. 1,2 kg schwere Poularde ohne Leber, 1 Hühnerkarkasse, 2 Zwiebeln, 1 Stange Lauch, 2 mittelgroße Karotten, 2 Stangen grüner Sellerie, 2 Lorbeerblätter, 1 Bund Petersilienstängel, schwarzer Pfeffer in Körnern, 3 Gewürznelken, 3 l leichtes Mineralwasser

Genau wie bei der Rinderbrühe vorgehen, also Hühnerfleisch und Gemüse 1 1/2 Stunden kochen. Zum Schluss filtern. Man kann auch ein Suppenhuhn verwenden, das Sie zwischen 2 1/2 und 3 Stunden (hängt vom Alter ab) kochen sollten, wobei aber wiederum das Gemüse nach 1 1/2 Stunden entfernt wird. Sie können auch einen Kapaun nehmen, der eine Garzeit von 2 Stunden benötigt.

Universalbrühe

Ich persönlich nenne sie, wenig elegant, »Hurenbrühe«, weil sie sich jedem Gericht »hingibt«, bei dem ganz allgemein »eine Brühe« verlangt wird. Sehen Sie in ihr so etwas wie ein Ersatzrad, das heißt, sorgen Sie dafür, dass immer etwas davon im Gefrierschrank bereitsteht. Es kostet Sie ja nichts. Für ein Risotto mit Safran ist Universalbrühe ganz ungeeignet, doch bei allen anderen Risottos, auch den gemischten mit Fisch, zieht sie sich mehr als achtbar aus der Affäre. Dabei immer gut auf die Konzentration achten.

Für 2 Liter: 2 kg gemischte Kalbsknochen, 2 Hühnerkarkassen, 2 Zwiebeln, 1 Stange Lauch, 2 mittelgroße Karotten, 2 Stangen Sellerie, 2 Lorbeerblätter, 1 Bund Petersilienstängel, schwarzer Pfeffer in Körnern, 3 Gewürznelken, 3 l leichtes Mineralwasser

Die Knochen und die Karkassen zerkleinern und in einer großen Kasserolle 20 Minuten lang anbraten. Das Fett abgießen, Knochen und Fleisch knapp mit Wasser bedecken und das Gemüse wie bei der Rinderbrühe ← erläutert hinzufügen. 1 1/2 Stunden köcheln lassen, Schaum und Fett abschöpfen ← und anschließend filtern.

Fischbrühe

Für 1 Liter: 1 kg Fischreste (Köpfe, Gräten usw.), 2 Lauchstangen, 1 Karotte, 1 Stange Sellerie, 1 Tomate, 1 Lorbeerblatt, 2 Knoblauchzehen, 1 Bund Petersilienstängel, 1 Glas trockener Weißwein ohne Alkohol ←*, weiße Pfefferkörner, 1,5 l leichtes Mineralwasser*

Die Fischreste gut abspülen und zerteilen; Lauch, Karotten,

Sellerie und Knoblauch fein schneiden. Die Fischreste und das Gemüse in einen Schmortopf geben und mit 1 Stück Butter oder 1 Schuss Olivenöl 10 Minuten lang anbräunen; Wasser, Wein, Tomaten, Pfeffer, Petersilienstängel und Knoblauch hinzufügen, zum Kochen bringen und bei ganz schwacher Hitze 40 Minuten lang köcheln lassen; dabei Schaum abschöpfen ← und filtern.

- Für die Zubereitung von Fischbrühe sind alle Fische außer Sardinen, Sardellen und Makrelen geeignet.

Krustentierbrühe

Für 1 Liter: 600 g Köpfe und Schalen von Krustentieren, 400 g Shrimps, 2 Stangen Lauch, 1 Karotte, 1 Stange Sellerie, 1 Tomate, 1 Lorbeerblatt, 2 Knoblauchzehen, 1 Bund Petersilienstängel, 1 Glas trockener Weißwein ohne Alkohol ←, weiße Pfefferkörner, 1,5 l leichtes Mineralwasser

Sollten Sie zufällig 1 kg Köpfe und Schalen von Krustentieren dahaben, können Sie die Shrimps auch weglassen. Auf alle Fälle Köpfe, Schalen und die Shrimps gut abspülen und zerteilen. Dann weiter wie bei der Fischbrühe ← vorgehen.

Gemüsebrühe

Bereiten Sie diese Brühe so reichhaltig und aromatisch wie möglich zu. Das ist zwar nicht ganz so leicht, aber …

Für 1 Liter: 2 Zwiebeln, 2 Stangen Lauch, 2 Karotten, 2 Stangen Sellerie, 1 geschälte Kartoffel, 2 Zucchini, 1 Tomate, 2 Knoblauchzehen, 2 Lorbeerblätter, 1 Bund Petersilienstängel, 2 Wacholderbeeren, 2 Gewürznelken, Butter, 1,5 l leichtes Mineralwasser

Zwiebeln, Knoblauch, Lauch (auch ein wenig von den grünen Teilen), Karotten, Sellerie und Zucchini in Stücke schneiden. Bei schwacher Hitze 15 Minuten lang in 1 großen Stück Butter anschwitzen; Wasser, Lorbeerblätter, Wacholderbeeren, Gewürznelken und die in Scheiben geschnittene Kartoffel, die Tomate und die Petersilienstängel hinzugeben und 40 Minuten kochen lassen; dabei Schaum abschöpfen ←. Dann filtern. Man kann die Zutaten auch in Öl anschwitzen; Butter eignet sich aber besser. Die Kartoffel macht die Brühe zwar trüber, gibt aber auch mehr Volumen; ich empfehle sie.

Steinbrühe

Zum Schluss noch jenes uralte Rezept, das vielleicht ein wenig snobistisch erscheinen mag. Die griechischen Seeleute kochten sich diese Brühe, wenn sie abends ihre Schiffe an Land zogen – nachts wagten sie ja nicht zu segeln. Die Brühe ist aromatischer, als man vielleicht denken mag, auch wenn es hier natürlich entscheidend auf die verwendeten Kräuter ankommt. Man kann sie anstelle einer Universalbrühe ← oder einer Gemüsebrühe ← verwenden. Ich finde sie elegant, diskret, zeitgemäß und keineswegs karg – und glauben Sie mir, mit dieser Brühe werden Sie bei Ihren Gästen mächtig Eindruck machen.

Für 1 Liter: 10 schöne, runde, poröse Steine, die Sie am Strand gesammelt haben – natürlich dort, wo das Meer noch sauber ist…, reichlich Kräuter und Gemüse nach Belieben, wie etwa: Petersilie, Basilikum, Salbei, Rosmarin, Thymian, wilder Fenchel (oder Fenchelgrün), Fenchel, Brennnesseln und dergleichen mehr, 1,5 l Regenwasser (wenn Sie keines dahaben, tut es auch leichtes Mineralwasser), 3 Esslöffel Olivenöl, 3 Esslöffel weißer Essig

Alle Zutaten zusammen in einen Topf geben, 1 Stunde lang köcheln lassen, zum Schluss passieren.

Besondere Leidenschaft des Autors Nr. 12:

Küchenhelfer Fond

Fonds sind in Italien ziemlich verpönt, wahrscheinlich weil man sie für »typisch französisch« hält. Es stimmt ja auch, jenseits der Alpen sind sie äußerst beliebt. Aber das sollte uns nicht davon abhalten, selbst mit Fonds zu kochen. Im Grunde handelt es sich dabei um selbst hergestellte Brühwürfel. Man verwendet sie anstelle der industriell gefertigten, aber nicht, um Brühe zuzubereiten, sondern um etwa Fleischgerichten noch mehr Aroma zu geben – eben das, was die meisten mit fertigen Brühwürfeln tun. Leider. Denn die sind immer zu salzig und reich an Glutamat. Der Unterschied zwischen einem Fond und einem Brühwürfel ist ähnlich wie der zwischen einer Frau in Fleisch und Blut und einer Gummipuppe. Mehr muss man dazu nicht sagen.

Zurückhaltend dazugegeben, kann ein Fleisch-, Fisch- oder Krustentiergericht durch einen Fond ungemein gewinnen. Aber wie gesagt: zurückhaltend. Bereiten Sie genug Fond im Voraus zu, und setzen Sie ihn dann maßvoll ein, wenn es nötig ist. Ich wollte Sie nicht damit langweilen, indem ich bei jedem zweiten Rezept in diesem Buch zur Zugabe von ein wenig Fond auffordere. Betrachten Sie dies einfach als selbstverständlich.

Fonds lassen sich sehr gut aufbewahren. Im Kühlschrank einen Monat lang, in der Gefriertruhe sechs Monate. Am besten gibt man sie in Einwegplastiktütchen für Eiswürfel und verwendet sie gerade so, als wären es Brühwürfel.

Fleischfond

Fleischfond, auch brauner Fond genannt, ist die Mutter aller Fonds, der noble »Ersatz« des Fleischwürfels und Grundlage der klassischen Saucen, die in früheren Zeiten zu Fleisch gereicht wurden.

Für 2 Liter: 1 kg Muskelfleisch vom Rind, 1 kg Rippenstück vom Kalb, 300 g Speckschwarte, 1 Hühnerkarkasse, 2 Zwiebeln mit Schale, 2 Karotten, 2 Stangen Sellerie, 1 Bund Petersilienstängel, 2 Lorbeerblätter, 1 reichliche Messerspitze Tomatenmark, 1 Glas halbsüßer Weißwein, 4 l leichtes Mineralwasser

Alle Zutaten (außer Tomatenmark, Petersilienstängel, Lorbeer und Wein) in eine ausreichend große Auflaufform geben und im Backofen bei größter Hitze 1 Stunde lang garen; dabei hin und wieder umrühren. Fett abgießen und das Ganze in einen Topf geben. Das in ein wenig Wasser aufgelöste Tomatenmark, die Petersilienstängel und die Lorbeerblätter hinzugeben und mit Mineralwasser bedecken. Bei sehr schwacher Hitze 8 Stunden lang garen, dabei Schaum und Fett abschöpfen ←. Kürzer ist die Garzeit leider nicht, sonst kann der Fond seinen Reiz nicht entfalten. Zum Schluss durch ein mit Musselin ausgelegtes Sieb geben, den Wein angießen und noch einmal reduzieren.

Fischfond

Hierbei handelt es sich um eine konzentrierte Fischbrühe. Fisch ist ja nie, sagen wir es ganz offen, besonders intensiv im Geschmack. Noch ein wenig nachzuhelfen, kann da sicher nicht schaden. Das folgende Rezept ist allgemein gehalten, das heißt, die verwendete Brühe wird aus verschiedenen Fischsorten zubereitet. Wollen Sie aber zum Beispiel ein Seebarschgericht verfeinern, so verwenden Sie am besten eine Brühe aus Seebarsch. Und so weiter in diesem Sinne.

Für 0,2 Liter Fond: 2 Stangen Lauch, 100 g Champignonstiele, 1 l gemischte Fischbrühe ←, 1 Gläschen süßer Wein, Butter

Lauch und Champignons fein hacken und in 1 Stück Butter

20 Minuten lang ganz sanft anschwitzen. Die Brühe und den Wein angießen und so lange köcheln lassen, bis die Flüssigkeit auf 1/5 reduziert ist. Zum Schluss filtern.

Krustentierfond

Wie beim Fischfond ← vorgehen, dazu aber eine Krustentierbrühe ← verwenden.

Besondere Leidenschaft des Autors Nr. 13:

Küchenhelfer Roux, Marinaden und andere

Vervollständigen möchte ich die Reihe der »Küchenhelfer« mit einer Gruppe verschiedenster Grundzubereitungen, die wirklich alle sehr nützlich sind.

Roux

Da hätten wir ein weiteres »Ungeheuer« aus der französischen Küche, das in Italien immer misstrauisch beäugt wurde. Wenn der Name weniger französisch klänge, wäre der Roux wahrscheinlich eher akzeptiert worden. Ich könnte ihn auch »Mehlbutter« oder »Mehlschwitze« nennen, aber ich belasse es lieber bei Roux und schreibe den Begriff auch nicht kursiv, denn er hat sich bei uns fest eingebürgert.

Einen Roux erhält man, wenn man Butter und Mehl zusammen kocht. Er dient »lediglich« dazu, eine Sauce, einen Fond oder dergleichen anzudicken. Ich habe »lediglich« in Anführungsstriche gesetzt, weil das Andicken einer Speise ein äußerst wichtiger Schritt ist. Denn so verwandelt man eine Reihe unverbundener, schwacher Flüssigkeiten in etwas Ganzes, Einheitliches, Starkes. In Italien ist es vielfach üblich, die Zutaten vor dem Garen in Mehl zu wenden, um so eine sämige Sauce zu erhalten. Aber auf diese Weise lassen sie sich nicht richtig anbraten. Sehr viel klüger ist es da, die Sauce zum Schluss mit einem Roux zu binden.

In einer kleinen beschichteten Pfanne Butter schmelzen und die gleiche Menge gut durchgesiebtes Mehl darin verrühren. Auf kleinster Flamme, unter stetigem Rühren mit einem Holzlöffel, 5 Minuten lang garen, wenn Sie einen hellen Roux möchten, der die Farbe der Sauce nicht beeinträchtigt – oder auch einige Minuten länger, wenn der Roux dunkler werden und dem Gericht eine leichte Karamellfärbung verleihen soll. Aber das ist wirklich nur eine Frage der Farbe. Auf den Geschmack hat das keinen Einfluss. Ein Roux hält sich im Kühlschrank fünf Tage und im Gefrierschrank drei Monate.

- Um Klumpen zu vermeiden, einen warmen Roux einer kalten Speise und einen kalten Roux einer warmen Speise beimischen.
- Industriell gefertigter Roux in Körnern, der nicht mit Butter, sondern mit Pflanzenöl hergestellt wurde, ist besser, als man vermuten würde. Alle großen Köche verwenden ihn. Den sollten Sie sich auch kaufen.
- Zum Andicken kann man auch Stärkemehl verwenden (das gibt es nicht nur als Mais- oder Kartoffelmehl), das immer in kalter Flüssigkeit aufgelöst wird. Bequem, mehr als akzeptabel, alle nehmen es, aber ein Roux ist besser.

Marinade

Sie dient dazu, zähes Fleisch zarter zu machen. Aber wo findet man heutzutage noch zähes Fleisch? Mittlerweile bekommt man es überall gut abgehangen und zart. Nur in einem einzigen Fall ist eine Fleischmarinade immer noch unverzichtbar: bei einer gemischten Grillplatte. Wird hier das Fleisch nicht zuvor mariniert, werden Sie keinen Spaß daran haben. Es bleibt zäh. Zum Marinieren nimmt man traditionell einen Weißwein, für dunkles Fleisch kann es auch ein Roter sein.

1 Flasche Weiß- oder Rotwein mit 1 Glas Essig verrühren und 3 Karotten, 3 Zwiebeln, 3 Selleriestangen (jeweils in Scheibchen geschnitten), 2 Knoblauchzehen, 2 Lorbeerblätter, Pfefferkörner, Wacholderbeeren, Gewürznelken, einige Zweige Petersilie und 1 Glas Olivenöl hinzufügen. Die Fleischstücke hineinlegen und an einem kühlen Ort zwischen 2 Stunden und 1 Tag marinieren lassen (es hängt davon ab, wie hart das Fleisch ist); dabei hin und wieder umrühren. Vor dem Garen das Fleisch gut trockentupfen.

- Sollte das Fleisch wirklich richtig zäh sein – vielleicht weil es von einem alten Wildschwein stammt, das Ihnen nachts vor den Wagen gelaufen ist –, geben Sie noch gehackte Ananas oder Papaya in die Marinade; diese Früchte enthalten Enzyme, die auch das ledrigste Fleisch weich bekommen.

Crème fraîche

Crème fraîche kann unendlich viele Gerichte verfeinern, von gemischten Salaten über geräucherten Fisch bis hin zu Suppen. In anderen Ländern nimmt man praktisch für alles ein wenig davon, ähnlich wie wir in Italien geriebenen Parmesan. Aber Crème fraîche ist sogar noch vielseitiger. Um sie selbst zuzubereiten, gibt es drei Möglichkeiten. Es sind alles Kompromisse, unbefriedigend, wie Kompromisse so sind, aber besser als gar nichts.

0,2 l flüssige Sahne mit 2 Esslöffeln gefiltertem Zitronensaft und 1 Prise Salz mit dem Schneebesen aufschlagen. Mindestens 1 Stunde lang über einem Heizkörper stehen lassen.

0,1 l griechischen Joghurt mit 100 g *Robiola* (ein sahniger Frischkäse aus der Lombardei) mit dem Schneebesen durchschlagen.

0,15 l flüssige Sahne mit 60 g Mascarpone und 2 Esslöffeln gefiltertem Zitronensaft zu einer sauren Sahne schlagen.

Tiefgefrorene Petersilie

Ja, auch sie können wir zu den Küchenhelfern zählen. In der italienischen Küche wird eine Hand voll Petersilie kaum einem Gericht verweigert. Sie aber jedes Mal wieder frisch zu waschen und zu putzen, kann ganz schön lästig sein. Nehmen Sie sich also, wenn Sie mal einen Tag Leerlauf haben, ein große Portion Petersilie vor. Zunächst trennen Sie die Blätter von den Stängeln, die Sie noch für Brühe brauchen können. Dann die Blätter waschen, sorgfältig trocknen und ganz geduldig hacken, bis sie klitzeklein sind. Anschließend in kleine Behälter geben und in den Gefrierschrank stellen, wo sich die Petersilie gut einen Monat lang aufbewahren lässt.

Kräuterbund

Man braucht es bei unzähligen Gerichten, aber leider, leider hält es sich nicht lange im Kühlschrank, nämlich höchstens sechs Tage, und im Gefrierschrank gar nicht. Es besteht aus verschiedensten Kräutern, die mit Küchengarn zusammengebunden werden, sodass man es nach der Garzeit leicht wieder entfernen kann. Für das klassische Kräuterbund nimmt man Petersilienstängel, niemals die Blätter – das wäre Verschwendung –, Thymianzweiglein und Lorbeerblätter. Für die weniger klassische Variante werden nach Belieben Basilikumstängel, Majoran, Schnittlauch, Kerbel, Salbei, aber auch Minze, Estragon und geputzte Orangen- und Zitronenschalen (ohne das Weiße) zusammengebunden.

Ein Hochgenuss: Ragout, Fondue und Pasta als Hauptgang

Mit acht vertrauten Freunden – mehr wäre zu viel – ein Essen zu teilen, gehört zu den schönsten Dingen des Lebens. Um solch ein Zusammensein noch unvergesslicher zu machen, bietet es sich an, nur einen einzigen, dafür aber umso reichhaltigeren und opulenteren Hauptgang auf den Tisch zu bringen. Das wird Ihre Freundschaft noch weiter festigen. Hierzu einige wirklich unschlagbare Rezepte.

Ragouts

Die von mir über alles geliebten Ragouts bestehen aus Fleisch oder Fisch in kleineren Stücken, die in Flüssigkeit gegart und mit Gemüse, Gewürzen, Kräutern und Saucen verfeinert werden. Ragout gibt es in unzähligen Varianten in allen Küchen der Welt – in unserer italienischen allerdings weniger. Da kennt man es aber als Frikassee oder *spezzatino*.

Zu einem Ragout reicht man meistens eine kohlenhydratreiche Beilage wie etwa Couscous (dann bekommt das ganze Gericht diesen Namen, ebenso bei Curry, *Pilaf*-Reis und anderen), Reis oder Kartoffeln, aber auch Polenta, Gnocchi und – warum nicht – Nudeln, sowohl getrocknete als auch frische mit Ei.

Fischragout

*Für 8 Personen: 3 kg verschiedener Fisch (hier kommen alle in Frage außer Makrelen, Sardinen und Sardellen), Zwiebel-*Soffritto ←*, Perl-*

zwiebeln, Lauch, Karotten, Sellerie, Zucchini, Kartoffeln, Champignons, Peperoni, Salz

Den Fisch filetieren oder besser noch vom Fachmann filetieren lassen (wenn man in Ihrem Fischgeschäft nicht dazu bereit ist, sollten Sie sich ein anderes suchen). Aus Köpfen, Gräten und anderen Resten einen Fond ← zubereiten. Perlzwiebeln, Lauch (in dickeren Ringen), Karotten (tourniert), Sellerie (in Stückchen), Zucchini (in dickeren Scheiben), Kürbis (in Stückchen), Kartoffeln (in Stückchen), Champignons (halbiert) und weiteres Gemüse nach Ihrem Gusto in ein wenig Fischbrühe ← bissfest garen, zur Seite stellen und warm halten. Den in Stücke geschnittenen Fisch in den warmen Fond geben, 8 Esslöffel Zwiebel-*Soffritto* hinzufügen, 10 Minuten darin garen lassen und dann mit Salz und Peperoni abschmecken. Zum Schluss Fisch und Gemüse verrühren. Dazu reichen Sie eine mit ein wenig Sauce angemachte Beilage nach Wunsch (Couscous wäre perfekt, auch wenn es sich hierbei nicht um das klassische Rezept für Fisch-Couscous handelt).

Curry mit Huhn und Garnelen

*Für 8 Personen: 2 Poularden von je 1 kg Gewicht, 32 Garnelenschwänze, Zwiebel-*Soffritto ←*, getrocknete Aprikosen und Rosinen, Currysauce ←, Hühnerbrühe ←, 50 g Roux ←, 1 250-g-Becher griechischer Joghurt, Olivenöl*

Die in jeweils 8 Teile zerlegten Poularden in wenig Öl 4 Minuten lang goldgelb anbraten. Knapp mit warmer Brühe bedecken, 8 Esslöffel *Soffritto* hinzufügen und 50 Minuten köcheln lassen, dabei ein wenig heiße Brühe nachgießen, falls die Flüssigkeit zu schnell verdampfen sollte. Die zuvor in lauwarmem Wasser 30 Minuten lang eingeweichten, ausgedrückten und in Stückchen geschnittenen Aprikosen und Rosinen, die in wenig Öl 1 Minute lang angebratenen Garnelen, Currysauce nach Belieben und den Roux hinzufügen und noch einmal 10 Minuten lang garen lassen. Mit Salz abschmecken. Den Joghurt beigeben und mit *Pilaf*-Reis ← servieren.

Rinder-*Daube*

Daube ist ein französisches Gericht, dessen Name sich vom spanischen Verb *dobar* für »schmoren« ableitet. Dabei handelt es sich um ein mit Wein und Brühe gekochtes Ragout. Früher nahm man dafür nur Wein, und den auch noch mit Alkohol, doch so wird eine *Daube* für meinen Geschmack zu sauer.

*Für 8 Personen: 2 kg Muskelfleisch vom ausgewachsenen Rind, in grobe Würfel geschnitten und nicht zu mager, in Würfelchen geschnittener Bauchspeck (*pancetta*), 100 g fetter Speck, 1/2 Flasche Rotwein ohne Alkohol ←, 1 Kräuterbund ←, Tomatenmark, leichte Rinderbrühe ←, 1 Orange, 50 g Roux ←, 40 glasierte Zwiebelchen ←, 400 g Pilze, Butter, Salz*

In einem gusseisernen Topf Rindfleisch und Bauchspeck mit dem gehackten Speck anbräunen. Nach 5 Minuten den Wein und die gleiche Menge Brühe angießen und 2 Servierlöffel Tomatenmark und das Kräuterbund (ergänzt durch die Schale – nur das Gelbe – von 1/2 Orange) hinzufügen. 2 Stunden lang bei schwächster Hitze und geschlossenem Deckel garen, dabei Brühe nachgießen, falls die Flüssigkeit zu rasch verdampfen sollte. 10 Minuten vor Beendigung der Garzeit das Bund entfernen, 50 g Roux hinzugeben und mit Salz und Pfeffer abschmecken. Die in Scheiben geschnittenen Pilze in wenig Butter bei größerer Hitze anbraten, bis ihr Wasser vollständig verdampft ist. Die Zwiebelchen und Pilze zur *Daube* geben, 5 Minuten mitgaren und dann servieren. Als Beilage empfehle ich Bandnudeln, die mit ein wenig Sauce angemacht werden.

Kalbs-*Daube* mit Morcheln und feinem Spargel

Für 8 Personen: 2 kg gewürfeltes Kalbfleisch von Brust und Schulter, 100 g Butter, Soffritto all'italiana *mit Bauchspeck ←, 1/2 Flasche aromatischer Weißwein ohne Alkohol ←, 1 Kräuterbund ← (mit Minze, Lorbeer, Petersilienstängeln, Salbei und dem Gelben von 1 Orangenschale), Tomatenmark, Kalbsbrühe ← 24 glasierte Zwiebelchen ←, 100 g getrocknete Morcheln, 1 Bund dünner Spargel, 50 g Roux ←, Olivenöl, Salz, Pfeffer*

Das Kalbfleisch mit der Butter in einem gusseisernen Topf 5 Minuten lang anbräunen. Den Wein und die gleiche Menge Brühe angießen und das *Soffritto*, das Kräuterbund und 1 Messerspitze Tomatenmark hinzufügen. Bei geschlossenem Deckel 1 Stunde und 20 Minuten bei schwächster Hitze köcheln lassen, ein wenig Brühe nachgießen, falls die Flüssigkeit zu rasch verdampfen sollte. Die Spargelspitzen 1 Minute lang blanchieren ← und zur Seite stellen. In wenig Wasser die Spargelstangen 20 Minuten lang kochen, pürieren, durch die Flotte Lotte drehen und dann auf kleiner Flamme zu einer Creme reduzieren. 5 Minuten vor Ende der Garzeit das Kräuterbund entfernen, 50 g Roux, die Morcheln (30 Minuten lang in Wasser eingelegt und 1 Minute in ein wenig Olivenöl auf großer Flamme angebraten), die Zwiebelchen, die Spargelcreme und die Spargelspitzen hinzufügen. Mit Salz und Pfeffer abschmecken. Dazu mit einigen Servierlöffeln Sauce angemachte Bandnudeln (*Tagliatelle*) als Beilage reichen.

Rinder-*Pilaf* auf ägyptische Art

*Für 8 Personen: 1 kg Rindfleisch zweiter Wahl wie Haxe, Hals, Brust etc. (aber auch das Muskelfleisch ist geeignet), 500 g Kichererbsen (Trockengewicht), Zwiebel-*Soffritto ←, *Tomatensauce* ←, *500 grüne Bohnen, 3 Lorbeerblätter, 4 Esslöffel Ingwerpulver, 4 Chilischoten (ungefähr – kommt auf Ihren Geschmack an), Olivenöl, Zucker, Petersilie, Salz*

Die Kichererbsen am Vorabend in reichlich lauwarmem Wasser einweichen. Abgießen und 3 Stunden lang unter gelegentlichem Schaumabschöpfen mit den Lorbeerblättern und ein wenig Salz in Wasser garen. Dann im Kochwasser abkühlen lassen und schließlich abgießen, die Brühe aber zur Seite stellen. Spitzen und Stielansätze der grünen Bohnen entfernen, dann halbieren und 5 Minuten lang blanchieren ←. Das Fleisch in Würfel schneiden und 5 Minuten lang in kochendes Wasser geben. Dann abgießen. 5 Esslöffel Olivenöl in einen großen Topf geben, das Fleisch hinzufügen und 5 Minuten lang anbräunen.

Nach und nach die warme Kichererbsenbrühe angießen und 8 Servierlöffel Tomatensauce, 8 Servierlöffel *Soffritto*, 1 Esslöffel Zucker, den Ingwer und die zerkleinerten Chilischoten hinzugeben. Bei geschlossenem Deckel 2 Stunden lang bei ganz schwacher Hitze garen, dabei Brühe nachgießen, falls die Flüssigkeit zu stark einkochen sollte. 10 Minuten vor Ende der Garzeit die Kichererbsen und die grünen Bohnen hinzufügen. Mit Salz abschmecken, mit Petersilie überstreuen und auf den Tisch bringen. Dazu *Pilaf*-Reis ← reichen.

Lammragout mit Safran

Für 8 Personen: 3 kg Lammschulter, Soffritto all'italiana ←*, Safran, Mehl, Zwiebelchen, Lauch, Karotten, Kartoffeln, Champignons, Crème fraîche, 50 g Butter, Salz*

Die Lammschulter entbeinen und zusammen mit den beim Rezept für Universalbrühe ← angegebenen Gemüsen eine Brühe zubereiten. Das Fleisch in Würfel schneiden, mit Mehl bestäuben, in Butter anbräunen, knapp mit der Brühe bedecken, 8 Esslöffel *Soffritto* hinzufügen und 1 Stunde garen lassen. Mit Safran würzen und mit Salz abschmecken. Zwiebelchen, Lauch (in dickeren Ringen), Karotten (tourniert), Kartoffeln (in Stückchen) und Champignons (halbiert) in wenig Brühe bissfest garen. Zum Schluss Lamm und Gemüse verrühren und mit 8 Servierlöffeln Crème fraîche anmachen. Dazu Salzkartoffeln oder eine andere sättigende Beilage reichen.

Fondues

Eine Mahlzeit mit anderen zu teilen ist eine herrliche Sache. Und kein Gericht lässt sich schöner teilen als ein Fondue. Eigentlich sollte man es unter einem Zeltdach auf einer vom Wind gepeitschten Hochebene genießen …

Mongolisches Fondue

Unter verschiedenen Namen in ganz Ostasien bekannt. Meiner Ansicht nach der Gipfel aller Fondues. Falls Sie keine Soja-Spaghetti finden, verwenden Sie die ganz normalen, kochen sie »al dente« und stoppen den Garvorgang unter fließendem kaltem Wasser.

Für 8 Personen: 1,5 kg mageres, entbeintes Fleisch verschiedener Sorten, 300 g Fischfilet (mit hellem Fleisch), 300 g geschälte Garnelen, 300 g Soja-Spaghetti, 300 g Spinat, 300 g Weißkohlblätter, 3 l Hühnerbrühe ←, Salz, Sojasauce zum Tunken. Für die Sauce: 0,2 l Sojasauce, 0,2 l weißer Wermut, 0,2 l Sesamöl, 4 Knoblauchzehen, 4 frische Chilischoten, 60 g frischer Ingwer

Zunächst die Sauce zubereiten: Dazu Knoblauch und Chilischoten fein hacken, den Ingwer schälen und klein hacken. Sojasauce, Wermut und Öl hinzufügen und durchziehen lassen. Nun das Fleisch in Scheibchen und das Fischfilet in kleine Stücke schneiden. Spinat und Garnelen waschen und trocknen, die Weißkohlblätter 5 Minuten lang blanchieren. Die getrockneten Soja-Spaghetti 10 Minuten lang in kaltem Wasser einweichen, dann abgießen. Wenn alles vorbereitet ist, die heiße Brühe in einem großen Topf auf den Tisch bringen und auf einen Rechaud stellen. Jeder Gast kann sich nun nach Belieben mit einer Fonduegabel oder Essstäbchen bei den verschiedenen Zutaten bedienen, sie in der Brühe garen, anschließend in eine der Saucen tunken und verzehren.

Fondue nach Burgunderinnen-Art

Vor dem Essen bitte die Wäscherei benachrichtigen; Ihre Kleidung wird stark nach Öl riechen …

Für 8 Personen: 2 kg Rinderlende, 1 l Pflanzenöl (am besten Haselnussöl) sowie Saucen zum Tunken: Knoblauchsauce, Senfsauce, Tatarsauce, Currysauce, Meerrettichsauce, süßsaure Sauce (siehe alle im Kapitel »Saucen«*)*

Das Fleisch in mundgerechte Stücke schneiden und mit den Saucen auf den Tisch bringen. Das Öl erhitzen, in einen passenden Topf geben und auf einen Rechaud stellen. Jeder Gast kann sich nun mit seiner Fonduegabel beim Fleisch bedienen, nach Belieben die Häppchen im Öl garen und vor dem Verzehr in die gewünschte Sauce tunken. Vorsicht, dass Sie sich nicht verbrennen.

Käsefondue

Im schweizerischen Wallis, woher dieses Gericht stammt, wird dem Wein nicht der Alkohol entzogen. Wie unvorsichtig.

Für 8 Personen: 1 kg reifer Gruyère-Käse, 2 Knoblauchzehen, 200 g Butter, trockener Weißwein ohne Alkohol ←, Kirschwasser, Brot, Pfeffer

Die Butter in einem Steinguttopf zerlassen und den in feine Scheibchen geschnittenen Käse, den fein gehackten Knoblauch und den Wein, der den Käse knapp bedecken sollte, hinzugeben. So lange auf kleiner Flamme unter Rühren erhitzen, bis der Käse geschmolzen ist. Zum Schluss viel Pfeffer und 4 Gläschen Kirschwasser dazugeben. Den Topf auf den Tisch bringen und auf einen Rechaud stellen. Mit Fonduegabeln die Brotwürfel (aus nicht zu frischem Brot) aufspießen und in das Fondue tunken. Vorsicht, heiß! Dazu einen bukettreichen Weißwein genießen. Wasser sollte man nicht dazu trinken: Es lässt den Käse im Bauch hart werden und sorgt für entsetzliche Alpträume.

Pasta als Hauptgang

Ragù alla napoletana

Das beste Pasta-Gericht. Punkt, aus. Ohne Wenn und Aber.

Für 8 Personen: 1 kg – es gibt keinen weiteren Gang! – Rigatoni *(oder eine andere Nudelsorte nach Belieben), 2 kg Unter- oder Oberschale vom Rind, 200 g fein gehackter Bauchspeck, 800 g Tomatenmark, Rotwein ohne Alkohol ←, Zwiebel-*Soffritto *←, Basilikum, Zucker, Peperoni, Schmalz (oder Öl), Salz*

Tomatenmark in der gleichen Menge warmem Wasser auflösen. Das Fleisch in wenig Schmalz (oder Öl) 5 Minuten lang anbraten, mit 2 Gläsern Wein ablöschen, das aufgelöste Tomatenmark, den Bauchspeck, 8 Servierlöffel *Soffritto*, 1 große Hand voll Basilikum sowie 1 Esslöffel Zucker dazugeben und zugedeckt bei sehr schwacher Hitze 4 Stunden lang garen, ein wenig Wasser hinzufügen, falls die Flüssigkeit zu stark einkochen sollte. Das Fleisch herausnehmen, warm stellen und die Sauce ohne Deckel weiter kochen lassen, bis sie sämig, dunkel und glänzend ist. Dann das Fleisch wieder in die Kasserolle geben, den Deckel auflegen und weitere 10 Minuten kochen lassen. Mit Salz und Peperoni abschmecken. Das Fleisch in Scheiben schneiden und dazu die Nudeln servieren, die in reichlich sprudelndem Salzwasser bissfest gegart und dann 2 Minuten lang in der Kasserolle in einem Teil der Sauce mit 2 Gläsern Nudelwasser sautiert ← wurden. Statt Rindfleisch kann man auch die gleiche Menge Schweinefleisch aus der Keule nehmen.

Ragù alla napoletana **auf Genueser Art**

Ein Tausendstel – nicht mehr! – weniger gut als das magische *Ragù alla napoletana.*

Für 8 Personen: 1 kg – es gibt keinen weiteren Gang! – Rigatoni *(oder andere Pasta nach Belieben), 1,5 kg Muskelfleisch vom Rind, 1 kg Zwiebeln, 2 Karotten, 250 g Salami, Weißwein ohne Alkohol ←, Basilikum, Tomatenmark, Zucker, Peperoni, Salz*

Die Zwiebeln, Karotten, 1 große Hand voll Basilikumblätter und die Salami klein hacken. In einer Kasserolle in wenig Schmalz (oder Olivenöl) das Fleisch 5 Minuten lang anbräunen und dann 2 Gläser Wein und 2 Gläser kochendes Wasser angießen. 2 Esslöffel in ebenso viel warmem Wasser aufgelöstes Tomatenmark, die klein gehackten Zutaten und 1 Esslöffel Zucker hinzufügen und auf sehr kleiner Flamme bei geschlossenem Deckel 6 Stunden lang garen, dabei ein wenig Wasser nachgießen, falls die Flüssigkeit zu stark einkochen sollte. Zum Schluss mit Salz und Peperoni abschmecken. Das Fleisch in

Scheiben schneiden (sie werden zerbröseln, aber das macht nichts) und mit den Nudeln servieren, die in reichlich sprudelndem Salzwasser »al dente« gekocht und in einer Pfanne in einem Teil der Sauce und 2 Gläsern Nudelwasser 2 Minuten lang bei starker Hitze geschwenkt wurden.

Spaghettini mit Meeresfrüchten

Die prächtigste Meeresfrüchte-Pasta. Versetzt die ganze Tischgesellschaft in beste Laune.

*Für 8 Personen: 1 kg – es gibt keinen weiteren Gang! – dünne Spaghetti (*Spaghettini*), 400 g Zwergsepien, 400 g Zwergkalmare, 24* canocchie *(Garnelenart, die hauptsächlich in der Adria vorkommt), 24 Garnelenschwänze, 40 Venusmuscheln, 40 Miesmuscheln, Tomatensauce ←, Olivenöl, Petersilie, Salz*

Die Zwergkalmare und -sepien säubern, in kalte *court-bouillon* ← geben, zum Kochen bringen, 6 Minuten darin garen und abgießen. In derselben siedenden *court-bouillon* die Krustentiere 3 Minuten lang garen. Dann die Garnelen in 2 cm lange Stücke und das Fleisch der *canocchie* in Würfel schneiden. Die Venusmuscheln in einem Topf erhitzen, bis sie sich öffnen. 30 davon aus der Schale nehmen und den Fond filtern (den brauchen Sie noch zum Schwenken der Pasta am Schluss). Ebenso mit den Miesmuscheln vorgehen. Alle Meeresfrüchte in eine große Pfanne geben, mit 8 Servierlöffeln Tomatensauce kurz aufkochen und nur ein wenig salzen (der Muschelfond ist salzig). Die Spaghettini kochen, abgießen und in der Schwenkkasserolle mit wenig Öl und 2 Gläsern Muschelfond sautieren ←. Mit gehackter Petersilie bestreuen.

Vom richtigen Pasta-Kochen

Wir Italiener haben alle die Technik des Nudelkochens im Erbgut gespeichert. Kein Witz, es ist wirklich wahr. Deutsche oder japanische Volontäre, im Allgemeinen hervorragende Köche, die in den Toprestaurants auf dem Stiefel arbeiten, geraten in dem Moment, wenn es die Pasta abzugießen gilt, ins Schwanken: Den richtigen Zeitpunkt zu erwischen, ist tatsächlich etwas, was nur nach Generationen von Versuchen gelingt. Diese Generationen haben wir hinter uns, sie nicht.

Wenn ich nur von »Pasta« rede, ist immer die getrocknete gemeint. Doch die hier beschriebenen Gartechniken gelten auch für frische Pasta mit Ei.

An dieser Stelle möchte ich die Grundregeln des richtigen Nudelkochens noch einmal rekapitulieren. Ich unterscheide drei verschiedene Techniken. Erstens das Kochen von Nudeln, die mit einer gegarten Sauce serviert werden. Zweitens das Kochen von Nudeln, die mit einer Sauce aus rohen Zutaten serviert werden. Und drittens das Nudelkochen nach Risotto-Art.

Das Nudelkochen für eine gegarte Sauce

Dies ist die klassische Variante. Der alles entscheidende Trick, den jeder kennt, aber niemand beachtet, ist der: Die Nudeln müssen mit der Sauce in einer großen Pfanne bei starker Hitze geschwenkt, also sautiert ← werden. Doch der Reihe nach. Im Folgenden Tipps und Vorgehensweise:

Seien Sie beim Kauf der Pasta nicht geizig. Nudeln kosten

sehr wenig. Müssten Sie das Doppelte bezahlen, änderte sich immer noch nichts an der Tatsache, dass es sich um ein sehr ökonomisches Lebensmittel handelt.

Natürlich kommt es auf den Hunger und auf den folgenden Hauptgang an, aber 80 Gramm Nudeln pro Kopf sind eine optimale Dosis. Sollte kein zweiter Gang folgen, erhöhen Sie natürlich *ad libitum*…

Der Pasta-Topf sollte möglichst aus Edelstahl sein. Aluminium eignet sich sonst für alle Garvorgänge, neigt aber, da es grobporiger ist, dazu, die Säfte (ich benutze hier diesen schönen mittelalterlichen Begriff, weil mir der wissenschaftliche im Moment nicht präsent ist), die es bei den vorherigen Kochvorgängen aufgenommen hat, wieder abzugeben und dadurch das Wasser leicht zu trüben. Und das ist nicht wünschenswert. Auf alle Fälle muss die Pasta in einem ziemlich hohen Topf oder einem anderen zylindrischen Behälter kochen, der mit einem passenden Deckel ausgestattet ist.

Die benötigte Wassermenge betrage, liest man in allen Kochbüchern, einen Liter auf 100 Gramm Nudeln. Aber das ist zu wenig. Erst kürzlich bin ich fast wahnsinnig geworden, als die wunderbaren *paccheri* (Riesenröhrennudeln) der Marke Gragnano zu meiner Bestürzung beim Kochen reihenweise zerbrachen. Erst als ich beim nächsten Mal die Wassermenge auf bis zu zwei Liter pro 100 Gramm erhöhte, machte sich dieses Problem nicht mehr bemerkbar. Zu viel Wasser kann es nie sein.

Egal, um welche Wassermenge es sich handelt, bringen Sie sie ohne Salz und mit geschlossenem Deckel zum Sprudeln. Das geht schneller. Wenn das Wasser kocht, salzen Sie es mit zehn Gramm Salz pro Liter, wenn die Nudeln mit einer – wie soll ich sagen? – »normalen« Sauce angemacht werden, und acht Gramm pro 100 Gramm Nudeln, wenn die Nudelsauce besonders würzig sein wird. Kontrollieren Sie die Wassermenge und messen Sie das Salz genau ab: Das Auge täuscht. Eine Minute nach dem Salzen geben Sie die Pasta sanft ins Wasser.

Überlassen Sie die kochenden Nudeln nicht sich selbst. Rühren Sie mit einer großen Gabel, möglichst aus Holz, liebevoll und aufmerksam: Die Pasta spürt das und kocht mit weniger Stress. Bei der richtigen Garzeit kommt es nicht auf die Größe der Nudeln, sondern auf ihren Durchmesser an. Eine Diskussion über den richtigen Zeitpunkt können wir uns schenken: Jeder Italiener hat seinen eigenen »richtigen« Moment, wann die Pasta »al dente«, also bissfest gegart ist. Es bringt nichts, sich noch mal darüber zu unterhalten. Doch egal wie, gießen Sie die Nudeln auf alle Fälle eine Minute bevor sie für Sie »al dente« sind ab.

Dann kommt das Sautieren oder Schwenken, das heißt, das Vermischen der Pasta mit der gewählten Sauce in einer großen Pfanne bei stärkerer Hitze, wobei auch immer ein wenig Brühe oder Nudelwasser angegossen wird. Das ist wirklich ein entscheidender Punkt. Nach dem Abgießen giert die Pasta regelrecht danach, Flüssigkeit aufzusaugen. Verrührt man sie nun gleich mit der Sauce in einer Schüssel, findet sie nicht genügend Flüssigkeit und wird »*gnucca*« – mein persönlicher Ausdruck für eine durch Flüssigkeitsmangel gestresste Pasta. Fügen Sie deshalb, wenn Sie die Pasta zur Sauce in die Pfanne geben, auch ein wenig Fett (Olivenöl oder Butter), sagen wir fünf Gramm pro Portion, sowie Brühe oder Nudelwasser hinzu, ungefähr 4 cl (messen Sie ab!) pro Portion, vielleicht auch etwas mehr oder weniger – das hängt davon ab, wie flüssig die Sauce ist und welche Pasta verwendet wurde. Grundsätzlich verlangt frische, hausgemachte Pasta mehr Flüssigkeit als getrocknete Nudeln aus der Packung. Erschrecken Sie nicht, auch wenn Sie den Eindruck haben, die Pasta schwimme in Brühe, und fürchten, das ganze Gericht ruiniert zu haben. In kürzester Zeit ist die Flüssigkeit verdampft und aufgesaugt. Mischen Sie also Pasta und Sauce unter ständigem Rühren eineinhalb bis zwei Minuten bei stärkerer Hitze in der Pfanne. Danach nehmen Sie die Pasta vom Herd, geben geriebenen Parmesan, gehackte Petersilie – oder was eben im Rezept angegeben ist – darüber und können servieren.

Diese Methode verhindert nicht nur, dass die Pasta zu trocken wird, sondern gibt dem Gericht auch mehr Tiefe, da alle beim Kochen der Sauce verwendeten Fette und Flüssigkeiten, die selbst wiederum von allen Zutaten »gewürzt« wurden, von der Pasta aufgenommen werden und ihr sozusagen »von innen heraus« ihr Aroma verleihen. Es gibt absolut keinen Grund, die Pasta nicht zu sautieren, es sei denn, man will auf den größtmöglichen Genuss verzichten.

Vielleicht mag jemand einwenden, auf diese Weise habe man ja noch eine Pfanne mehr zu spülen. Das stimmt, aber es gibt auch Spülmaschinen. Und die Sauce müssen Sie ja auch in irgendeinem Gefäß zubereiten. Nehmen Sie dazu also eine genügend große Pfanne, in die auch die abgegossene Pasta hineinpasst, und alle Probleme sind beseitigt.

Das Nudelkochen für eine »rohe« Sauce

Hiermit ist etwa Pesto gemeint, der klassischste aller ungekochten italienischen *Sughi*. Der Kochvorgang ist identisch mit dem vorhin beschriebenen. Nur kann man zum Schluss die Nudeln eben nicht in der Pfanne in heißer Sauce schwenken. Der Tradition nach müsste man hier eine gut gewärmte Pasta-Schüssel verwenden und der Sauce noch eine Schöpfkelle Nudelwasser hinzufügen. Tatsächlich aber erreicht man damit nur, dass das Nudelgericht entweder zu »brühig« oder zu trocken wird. Eine optimale Lösung gibt es nicht. Ich persönlich rate zu einer extrem unorthodoxen Lösung: Schwenken Sie die Pasta bei starker Hitze in einem mit Flüssigkeit (Brühe oder Nudelwasser) gut verrührten Fett (Öl oder Butter). Das heißt, Sie geben fünf Gramm Fett (Öl oder Butter) und 4 cl Brühe oder Wasser pro Portion in eine Pfanne und mixen diese mit einer Gabel oder einem Schneebesen, gießen die Pasta eine Minute bevor sie al dente ist ab und schwenken sie eineinhalb bis zwei Minuten bei starker Hitze in der Kasserolle, dabei umrühren, bis der letzte

Rest Flüssigkeit aufgesogen ist. Zum Schluss geben Sie die Pasta in eine Schüssel zum gewählten *Sugo*, aber ohne weitere Brühe oder Kochwasser hinzuzufügen. Ein weiterer Vorteil ist, dass Sie die Pasta bei dieser Methode sehr heiß in die Schüssel geben, sodass sie sich noch besser mit dem *Sugo* verbindet. Versuchen Sie es einmal mit Pesto ← und Sie werden staunen, wie sehr Sie das Resultat überzeugt.

Nudelkochen nach Risotto-Art

Eine sehr interessante Methode, die übrigens in verschiedenen regionalen Küchen Italiens Tradition hat. Dazu gibt man die ungekochten Nudeln in die Kasserolle mit der Sauce und gart sie auf mittlerer Flamme, indem man ständig behutsam rührt und mit einer Schöpfkelle nach und nach kochendheiße Brühe hinzufügt, wobei die nächste Kelle erst angegossen wird, wenn die vorherige vollständig aufgesogen ist. Gerade so wie beim Risotto eben. Abgesehen von einer Schattenseite, auf die ich gleich noch zu sprechen komme, ist dieses Garen nach Risotto-Art die beste Technik. Man kann sie bei allen Pasta-Sorten anwenden, auch mit Spaghetti, selbstverständlich in einer geeigneten Kasserolle, das heißt, der breitesten, die Sie finden können. Zu Beginn heißt es gut aufpassen, dass die Nudeln, vor allem Spaghetti, nicht aneinander kleben. Mit ein wenig Ausdauer im Handgelenk, indem man also aufmerksam und behutsam rührt, sollte das aber kein Problem sein. Warum halte ich dies für die beste Methode? Aus einem einfachen Grund: Beim Garen in Salzwasser nimmt die Pasta natürlich Salzwasser auf, und das ist eben nichts anderes als gesalzenes Wasser. Beim Garen nach Risotto-Art aber nimmt sie den Geschmack von Sauce und Brühe auf, und selbst wenn diese von einem Brühwürfel stammen sollte (was natürlich nicht der Fall sein darf, aber der ein oder andere Unbedarfte könnte vielleicht…), ist das immer noch besser als bloßes Wasser. Das Ergebnis ist, dass die Pasta aromatischer wird, weil sie mehr Geschmack vom *Sugo* aufgenommen hat. Die Garzeiten verlängern sich um einige Minuten gegenüber denen beim Kochen in Salzwasser. Zum Schluss nehmen Sie die Kasserolle vom Feuer und geben das, was dazugehört, über die Pasta, etwa geriebenen Parmesan, gehackte Petersilie und dergleichen.

Üblicherweise wird man bei dieser Technik die ungekochte Pasta erst dann in die Kasserolle mit der Sauce geben, wenn diese bereits – mit allen vorgesehenen Zutaten – fertig ist. Aber man kann auch, nicht anders als beim Risotto, einige Zutaten erst während der Pasta-Zubereitung hinzufügen. Bei einer Tomatensauce mit Garnelen zum Beispiel sollte man die Krustentiere erst zwei Minuten vor Beendigung der Garzeit in die Kasserolle geben.

Es versteht sich von selbst, dass sich diese Garmethode nicht bei ungekochten Saucen anwenden lässt.

Die angesprochene Schattenseite ist nun folgende: Während des Kochens gibt die Pasta ein wenig Stärke ab; in welchem Maß, lässt sich nur schwer angeben, das kommt im Wesentlichen darauf an, wie sie hergestellt wurde. Industriell hergestellte Nudeln werden hier weniger Stärke abgeben als hausgemachte, die bei niedrigerer Temperatur getrocknet wurde. Bei der üblichen Garmethode landet diese Stärke nun im Kochwasser und stört niemanden. Landet sie jedoch in der Sauce, wird diese notwendigerweise davon beeinträchtigt. Damit Sie eine genauere Vorstellung haben: Es ist so ähnlich, als würden Sie einer Nudelsauce für vier Personen einen gestrichenen Esslöffel Kartoffel- oder Maismehl hinzufügen. Bei manchen *Sughi* stört das nicht, ja viele Leute mögen eine solche Sauce sogar.

Bei anderen Saucen oder für Leute, die es nicht angedickt mögen, gibt es nur eine Lösung. Man kocht die Pasta drei Minuten in sprudelndem Wasser, sodass sie einen Teil ihrer Stärke abgeben kann, gibt sie dann zur Sauce in die Kasserolle und gart sie auf Risotto-Art weiter. Das ist sicher ein wenig kompliziert, doch die Götter der Gaumenfreuden werden Ihre Mühe zu schätzen wissen.

Die köstlichsten gegarten Nudelsaucen

Wie viele Pasta-Saucen gibt es? Mit Sicherheit mehr als 1000. Man kann sich ja auch kaum eine Sauce vorstellen, die sich nicht mit Nudeln genießen ließe. Im Folgenden stelle ich Ihnen eine kleine Auswahl der interessantesten und schmackhaftesten vor.

Diese Saucen passen zu allen getrockneten Nudelsorten, aber auch zu frischen Eiernudeln und zu den allermeisten Gnocchi- und Ravioli-Arten, wobei es bei Letzteren natürlich auch auf die Füllung ankommt.

Pasta-Saucen mit Gemüse

Pasta mit Frühlingszwiebeln und Peperoni

Für 4 Personen: 400 g in Scheibchen geschnittene Frühlingszwiebeln in einer großen Pfanne mit 1 Schuss Olivenöl 10 Minuten lang anschwitzen; 2 Esslöffel klein gehackte, zuvor geschälte und entkernte Tomaten, Peperoni, 1 Lorbeerblatt, frischen Thymian, frischen Majoran und klein gezupfte Basilikumblätter in beliebiger Menge hinzufügen und 10 Minuten lang garen. Mit Salz abschmecken. Die Pasta in diesem *Sugo* auf großer Flamme wie beschrieben schwenken.

Pasta mit Rübensprossen, Anchovis und Rosinen

Für 4 Personen: 40 g Rübensprossen (*cime di rapa*) blanchieren, klein schneiden und in einer großen Pfanne mit 1 Schuss Olivenöl, 1 Knoblauchzehe, 1 Hand voll Rosinen (in lauwarmem

Wasser 20 Minuten lang eingeweicht und gut ausgedrückt) sowie 2 zerkleinerten Anchovisfilets kurz anbraten. Mit Salz und Pfeffer abschmecken. Die Pasta darin sautieren ← und mit 2 Servierlöffeln geriebenenem Schafskäse (*pecorino*) bestreut servieren. Statt der Rübensprossen können Sie auch Kohlrübengrün (*broccoletti*) nehmen.

Pasta mit Zucchini und Zucchiniblüten

Für 4 Personen: 400 g Zucchini in hauchdünne Scheiben schneiden und 1 Minute lang in einer Kasserolle mit 1 Schuss Öl, 4 Servierlöffeln Zwiebel-*Soffritto* ←, 1 Knoblauchzehe und 1 Tütchen in wenig kochendem Wasser aufgelöstem Safran anbräunen. Mit Salz und Pfeffer abschmecken. Dann die Nudeln sautieren ← und mit zerrupften Zucchiniblüten und 2 Servierlöffeln geriebenem Parmesan servieren.

Pasta mit Auberginen und Minze

Für 4 Personen: 2 Auberginen in hauchdünne Streifen schneiden und in einer großen Pfanne mit 1 Schuss Olivenöl, 4 Servierlöffeln Zwiebel-*Soffritto* ←, 4 Servierlöffeln Tomatensauce ← und viel Minze 4 Minuten lang anbräunen. Mit Salz und Pfeffer abschmecken. Die Pasta darin schwenken und servieren.

Pasta mit Paprikasauce

Für 4 Personen: 150 g *Peperonata* ← mit 4 Anchovisfilets, 2 Knoblauchzehen und 2 Esslöffeln Olivenöl zu einer Creme pürieren. 150 g nicht pürierte *Peperonata* in einer Kasserolle erhitzen, die Creme darunter rühren und mit Salz abschmecken. Die Pasta darin sautieren ← und mit fein gehackter Minze, Basilikum und Petersilie bestreut auf den Tisch bringen.

Pasta mit Artischocken

Für 4 Personen: 6 Artischocken putzen (alle harten Teile entfernen) und in Scheibchen schneiden; dann in einer Kasserolle 10 Minuten lang in 1 Schuss Öl mit 2 Knoblauchzehen, 1/2 fein gehackten Fenchelknolle, 1 Glas Weißwein ohne Alkohol ← und 4 Servierlöffeln Zwiebel-*Soffritto* ← garen. Zum Schluss die Hälfte des *Sugo* pürieren und wieder in die Kasserolle geben. Mit Salz und Pfeffer abschmecken. Nach dem Sautieren die Pasta mit 1 Hand voll fein gehackter Petersilie bestreut auf den Tisch bringen.

Pasta-Saucen mit Käse

- Verrührt man eine Pasta – dasselbe gilt auch für alle anderen Zubereitungen – mit einem Käse-*Sugo*, ist es ratsam, sie vom Herd zu nehmen und mit Eigelb zu binden.

Pasta Alfredo

Für 4 Personen: In einer Kasserolle 4 Servierlöffel *Soffritto all'italiana* ← mit 80 g geriebenem *Fontina*-Käse, 80 g geriebenem Gruyère-Käse, 80 g geriebenem Parmesan, 80 g geriebenem Schafskäse (*pecorino*) und 40 g Sahne erhitzen und gut verrühren. Mit Salz, Pfeffer und Zimt abschmecken. Nach dem Sautieren ← die Kasserolle vom Feuer nehmen und die Pasta mit 1 Eigelb binden.

Pasta mit Gorgonzola und Birnen

Für 4 Personen: 4 Servierlöffel *Soffritto all'italiana* ←, 200 g gewürfelten Gorgonzola, 80 g geriebenen Gruyère-Käse, 40 g Sahne, 4 klein gehackte Walnusskerne und 1 geschälte und in kleine Stückchen geschnittene Birne 3 Minuten lang in einer Kasserolle kochen. Mit Salz, Pfeffer und Zimt abschmecken. Nach dem Sautieren ← die Kasserolle vom Feuer nehmen und die Pasta mit 1 Eigelb binden.

Pasta-Saucen mit Fleisch

Pasta mit Lamm-*Ragù*, Rosinen und Pinienkernen
Für 4 Personen: Die Pasta in einer Kasserolle in 1 Stück Butter und 50 g Lamm-*Ragù* ← pro Portion sowie 1 Hand voll Rosinen (30 Minuten lang in lauwarmem Wasser eingeweicht und gut ausgedrückt) und 1 Hand voll sanft geröstete Pinienkerne sautieren ←. Mit gehackter Petersilie und geriebenem Parmesan bestreut servieren. Dieses Rezept können Sie mit unzähligen anderen Fleisch-*Ragùs* ← abwandeln; dabei genau wie beim Lamm-*Ragù* vorgehen. Besonders köstlich ist dieses Nudelgericht auch mit *Ragù* von Schweineleber, Hühnerleber, Täubchen, Schnecken, Gans oder Ente.

Pasta mit Tomaten und Schweinerippchen
Für 4 Personen: 1 kg Tomaten (blanchiert, geschält, entkernt und in grobe Stücke gehackt) mit 4 Servierlöffeln Zwiebel-*Soffritto* ←, 8 Schweinerippchen und 1 Hand voll Basilikumblätter 4 Stunden lang in einer großen Kasserolle zugedeckt auf sehr kleiner Flamme garen. Zum Schluss sollte sich das Fleisch problemlos von den Rippchen lösen lassen. Mit Salz und Peperoni abschmecken. Die Pasta sautieren ← und mit ganz wenig geriebenem Parmesan bestreut servieren.

Pasta mit Tomaten und Schweinswürstchen
Für 4 Personen: 600 g Tomaten (blanchiert, geschält, entkernt und grob gehackt) mit 4 Servierlöffeln Zwiebel-*Soffritto* ←, 600 g groben Schweinswürstchen (ohne Haut und zerkleinert) und 1 Hand voll Basilikumblätter 1 Stunde lang in einer großen Kasserolle sehr sanft schmoren lassen; ein wenig Wasser nachgießen, wenn die Flüssigkeit zu rasch einkochen sollte. Mit Salz und Peperoni abschmecken. Die Pasta sautieren ← und mit ganz wenig Parmesan bestreut servieren.

Pasta mit Kutteln

Für 4 Personen: 100 g Kuttelreste mit wenig Wasser cremig pürieren. Weitere 100 g in dünne Streifen geschnittene Kuttelreste, die Creme sowie 60 g Tomatensauce ← in eine Kasserolle geben, verrühren und 10 Minuten lang garen. Zum Schluss mit Salz und Pfeffer abschmecken. Die Pasta darin schwenken und mit gehackter Petersilie und geriebenem Parmesan bestreut servieren.

Pasta *carbonara*

Für 4 Personen: 200 g in schmale Streifen geschnittene Schweinebacke 2 Minuten lang in einer beschichteten Pfanne anbraten. Dann die Pasta unter Zugabe von Olivenöl und Nudelwasser mit dem Fleisch in der Pfanne schwenken und das Ganze in eine Schüssel geben, in der Sie zuvor 2 Eier, 1 Eigelb und 80 g geriebenen *pecorino* und ausreichend Salz gut durchgeschlagen haben. Mit reichlich zerstoßenem Pfeffer würzen.

Pasta mit Filetspitze

Für 4 Personen: 250 g fein gewürfelte Filetspitze vom Rind mit 1 Stück Butter 1 Minute lang anbraten. 4 Servierlöffel Zwiebel-*Soffritto* ←, 1 Glas Rotwein ohne Alkohol ← und 12 geviertelte Cocktailtomaten hinzufügen und 20 Minuten lang garen lassen. Mit Salz und Pfeffer abschmecken. Die Pasta darin schwenken und mit gehackter Petersilie und wenig geriebenem Parmesan garnieren.

Pasta *with meat balls*

Das Gericht stammt aus den USA, wo eine Pasta-Sauce nur mit jeder Menge Proteine vorstellbar ist. Dort ist man außerdem überzeugt, das Gericht sei sozusagen die Quintessenz der italienischen Pasta-Küche.

Für 4 Personen: 300 g Hackfleisch (gemischt) zu Bällchen formen und mit ein wenig Mehl bestäuben. Dann in einer Kasserolle mit 1 Stück Butter 2 Minuten lang anschmoren, 200 g Tomatensauce ← hinzufügen und 10 Minuten garen lassen. Anschließend die Pasta darin schwenken und mit gehackter Petersilie und geriebenem Parmesan bestreut servieren. Vorsicht beim Rühren, damit die Fleischbällchen nicht auseinander fallen.

Pasta-Saucen mit Fisch

Pasta mit Fisch-*Ragù*

Für 4 Personen: Die Pasta in einer Kasserolle in 1 Schuss Öl und 50 g Fisch-*Ragù* ← schwenken. Mit zerrupften Basilikumblättern und, wenn Sie mögen, geriebenem Parmesan oder *pecorino* bestreut servieren. Hier ist jeder Fisch geeignet. Besonders lecker schmeckt die Pasta mit Aal, Stör, Hecht, Kalmaren und Tintenfischen.

Pasta mit Venusmuscheln

Für 4 Personen: 1 kg Venusmuscheln in einer Kasserolle erhitzen, bis sie sich öffnen. 2/3 davon aus der Schale nehmen und das Muschelwasser filtern. In derselben Kasserolle 1 Knoblauchzehe in 1 Stück Butter anschwitzen, dann 120 g sehr fein geschnittenen Stangensellerie hinzufügen, 2 Minuten lang garen, die geschälten und ungeschälten Muscheln dazugeben und mit Salz und Pfeffer abschmecken. Die Pasta mit 1 Glas Nudelwasser darin schwenken und mit 1 Hand voll gehackter Petersilie und Basilikum sowie ein wenig geriebenem Parmesan bestreut servieren – auf Muscheln?! Ja. Warum nicht? Für dieses Gericht ist Butter übrigens besser geeignet als Öl.

Pasta mit Miesmuscheln

Für 4 Personen: Gleiches Vorgehen wie bei der Pasta mit Venusmuscheln. Nach dem Sautieren ← (wieder mit 1 Glas des Nudelwassers) die Pasta noch mit 1 Becher Joghurt und gehacktem Schnittlauch anmachen.

Pasta mit frischem Thunfisch und Minze

Für 4 Personen: 300 g klein gewürfelten Thunfisch 1 Minute lang in 1 Schuss Olivenöl in einer großen Pfanne anschwitzen, dann 4 Servierlöffel Zwiebel-*Soffritto* ← und 1 Gläschen trockenen Weißwein ohne Alkohol ← hinzufügen und 4 Minuten lang kochen lassen. Mit Salz und Pfeffer abschmecken. Die Pasta darin schwenken und mit 1 Hand voll frischer Minze bestreut servieren. Für eine andere Variante dieses Rezepts nehmen Sie 4 Servierlöffel Tomatensauce ← und 12 entkernte schwarze Oliven.

Pasta mit Semmelbröseln und Anchovis

Für 4 Personen: In einer großen Pfanne 16 zerkleinerte Anchovisfilets, 12 entkernte schwarze Oliven, Peperoni nach eigenem Gusto und 2 Knoblauchzehen in 4 Esslöffeln Olivenöl 3 Minuten lang anschmoren. Eventuell mit Salz abschmecken. Die Pasta darin schwenken und mit reichlich leicht gerösteten Semmelbröseln und gehackter Petersilie bestreut servieren. Bei einer anderen Version dieses Gerichts lassen Sie noch 4 Servierlöffel geschälte Tomaten und 1 Hand voll Kapern mitschmoren. Bei wieder einer anderen 100 g gut abgetropften und zerkleinerten Thunfisch aus der Dose.

Pasta mit Goldbrasse, Sellerie und Joghurt

Für 4 Personen: In einer Kasserolle 300 g in mundgerechte Stückchen geschnittenes Goldbrassenfilet und 50 g klein geschnittenen Stangensellerie in 1 Stück Butter anschmoren. 2 Minuten lang garen und mit Salz und Pfeffer abschmecken. Die Pasta darin schwenken und dann 1 250-g-Becher griechischen Vollmilchjoghurt, geriebenen Parmesan und 1 kleine Hand voll fein gehackte Zitronenschale (ohne das Weiße) hinzufügen.

Pasta mit Tintenfisch und grünen Tomaten

Für 4 Personen: 4 grüne Tomaten blanchieren, schälen, entkernen, pürieren und durch die Flotte Lotte drehen. 300 g Tintenfisch säubern und in schmale Streifen schneiden. Dann in 1 Schuss Olivenöl oder 1 Stück Butter 3 Minuten lang anschmoren, die Tomaten sowie 4 Esslöffel Schalotten-*Soffritto* ← hinzugeben, 10 Minuten lang garen und mit Salz und Pfeffer abschmecken. Die Pasta darin schwenken und mit 1 Hand voll zerkleinerten Basilikumblättern bestreut servieren.

Pasta mit Lachsrogen, Rübensprossen und Erdnüssen

Für 4 Personen: 150 g Erdnüsse mit ein wenig Wasser und ein wenig Salz pürieren. In einer großen Pfanne 200 g in Stückchen geschnittene Rübensprossen (*cime di rapa*) mit 1 Knoblauchzehe 2 Minuten lang in 1 Schuss Olivenöl anbräunen. Dann 100 g Lachsrogen hinzufügen, mit Salz und Pfeffer abschmecken und beiseite stellen. Die Pasta in der Erdnusscreme und ein wenig Brühe 2 Minuten lang sautieren ←, mit dem *Sugo* anmachen und servieren.

Pasta mit Scampi und Karden

Für 4 Personen: 1 Knoblauchzehe und 200 g geputzte und in schmale Streifen geschnittene Karden in einer großen Pfanne in 1 Stück Butter 2 Minuten lang anbräunen. Mit 1 Glas Weißwein ohne Alkohol ← ablöschen und bei geschlossenem Deckel 20 Minuten garen. 16 halbierte Scampischwänze (ohne Darm) und Peperoni nach eigenem Gusto hinzufügen und weitere 3 Minuten kochen lassen. Mit Salz abschmecken. Die Pasta darin schwenken und mit 1 Hand voll geriebenem Parmesan bestreut servieren.

- Was tun, wenn angemachte Pasta übrig bleibt? Ganz einfach: Sie pürieren sie mit ein wenig Brühe, binden sie mit Crème fraîche oder Joghurt und garnieren sie passend (also etwa mit ein paar Scampi bei einer übrig gebliebenen Pasta mit Scampi und Karden) – und schon ist eine köstliche Cremesuppe fertig. Alle anderen Lösungen sind eher eine Strafe.

Pasta mit Garnelen und Curry

Für 4 Personen: In einer großen Pfanne 300 g geschälte Garnelen ohne Darm 1 Minute lang in 1 Stück Butter anschmoren. 4 Servierlöffel Zwiebel-*Soffritto* ← und 4 Servierlöffel Currysauce ←, 1 Glas Krustentierfond ← (hauptsächlich aus Garnelen) hinzufügen und 3 Minuten lang kochen lassen. Mit Salz und Pfeffer abschmecken. Die Pasta darin schwenken und zum Schluss mit 1 Becher Joghurt oder 4 Esslöffeln Crème fraîche verrühren.

Die köstlichsten kalt angerührten Pastasaucen

Wie bereits im Kapitel zum richtigen Pasta-Kochen ← gesagt, sollten Nudeln, für die eine kalt angerührte Sauce vorgesehen ist, stets zwei Minuten lang in einer Mischung aus fünf Gramm Butter oder Olivenöl und 4 cl Brühe oder Nudelwasser pro Portion bei starker Hitze geschwenkt, also sautiert ← werden. Das gilt bis auf wenige Ausnahmen, die dann aber im Rezept angegeben sind.

Pasta mit Butter

Ein magisches Gericht, wenn die Butter herrlich, die Rinderbrühe ← gehaltvoll, der *Parmigiano Reggiano* (Parmesan) lange gereift und die Pasta wirklich super ist.

Für 4 Personen: Die Nudeln abgießen und 2 Minuten lang in einer Kasserolle mit zuvor gut verrührten 40 g Butter und 0,16 l Rinderbrühe sautieren ←. In einer Schüssel dann noch einmal mit der gleichen Menge Butter (in Flocken) und reichlich geriebenem Parmesan anmachen.

Pasta mit Olivenöl

Ein magisches Gericht, wenn das Olivenöl *extravergine* wirklich unübertrefflich ist – und die Pasta ebenso. Als Brühe sollten Sie hier eine kräftige Kalbsbrühe nehmen. Was den Parmesankäse angeht, sollte es ein mindestens drei Jahre lang gereifter *Parmigiano Reggiano* oder ein ebenfalls lange gereifter Schafskäse (*pecorino*) sein.

Für 4 Personen: Die Pasta abgießen und 2 Minuten lang in einer Kasserolle mit zuvor gut verrührten 40 g Öl und 0,16 l Brühe schwenken. In einer Schüssel dann mit 20 g Öl und reichlich geriebenem Parmesan anmachen. Eine Variante: Versuchen Sie es einmal mit konzentrierter Fisch- ← oder Krustentierbrühe ←, und Sie erleben eine wunderbare Begegnung mit den Aromen des Meeres. In diesem Fall mit gezupftem Basilikum oder Minze verfeinern und nur wenig Käse hinzugeben.

Pasta mit Knoblauch, Olivenöl und Peperoni

Für 4 Personen: 60 g Olivenöl mit 4 in Scheibchen geschnittenen Knoblauchzehen und fein gehackten Peperoni (in einer Menge nach Ihrem Geschmack) 2 Stunden lang – wenn es ein Tag wird, umso besser – an einem kühlen Platz ziehen lassen. Filtern. Die Pasta abgießen und in einer Kasserolle 2 Minuten lang mit zuvor gut verrührten 40 g Knoblauchöl und 0,16 l Nudelwasser oder Universalbrühe ← sautieren ←. In einer Schüssel mit dem restlichen Öl anmachen. Wer will, gibt noch einige Tropfen Tabasco darüber. Niemals die Pasta in heißes Öl geben, wie es viele machen, sie würde anbrennen.

Pasta mit Pesto

Für 4 Personen: Die Pasta abgießen und 2 Minuten lang in einer Kasserolle in einer Mischung aus Olivenöl und Flüssigkeit (Brühe oder Nudelwasser) bei starker Hitze schwenken. Dann mit 10 Servierlöffeln Pesto ←, 1 weiteren Schuss Öl und 40 g gewürfeltem Philadelphia-Käse anmachen. Wer will, gibt 1 gewürfelte Kartoffel und 80 g grüne Bohnen ins Nudelwasser, und zwar 1 Minute bevor die Pasta hineinkommt.

Pasta mit frischen Tomaten und Basilikum

Für 4 Personen: 400 g Tomaten (sie müssen wirklich erstklassig sein) in dünne Scheiben schneiden. Diese 1 Stunde lang in einem Sieb ruhen lassen, damit der wässrige Saft abfließen kann, und dann in Würfel schneiden. Die Pasta abgießen und 2 Minuten lang in einer zuvor gut verrührten Mischung aus Olivenöl und Flüssigkeit (Brühe oder Nudelwasser) schwenken. Dann in einer mit Knoblauch ausgeriebenen Schüssel mit den Tomaten, 1 weiteren Schuss Olivenöl, ein wenig Tabasco und reichlich klein gezupften Basilikumblättern anmachen.

Pasta mit Tomaten *alla marinella*

Für 4 Personen: 400 g Tomaten (sie müssen wirklich erstklassig sein) in dünne Scheiben schneiden, mit einer Knoblauchzehe, Peperoni nach eigenem Gusto, Thymian und frischem Oregano verrühren und 8 Stunden lang (in kürzerer Zeit wird es einfach nichts) bei 70 °C in den Backofen geben, um ihnen den Saft zu entziehen. Den Knoblauch entfernen. Die Pasta abgießen und 2 Minuten lang in einer Mischung aus Olivenöl und Flüssigkeit (Brühe oder Nudelwasser) schwenken. In einer Schüssel mit den Tomaten, 1 Schuss Öl und reichlich klein gezupften Basilikumblättern anmachen.

Pasta mit *bottarga*

Für 4 Personen: 100 g *bottarga* (Meeräschenrogen) reiben oder in Scheibchen schneiden und mit 100 g sehr fein gehacktem grünem Sellerie und 3 Esslöffeln Olivenöl mindestens 1 Stunde ziehen lassen. Die Pasta abgießen und 2 Minuten lang in einer gut verrührten Mischung aus Olivenöl und Flüssigkeit (Nudelwasser oder Brühe) schwenken. In einer Schüssel mit der kalten Sauce anmachen.

Pasta mit Walnusssauce

Für 4 Personen: Die Pasta abgießen und 2 Minuten lang in einer Kasserolle in einer gut verrührten Mischung aus Olivenöl und Flüssigkeit (Nudelwasser oder Brühe) schwenken. In einer Schüssel mit 150 g Walnusssauce ← und 1 weiteren Schuss Olivenöl anmachen und mit einigen Walnusssplittern garnieren.

Pasta mit Seeigeln

Für 4 Personen: 20 Seeigel öffnen und das Fleisch in eine Schüssel geben – Sie können aber auch Seeigel fertig zubereitet aus der Dose verwenden. 2 Tomaten (blanchiert, geschält, entkernt und in Stückchen gehackt) sowie 1 Hand voll zerkleinertes Basilikum und 1 Schuss Olivenöl hinzufügen. Die Pasta abgießen und 2 Minuten lang in einer Kasserolle in einer gut verbundenen Mischung aus Olivenöl und Flüssigkeit (Nudelwasser oder Brühe) schwenken. In einer großen Schüssel mit dem Seeigel-*Sugo* anmachen.

Pasta mit Seespinne oder Taschenkrebs

Für 4 Personen: 1 Seespinne (oder 1 Taschenkrebs) in leicht gesalzenem Wasser mit 2 Lorbeerblättern 20 Minuten lang kochen. Dann abgießen und abkühlen lassen. Mit viel Geduld die Schale des Tieres (auch die der Zangen) knacken und das Fleisch in eine Schüssel geben. Zerkleinern und dabei sorgsam (mit den Fingern) prüfen, ob sich Schalenreste darunter befinden. 2 Tomaten (blanchiert, geschält, entkernt und klein gehackt), 2 Knoblauchzehen, 1 Hand voll fein gehackte Basilikumblätter und 1 Schuss Öl hinzugeben. Die Pasta abgießen und 2 Minuten lang in einer gut verrührten Mischung aus Olivenöl und Flüssigkeit (Brühe oder Nudelwasser) schwenken. Anschließend in einer großen Schüssel mit der Mischung verrühren.

Besondere Leidenschaft des Autors Nr. 14:

Pasta auf Risotto-Art

Für mich persönlich ist es ein Glaubensgrundsatz: Alle gekochten Pasta-Saucen ← entfalten ihr Aroma ganz besonders gut durch das Kochen der Nudeln auf Risotto-Art, und auch die Pasta selbst kann sich so wunderbar entfalten. Doch egal, ob Sie diesen Grundsatz nun teilen oder nicht, im Folgenden vier der interessantesten Rezepte, bei denen die Pasta auf Risotto-Art den Gipfel menschlichen Wohlgeschmacks erreicht.

Man kann hier auf alle Nudelsorten zurückgreifen, und zwar sowohl auf getrocknete als auch auf frische mit Ei. Doch den oben zitierten Gipfel erreicht man nur mit getrockneter Pasta, möglichst klein und kurz wie etwa *Maccheroncini*, *Penne* oder *Tubetti*.

Risotto-Pasta mit Käse und Pfeffer

Bei diesem Rezept schadet das bisschen Stärke überhaupt nicht; es ist also unnötig, die Pasta drei Minuten lang vorzukochen.

Für 4 Personen: Reichlich Pfeffer in einem Mörser oder mit einem Fleischklopfer zerstoßen. 1 Stück Butter mit 2 Gläsern heißer Kalbsbrühe ← oder Universalbrühe ← in einer Kasserolle gut verrühren. Die Pasta hineingeben und in der Flüssigkeit garen, indem Sie mit einer Schöpfkelle nach und nach weitere Brühe hinzugeben; die nächste Kelle aber erst, wenn die vorherige aufgesogen ist. 1 Minute, bevor die Pasta al dente gekocht ist, 150 g geriebenen reifen Schafskäse (*pecorino*) und noch ein wenig weitere Brühe in die Kasserolle geben und gut verrühren. Nur nachsalzen, wenn nötig. Zum Schluss, nachdem Sie die

Kasserolle vom Feuer genommen haben, noch 1 Stück Butter und den zerstoßenen Pfeffer unterrühren.

Risotto-Pasta mit Kürbis

Für 4 Personen: 400 g Kürbisfruchtfleisch in kleine Würfel schneiden und in einer Kasserolle mit wenig Butter 3 Minuten lang anbräunen. 4 Servierlöffel *Soffritto all'italiana* ←, 1 Glas Weißwein ohne Alkohol ← und 1 zerbröseltes Stück Mandelgebäck (*Amaretto*) hinzugeben. Knapp mit Gemüsebrühe ← bedecken und 10 Minuten lang köcheln lassen. 3 Minuten lang vorgekochte Pasta hinzugeben und fertig garen, indem Sie mit einer Kelle immer wieder Brühe hinzugeben, aber immer erst dann, wenn die Brühe im Topf vollständig aufgesogen ist. Zum Schluss mit Zimt, Salz und Pfeffer abschmecken. Die Kasserolle vom Feuer nehmen, 1 Stück Butter und reichlich geriebenen Parmesan unterrühren.

Risotto-Pasta mit Kartoffeln und *Provola*-Käse

Für 4 Personen: 200 g gewürfelte Kartoffeln mit 50 g geräuchertem, ebenfalls gewürfeltem Bauchspeck (*pancetta*) in einer Kasserolle anbräunen. 1 Glas trockenen Weißwein ohne Alkohol ← und 4 Servierlöffel *Soffritto all'italiana* ← hinzugeben und 2 Minuten lang aufkochen lassen. Mit Gemüsebrühe ← oder Universalbrühe ← knapp bedecken und 100 g geräucherten *Provola*-Käse in Würfeln, 8 halbierte Cocktailtomaten und 3 Minuten lang vorgekochte Pasta hinzugeben. Unter Rühren und Angießen weiterer Brühe (immer erst, wenn die in der Kasserolle ganz aufgesogen ist) fertig garen. Zum Schluss mit Salz und Pfeffer abschmecken, 1 Schuss Olivenöl und geriebenen Parmesan unterrühren.

Risotto-Pasta mit Miesmuscheln und Cocktailtomaten

Für 4 Personen: 1 kg Miesmuscheln in einer großen Pfanne erhitzen, bis sie sich öffnen. 2/3 davon aus der Schale nehmen und den Fond filtern. Diese wieder in die Pfanne geben, 1 Glas trockenen Weißwein ohne Alkohol ←, 4 Servierlöffel Zwiebel-*Soffritto* ←, 10 halbierte Cocktailtomaten, 1 Messerspitze Tomatenmark und 3 Minuten lang vorgekochte Nudeln hinzugeben. Unter Rühren und Angießen weiterer Brühe (die nächste Kelle erst, wenn die vorherige aufgesogen ist) garen. 2 Minuten bevor die Nudeln al dente sind die Miesmuscheln (geschälte und ungeschälte) dazugeben. Zum Schluss mit Salz und Pfeffer abschmecken, vom Herd nehmen, 1 Schuss Öl und klein gehackte Basilikumblätter unterrühren.

Einfach gut: Frische Eiernudeln

Hat man bei getrockneten Nudeln nichts weiter zu tun, als sie zu kaufen und dabei genau auf die Qualität der Marke zu achten, so stellt man die mit Ei am besten selbst her. Zugegeben, hier und da findet man Produkte von versierten Pasta-Künstlern oder gar industriell gefertigte, die sich mehr als achtbar aus der Affäre ziehen, aber die in der eigenen Küche selbst hergestellten Nudeln sind doch immer noch die besten. Wappnen Sie sich also mit Geduld, einem Nudelholz oder auch jener wunderbaren Erfindung, der Nudelmaschine von Imperia, mit der sich Teigplatten formen lassen, sowie einem hölzernen Nudelbrett, und dann an die Arbeit. Hier ist das Rezept:

Frische Eiernudeln selbst gemacht

Für Tagliatelle oder noch dünnere Bandnudeln (4 Personen): 400 g Mehl Type 405, 4 Eier, 1 Esslöffel Olivenöl

Mehl auf das Nudelbrett geben, eine Mulde formen, die Eier hineingeben und das Öl hinzufügen. Nun die Eier mit einer Gabel oder den Fingern schlagen, dabei nach und nach das Mehl einarbeiten. Ungefähr 15 Minuten lang kräftig kneten, bis ein glatter, fester Teig mit einigen Luftblasen an der Oberfläche entstanden ist. Eine Kugel formen, mit Frischhaltefolie abdecken und 30 Minuten bei Zimmertemperatur ruhen lassen, damit sich die Glutenfasern weiten und der Teig den Kochvorgang besser übersteht. Dann mit einem mehlbestäubten Nudelholz den Teig dünn ausrollen. Oder in 8 Portionen teilen, andrücken, mit Mehl bestäuben (zumindest die ersten) und nacheinander durch die Walzen der Nudelmaschine geben. Anschließend den Teig mit der Hand oder einem passenden Gerät in die gewünschte Form schneiden. Die Breite entscheidet über die genaue Bezeichnung der Bandnudeln, und so können Sie nach Lust und Laune nicht nur *Tagliatelle*, sondern auch breitere oder schmalere *Tagliolini*, *Taglierini* etc. herstellen. Wünschen Sie etwas festere Nudeln, so ersetzen Sie ein Viertel des Mehls Type 405 durch Hartweizengrieß.

Um die Pasta zu färben, können Sie dem Mehl Zutaten wie Safran, Paprika (edelsüß), Tomaten, Spinat etc. (alles in Pulverform) in beliebiger Menge beimischen. Püriertes Gemüse (ca. 100 Gramm), Tomatenmark (eine große Messerspitze in wenig Wasser aufgelöst), die Tinte von Tintenfischen oder fein gehackte Kräuter werden hingegen zunächst unter die Eier gerührt, bevor sie mit dem Mehl verknetet werden. Fügt man dem Teig solche Zutaten, die Wasser enthalten, hinzu, sollte man allerdings weniger Eier nehmen und beim Kneten etwas mehr Mehl verarbeiten.

Vor dem Garen der Pasta am besten einen Esslöffel Öl ins heiße Kochwasser geben, damit die Nudeln nicht aneinander kleben.

Die »richtige« Nudelmenge liegt bei hausgemachten Eiernudeln etwas höher als bei getrockneter Pasta, und zwar bei 100 Gramm anstelle von 80 Gramm pro Person.

Was das Garen der Pasta angeht, so gilt alles in den vorherigen Kapiteln Gesagte auch für die frischen Nudeln mit Ei. Nur ein kleiner Hinweis: Natürlich kommt es auf die Konsistenz der Nudeln an und ob Sie sie gekauft oder selbst hergestellt haben, aber im Allgemeinen nimmt man für das Sautieren ← von frischen Eiernudeln etwas weniger Brühe oder Nudelwasser als bei getrockneten Nudeln, und zwar ca. 3 cl pro Portion oder sogar weniger.

Zu den Saucen: Gewiss, ein deftiges Fleisch-*Ragù* auf frischen Bandnudeln ist ein Hochgenuss, aber auch alle anderen im Zusammenhang mit getrockneter Pasta vorgestellten *Sughi* (sowohl die gegarten und die kalt angerührten als auch die für das Garen nach Risotto-Art) sind für frische Eiernudeln bestens geeignet.

Im Folgenden nun einige Saucenrezepte, die besonders gut zu frischen Nudeln passen. Sie sind aber auch – das versteht sich von selbst – in Kombination mit getrockneten Nudeln nicht zu verachten.

Frische *Tagliatelle* mit Fleisch-*Ragù*

Für 4 Personen: Die al dente gegarte Pasta in einer Kasserolle auf größerer Flamme 2 Minuten lang mit 200 g Fleisch-*Ragù* ←, 1 Stück bester Butter und 0,1 l guter Rinderbrühe ← schwenken. Vom Feuer nehmen und ein wenig Petersilie darunter rühren, weitere Petersilie ist schon im Ragù. Auf die Zugabe von Tomatensauce sollten Sie hier ganz verzichten.

Gratinierte *Tagliatelle* mit Schinken

Für 4 Personen: 120 g rohen, in schmale Streifen geschnittenen Schinken mit 1 Stück Butter in einer Kasserolle 3 Minuten lang anbräunen. Die al dente gegarte Pasta hinzugeben, 0,1 l Nudelwasser angießen und 1 1/2 Minuten aufkochen lassen. Vom Herd nehmen und mit geriebenem Parmesan und 1 Messerspitze Zimt anmachen. Das Ganze in eine mit ein wenig Butter ausgeriebene feuerfeste Form geben. Reichlich Butterflocken, 8 Servierlöffel Béchamelsauce ← und weiteren geriebenen Parmesan darüber geben. 2 Minuten in den Ofen schieben (Grill) und auf den Tisch bringen. Für dieses Rezept eignen sich auch hervorragend grüne *Tagliatelle* (mit Spinat) oder rote *Tagliatelle* (mit passierten Tomaten ←) oder ein opulenter Dreiklang verschiedener *Tagliatelle* (weiß, rot, grün) für besondere Anlässe, etwa wenn die italienische Fußballnationalmannschaft spielt.

Frische *Tagliolini* mit Hummer

Für 4 Personen: 300 g mundgerechte Hummerstückchen 2 Minuten lang in einer Kasserolle in 1 Stück Butter schwenken und anschließend mit 1 Glas Cognac flambieren ←. Ist die Flamme erloschen, 0,1 l Krustentierfond ← (aus den Hummerresten und einigen Garnelen gekocht) und 80 g Tomantensauce ← darunter rühren. Mit Salz und Peperoni abschmecken. Die al dente gekochte Pasta in den Topf geben, 1 Stück Butter und ein wenig Nudelwasser (die Menge hängt von der Konsistenz des Fonds und der Sauce ab) hinzufügen und 2 Minuten aufkochen. Zum Schluss mit fein gehackter Petersilie überstreuen.

Frische *Taglierini* mit Bratensauce

Für 4 Personen: 100 g Bratenfond mit 4 Servierlöffeln Zwiebel-*Soffritto* ← und 1 Messerspitze Tomatenmark in einer großen Pfanne erhitzen. Mit Salz abschmecken. Die al dente gegarten *Taglierini* dazugeben und 2 Minuten lang mit 1 Stück Butter und 0,1 l Nudelwasser sautieren ←. Mit reichlich geriebenem Parmesan bestreut servieren.

Frische *Taglierini* mit Bratensauce und Kaviar

Für 4 Personen: In einer großen Pfanne 100 g Bratenfond mit 4 Servierlöffeln Zwiebel-*Soffritto* ← erhitzen. Mit Salz abschmecken. Die bissfest gegarten *Taglierini* hinzugeben und mit einer gut verrührten Mischung aus 30 g Sahne und 0,1 l Rinderbrühe ← sautieren ←. Vom Feuer nehmen und noch einmal 30 g Sahne und 100 g Seehasenrogen (oder anderen Fischrogen) unterrühren – ein delikates Gericht, aber es würde sich nicht lohnen, dafür Kaviar zu verschwenden. Oder doch?

Frische *Taglierini* mit Trüffeln

Für 4 Personen: Die bissfest gegarten *Taglierini* 2 Minuten lang in einer gut verrührten Mischung aus 1 Stück Trüffelbutter und 0,1 l Rinderbrühe ← schwenken. Vom Herd nehmen und mit reichlich (wenn Sie sich das leisten können) hauchdünnen, möglichst mit einem Trüffelhobel geschnittenen Trüffelscheibchen anmachen. Dann mit dem besten Parmesan (*Parmigiano Reggiano*) bestreut servieren.

Frische *Taglierini* mit Hühnerklein und Kalbsleber

Für 4 Personen: In einer kleinen Pfanne 4 in Scheibchen geschnittene Schalotten in wenig Öl mit 1 Lorbeerblatt und der Schale von 1/2 Zitrone 3 Minuten lang anschwitzen. Anschließend mit ein wenig Universalbrühe ← ablöschen und 10 Minuten lang kochen lassen. Das Lorbeerblatt und die Zitronenschale entfernen und den Fond pürieren. 320 g Hühnermägen vorbereiten und die weiße Haut entfernen, in Scheibchen schneiden und in wenig Öl mit 1 Lauchstange (in schmale Streifen geschnitten) anbraten. 100 g halbierte Hühnerherzen hinzufügen und weitere 2 Minuten bei kleiner Hitze anschmoren. 100 g Hühnerleber und 100 g in Streifen geschnittene Kalbsleber dazugeben und weitere 10 Minuten garen. Mit Salz, Pfeffer und Muskatnuss abschmecken. Die bissfest gegarten Nudeln in die Pfanne geben und mit der Sauce und den pürierten Schalotten sautieren ←. Mit geriebenem Parmesan überstreut auf den Tisch bringen.

Die Glorreiche: Gefüllte Pasta

Agnolotti, Anolini, Cappelletti, Ravioli, Tortelli, Tortellini, Tortelloni… unter wie vielen Namen kennen wir doch gefüllte Pasta. Um die Sache nicht unnötig kompliziert zu machen, verwende ich im Folgenden durchgängig den allgemein verständlichsten Begriff, nämlich »Ravioli«. Doch egal, wie wir sie nun nennen, gefüllte Pasta gehört unbestritten zu den Glanzpunkten der guten italienischen Küche. In diesem Kapitel stelle ich Ihnen einige Füllungen sowie einige klassische Saucen für gefüllte Nudeln vor. Wie Sie die Pasta nun verschließen (und ihr damit eine spezielle Form geben), ist dann ganz Ihre Sache.

Als Teig nehmen Sie den klassischen Teig für frische Eiernudeln ←. Er muss hierzu ganz besonders dünn ausgerollt werden, sodass die gefüllten Nudeln schön weich schmecken.

Die Füllung soll fein, sehr fein sein. Es gibt also keinen Grund, sie nicht zu pürieren.

Für das Schließen der Teigtaschen gibt es unzählige Techniken. Ich persönlich rate dazu, den Nudelteig in Quadrate von ca. 7 x 7 cm zu schneiden, einen Teelöffel Füllung darauf zu geben und sie über Kreuz zum Dreieck zu schließen. Die Ränder fest zusammendrücken! Doch ein jeder hat diesbezüglich seine besonderen Vorlieben.

Vor dem Garen einen Esslöffel Öl ins kochende Wasser geben, damit die Nudeln nicht aneinander kleben. Achten Sie darauf, dass das Wasser nur leicht sprudelt, und geben Sie die Ravioli mit einer Schaumkelle aus dem Nudelwasser in die Pfanne mit der Sauce: Auf diese Weise bleiben sie heil.

Auch für gefüllte Pasta gilt das Gleiche, was zum richtigen Nudelkochen ← gesagt wurde: Es ist ratsam, die Ravioli eineinhalb bis zwei Minuten in der Saucenpfanne mit ein wenig Butter oder Öl sowie Brühe oder kochendem Nudelwasser (3 cl pro Portion) sanft zu wenden (Sautieren wäre übertrieben, die Teigtaschen würden auseinander fallen). Anders als nicht gefüllte Pasta vertragen sie es aber auch, wenn sie gleich in einer Schüssel mit der Sauce angemacht werden.

Haben Sie zu viele Ravioli vorbereitet, so legen Sie sie am besten auf ein mit Backpapier (das mit wenig Mehl bestäubt wurde) ausgelegtes Tablett (dabei dürfen sich die Ravioli nicht berühren), decken sie mit Frischhaltefolie ab und stellen sie 24 Stunden in den Gefrierschrank. Danach sind sie so hart, dass Sie die Teigtaschen problemlos in eine Tüte füllen können. Zum Kochen geben Sie sie noch tiefgefroren in siedendes Salzwasser und garen sie eine Minute länger als vorgesehen.

Pasta-Füllungen

Pasta-Füllung mit Fleisch

Der Superklassiker!

Für 4 Personen: 50 g Rindfleisch und die gleiche Menge Kalb- und Schweinefleisch in Würfel schneiden und in einer Kasserolle mit 1 Stück Butter 4 Minuten lang anschmoren. Dann 4 Servierlöffel *Soffritto all'italiana* ←, 50 g klein gehackten Schinken, 1 Glas trockenen Weißwein ohne Alkohol ←, 1 Lorbeerblatt, 50 g getrocknete Pilze (15 Minuten in Wasser eingeweicht und gut ausgedrückt) und 1 Rosmarinzweiglein hinzufügen und 30 Minuten lang bei geschlossenem Deckel garen, etwas Wasser nachgießen, falls die Flüssigkeit zu rasch einkochen sollte. Dann abkühlen lassen, Lorbeer und Rosmarin entfernen, die Masse gut durchpürieren und in einer Schüssel mit geriebenem Parmesan und 50 g leicht gerösteten Semmelbröseln verrühren. Mit Salz und Pfeffer abschmecken.

Pasta-Füllung mit Fleisch und Currysauce

Für 4 Personen: 350 g Schweinefleisch (ohne Fett) fein zerhacken. In einer Kasserolle mit 1 Stück Butter oder 1 Schuss Olivenöl 4 Minuten lang anschmoren, 4 Servierlöffel Zwiebel-*Soffritto* ←, 1 Glas trockenen Weißwein ohne Alkohol ← und 1 kleine Hand voll Rosinen (15 Minuten lang eingeweicht und gut ausgedrückt) hinzufügen und zugedeckt 30 Minuten lang garen, dabei ein wenig Wasser nachgießen, falls die Flüssigkeit zu schnell einkochen sollte. Abkühlen lassen und gut durchpürieren. Diese Füllung in einer Schüssel mit 1 Esslöffel Zucker, 2 Esslöffeln Kartoffelmehl, 1 Teelöffel Sojasauce und Currysauce ← in einer Menge nach Ihrem Geschmack verrühren.

Pasta-Füllung mit Grieben und Speck

Für 4 Personen: 250 g klein gehackte Schweinegrieben mit 1 Stück Butter in einer Kasserolle 4 Minuten lang anschmoren. 1 Glas Weißwein ohne Alkohol ←, 50 g fein gewürfelten Speck, 50 g gekochten Schinken in Würfelchen, 4 Servierlöffel Zwiebel-*Soffritto* ← und 1 Messerspitze Kümmel hinzufügen und bei geschlossenem Deckel 30 Minuten lang garen, dabei ein wenig Wasser nachgießen, falls nötig. Abkühlen lassen, 1 in Milch eingeweichtes und ausgedrücktes Brötchen und 1 Hand voll Petersilienblätter hinzugeben und gut durchpürieren. Mit 1 Eigelb binden, mit Salz und Pfeffer abschmecken und, falls nötig, mit leicht gerösteten Semmelbröseln andicken.

Pasta-Füllung mit Seebarsch und Garnelen

Für 4 Personen: 200 g Garnelenschwänze in Stückchen und 200 g gewürfeltes Seebarschfilet mit 1 Schuss Olivenöl 2 Minuten lang in einer Kasserolle anbraten. 4 Servierlöffel Zwiebel-*Soffritto* ← und 1 Gläschen trockenen Weißwein ohne Alkohol hinzufügen und 2 Minuten aufkochen. Abkühlen lassen und in einer Schüssel mit 2 Esslöffeln Sahne, 50 g gewürfeltem Mozzarella, 50 g geriebenem Parmesan und ein wenig Basilikum verrühren. Gut pürieren. Mit 1 Eigelb binden, mit Salz und Pfeffer abschmecken und, falls nötig, mit leicht gerösteten Semmelbröseln andicken. Selbstverständlich kann für diese Füllung jedes Fischfilet genommen werden.

Pasta-Füllung mit Spinat und *Ricotta*

Für 4 Personen: 300 g Spinat 10 Minuten lang in siedendem Salzwasser garen, ausdrücken und in grobe Stücke schneiden. Diese in einer Schüssel mit 100 g *Ricotta* (Quark), 50 g gewürfeltem Gruyère-Käse und 50 g geriebenem Parmesan vermengen. Gut durchpürieren. Mit 1 Eigelb binden, mit Salz und Pfeffer abschmecken und, wenn nötig, mit leicht gerösteten Semmelbröseln andicken.

Pasta-Füllung mit Brennnesseln und Haselnüssen

Für 4 Personen: 400 g Brennnesseln 10 Minuten lang in siedendem Wasser garen, ausdrücken und in grobe Stücke schneiden. In einer Schüssel mit 4 Servierlöffeln Zwiebel-*Soffritto* ←, 1 klein gehackten Knoblauchzehe und 50 g zerstoßenen Haselnüssen vermengen. Gut durchpürieren. Zum Schluss mit 1 Eigelb binden, mit Salz und Pfeffer abschmecken und, wenn nötig, mit leicht gerösteten Semmelbröseln andicken.

Pasta-Füllung mit Reis und Pilzen

Für 4 Personen: 1 Knoblauchzehe und 200 g in Scheiben geschnittene Pilze in 1 Stück Butter 2 Minuten lang in einer Kasserolle anschwitzen. 200 g gekochten Reis, 4 Esslöffel *Soffritto all'italiana* ← sowie 1 Glas Weißwein ohne Alkohol ← hinzufügen und bei geschlossenem Deckel 15 Minuten lang garen. Abkühlen lassen, gut durchpürieren und mit 1 Eigelb und 2 Esslöffeln Kartoffelmehl binden.

Die klassischsten Saucen für gefüllte Pasta

Es gibt einige superklassische, recht neutrale Saucen für gefüllte Pasta, die das Aroma der Füllung nicht überlagern. Dennoch – wählen Sie sie immer mit Bedacht aus. Allerdings können auch alle im Zusammenhang mit getrockneter oder frischer Pasta vorgestellten Saucen mit gefüllten Nudeln kombiniert werden. Es versteht sich wohl von selbst, dass man mit Garnelen und Seebarschfilet gefüllte Ravioli nicht mit einer Bratensauce ← anmacht…

Ravioli mit Butter und Salbei

Für 4 Personen: 16 klein gehackte und 4 ganze Salbeiblätter mit 40 g Butter in einer Kasserolle anbräunen. 0,1 l Brühe (welche, bleibt Ihnen überlassen, denn das hängt von der Füllung ab; Universalbrühe ← ist aber immer geeignet) angießen und kräftig verrühren. Mit dem Schaumlöffel die gegarten Ravioli in eine Pfanne geben und 2 Minuten lang darin wenden. Vom Herd nehmen und noch einmal einige Butterflocken sowie reichlich geriebenen Parmesan darüber geben. Ein Klassiker für Ravioli mit Fleischfüllung, eignet sich aber für fast alle Füllungen.

Ravioli mit Fleischsauce

Für 4 Personen: 1 Glas Fleischfond ←, 50 g fein gehackte Pilze, 20 g Roux ←, 4 Esslöffel *Soffritto all'italiana* mit Bauchspeck ← und 1 Gläschen Rotwein ohne Alkohol ← in eine Kasserolle geben. 10 Minuten lang köcheln lassen, durch die Flotte Lotte drehen und mit Salz und Pfeffer abschmecken. Die Ravioli mit dem Schaumlöffel in die Sauce geben und mit 20 g Butter und 0,1 l Rinderbrühe ← 2 Minuten lang darin wenden. Vom Herd nehmen und einige Butterflocken, reichlich geriebenen Parmesan und klein gehackte Petersilie darunter heben. Ideal ist es auch, schwarze, in schmale Streifen geschnittene und 2 Minuten in der passierten Sauce gegarte Trüffel hinzuzugeben. Eine passende Sauce für alle Teigtaschen mit Fleischfüllung.

Ravioli mit Bratensauce

Für 4 Personen: 100 g Bratenfond, 4 Esslöffel Zwiebel-*Soffritto* ←, 20 g Roux ←, 1 Glas Weißwein ohne Alkohol ← und 1 Rosmarinzweiglein in eine Kasserolle geben. 10 Minuten lang garen, den Rosmarin entfernen, das Ganze durch die Flotte Lotte drehen und mit Salz und Pfeffer abschmecken. Die Ravioli abgießen und 2 Minuten lang mit 0,1 l Universalbrühe ← in der Sauce wenden. Vom Herd nehmen und mit reichlich geriebenem Parmesan und klein gehackter Petersilie anmachen. Passt zu allen Nudeln mit Fleischfüllung.

Ravioli mit Krustentiersauce

Für 4 Personen: 1 Glas Krustentierfond ←, 50 g klein gehackte Pilze, 20 g Roux ←, 4 Esslöffel Zwiebel-*Soffritto* ← und 1 Gläschen Weißwein ohne Alkohol ← in einer Kasserolle verrühren. 10 Minuten lang kochen lassen, durch die Flotte Lotte drehen und mit Salz und Pfeffer abschmecken. Die Ravioli abgießen und in der Sauce mit 1 Schuss Olivenöl und 0,1 l Gemüse-, Krustentier- oder Universalbrühe ← 2 Minuten lang wenden. Vom Herd nehmen und mit reichlich fein gehackter Petersilie oder Minze anmachen. Man kann diese Sauce auch mit 1 Becher Joghurt oder Crème fraîche binden. Ideal ist sie für alle Nudeln mit einer Fisch- oder Krustentierfüllung.

Ravioli mit Spargelsauce

Für 4 Personen: 1 Knoblauchzehe und 8 Spargelstangen (nach dem Entfernen der Spitzen in kurze Stücke geschnitten) 3 Minuten lang mit 1 Schuss Olivenöl in einer Kasserolle anschwitzen. 20 g Roux ←, 4 Esslöffel Zwiebel-*Soffritto* ← sowie 1 Glas Weißwein ohne Alkohol ← hinzufügen und 10 Minuten lang garen. Durch die Flotte Lotte drehen und mit Salz und Pfeffer abschmecken. Die Spargelspitzen der Länge nach vierteln und in 1 Schuss Olivenöl 1 Minute lang anbräunen. Die Ravioli abgießen und 2 Minuten lang mit 1 Schuss Öl und 0,1 l Gemüsebrühe ← in der Sauce wenden. Eine ideale Sauce für alle Pasta-Sorten mit Gemüsefüllung. Statt Spargel lassen sich auch Artischocken oder andere Gemüsesorten verwenden.

Frische Pasta ohne Ei

Selbstverständlich lässt sich auch ein Pasta-Teig ohne Ei selbst herstellen. Ich nenne solche Nudeln »chinesischer Art«, denn so sind sie im Reich der Mitte gebräuchlich. Gehen Sie folgendermaßen vor:

Für 4 Personen: 400 g Mehl Type 405 auf eine Arbeitsfläche sieben, eine Mulde formen, 1 Prise Salz darüber geben und mindestens 15 Minuten lang einen Teig kneten, indem Sie nach und nach so lange 30 °C warmes Wasser hinzugeben, bis ein fester homogener Teig entstanden ist. Diesen in eine Schüssel legen, mit einem Tuch abdecken und mindestens 12 Stunden lang an einem kühlen Ort ruhen lassen. Schließlich noch einmal 5 Minuten lang durchkneten und mit dem Nudelholz oder der Maschine sehr dünn ausrollen; dabei noch etwas Mehl darüber stäuben. Der Teig muss zum Schluss fast durchsichtig sein.

Die mit einem solchen Teig hergestellten Teigtaschen haben eine besondere Eigenschaft: Sie können (müssen aber nicht) auch im Wasserdampf gegart werden, was mit hausgemachter frischer Pasta mit Ei unmöglich ist. Durch diese Art der Zubereitung werden diese Nudeln ganz zart und leicht und brauchen auch kein zusätzliches Wasser, das heißt, man muss sie vor dem Servieren nicht mehr in der Pfanne wenden. Zum Anmachen reicht ein Schuss Olivenöl oder ein Stück Butter, die zuvor mit einer Brühe ← Ihrer Wahl aufgeschlagen wurden. Ein Teig der Zukunft. Versuchen Sie es einmal.

Nudel- und Reissalate

So richtig verrückt ist vielleicht niemand nach ihnen, im Sommer aber können sie eine herrlich erfrischende Abwechslung sein. Es gibt nur ein Problem: Wie kühlt man die Nudeln oder den Reis richtig ab?

Üblicherweise wird dazu geraten, das Garen der Pasta, sei sie nun getrocknet oder frisch, dadurch zu stoppen, dass man ein Glas kaltes Wasser ins kochende Nudelwasser gibt, die Pasta dann abgießt und unter fließendem Wasser abspült. Sicher, das ist machbar, aber so richtig überzeugen kann mich diese Lösung nicht. Der plötzliche Temperatursturz von fast 100 auf 20 °C wirkt wie eine umgekehrte Sauna, die die Pasta stresst und klebrig werden lässt. Mein Ansicht nach ist es viel besser, sie al dente zu garen, dann abzugießen und mit ein wenig Öl anzumachen. Dann gibt man sie auf eine vielleicht auch mit Backpapier ausgelegte kühle Fläche, verteilt sie gleichmäßig und bewegt sie hin und wieder sanft mit einer Gabel, damit die Nudeln beim Abkühlen nicht aneinander kleben. Und damit die Pasta nicht austrocknet, deckt man sie während des Abkühlens mit Frischhaltefolie (oder etwas Ähnlichem) ab, die nur angehoben wird, wenn man die Pasta bewegt. Die optimale Lösung wäre allerdings, einen speziellen Abkühler zur Verfügung zu haben. Ein überaus nützliches Gerät, das heute erst ganz wenige Restaurant benutzen, das eines Tages aber sicher alle Haushalte erobern wird.

Was Reis betrifft, ist es mir nie gelungen, ihn anständig abzukühlen. Dennoch gehen Sie am besten wie oben für Pasta beschrieben vor. Am geeignetsten sind langkörnige Reissorten wie Basmati oder Patna, die gut abgespült werden, oder parboiled Reis, der allerdings ein wenig nach Zellulose schmeckt, aber wer's mag… Ein sehr empfehlenswerter Reisersatz ist jene Pasta in Reisform, die in Italien »Risone« genannt wird. Die lässt sich problemlos abkühlen, und kein Mensch bemerkt den Unterschied.

Ist der Salat zu früh fertig, so stellen Sie ihn nicht in den Kühlschrank, denn in der Kälte verfestigt sich das Öl auf den Nudeln oder dem Reis und wird ziemlich unbekömmlich. Bewahren Sie ihn lieber am kühlsten Platz Ihres Hauses auf.

Nudelsalat mit Mozzarella und Orange

Für 6 Personen: 500 g Nudeln (am besten *Penne*) al dente garen und wie beschrieben abkühlen lassen. 12 Anchovisfilets zerkleinern. In einem kleinen Topf 1 kleine Hand voll Pinienkerne rösten. 1 Orange schälen und in Scheibchen schneiden. Anchovisstückchen, Pinienkerne, Orange, 150 g gewürfelten Mozzarella (oder griechischen Schafskäse), 1 Hand voll Kapern, 1 Hand voll Rosinen (30 Minuten in warmem Wasser eingeweicht und gut ausgedrückt), klein gezupftes Basilikum und ein wenig klein geschnittenen Schnittlauch in einer großen Schüssel verrühren. Dann erst die Nudeln dazugeben. Behutsam verrühren. Salz, ein wenig Essig, Olivenöl, ein wenig Senf und 3 Servierlöffel Joghurt zu einem Dressing mixen und die Pasta damit anmachen.

Nudelsalat mit Miesmuscheln und Seezunge

Für 6 Personen: 500 g Seezungenfilet (oder Filets von einem anderen Fisch mit weißem Fleisch) in dünne Streifen schneiden, mit dem Saft von 1/2 Zitrone beträufeln, 1 Hauch Peperoni und 3 Esslöffel Olivenöl hinzugeben und den Fisch 30 Minuten darin marinieren lassen. 350 g Nudeln (am besten *Tagliolini*) al dente kochen und wie oben beschrieben abkühlen lassen. 5 Tomaten blanchieren, schälen entkernen und in Würfelchen schneiden. Dann 1 fein gehackte Schalotte, 2 Esslöffel Kapern und 50 g entkernte und klein gehackte Oliven hinzufügen und mit

1 Schuss Öl, Salz, 1 Prise Currypulver und einigen wenigen Thymianblättchen anmachen. 1 kg Miesmuscheln säubern, in einer Kasserolle bei geschlossenem Deckel mit 1 Schuss trockenem Weißwein bei größerer Hitze so lange erhitzen, bis sie sich öffnen, und dann aus der Schale lösen. Die Miesmuscheln, die abgetropften Fischfilets, 1 Hand voll klein gehackte Petersilie, die Tomaten und zum Schluss erst die Nudeln in eine große Schüssel geben. Behutsam verrühren und servieren.

Nudelsalat mit grüner Mayonnaise

Für 6 Personen: 400 g Nudeln (am besten die reisförmigen *Risone*-Nudeln) bissfest garen und wie oben beschrieben abkühlen lassen. 1 Hand voll Spinatblätter und 1 Hand voll Kresse in siedendem Wasser 2 Minuten blanchieren, abgießen, unter fließendem Wasser abkühlen lassen und ausdrücken. Dann zu einem Brei zerstoßen und mit 100 g Mayonnaise ← gut verrühren. 300 g Spargelspitzen 6 Minuten lang im Wasserdampf garen und halbieren. 300 g Saubohnen 4 Minuten lang in siedendem Salzwasser garen, abgießen und die Häutchen abziehen. 6 Zucchiniblüten säubern, den Stempel entfernen, die Blüten klein schneiden. Spargel, Saubohnen und Zucchiniblüten in einer Kasserolle mit 1 Schuss Olivenöl 2 Minuten lang anschwitzen und abkühlen lassen. Die Pasta in einer Schüssel mit der grünen Mayonnaise verrühren, die Gemüsemischung unterziehen und behutsam verrühren.

Reissalat mit Meeresfrüchten

Für 6 Personen: 350 g Patna- oder Basmati-Reis bissfest garen und abkühlen lassen (siehe oben). 200 g Zwergsepien und 200 g Zwergkalmare säubern, in kalte *court-bouillon* ← geben, 5 Minuten vom Zeitpunkt des Siedens an darin garen und dann herausheben. In derselben kochenden *court-bouillon* zunächst 400 g Seeteufel 10 Minuten lang und dann 200 g *canocchie* (eine adriatische Garnelenart) sowie 200 g Garnelenschwänze (ohne Schale und Darm) 2 Minuten lang darin garen. Die Tintenfische und Kalmare in ca. 2 cm große Stückchen schneiden, den Seeteufel und das Fleisch der *canocchie* würfeln und alles in eine Schüssel geben. Die Garnelen, 1 kleine Hand voll eingelegte Kapern, Salz und Pfeffer, 4 Esslöffel Olivenöl, 2 zerdrückte Knoblauchzehen (die Sie zum Schluss wieder entfernen) sowie fein gehackte Petersilie hinzufügen; 15 Minuten lang ruhen lassen. Dann den Reis hinzugeben und noch einmal 2 Stunden an einem kühlen Platz stehen lassen. 2 gekochte Eigelb zerdrücken und mit 2 Teelöffeln Senf, 4 Esslöffeln weißem Essig und 1 Prise Salz und Pfeffer so lange verrühren, bis eine homogene Creme entstanden ist; nach und nach 0,15 l Olivenöl darunter schlagen und 2 Esslöffel klein gezupfte Basilikumblätter dazugeben. Den Reissalat mit diesem Dressing anmachen, mit Pfeffer überstreuen und servieren.

Seine Majestät, das Risotto

Was man darunter versteht und wie es zubereitet wird

Reis wird in vielen, vielen Ländern der Erde, vor allem in Ostasien, angebaut und überall zu leckeren, pfiffigen Gerichten verarbeitet. Doch Risotto, zweifellos der absolute Gipfel der Reisküche, gibt es nur bei uns in Italien. Eigentlich halte ich nicht viel von den stolzen Verkündigungen, das Mutterland einer bestimmten kulinarischen Idee zu sein, oder den Debatten darüber, in welchem Land denn nun ein Gericht oder eine bestimmte Gartechnik tatsächlich erfunden wurde. Hier jedoch handelt es sich um ein historisches Verdienst unseres Landes, das nicht in Vergessenheit geraten sollte. *Chapeau* vor unseren Vorfahren.

Was ist ein Risotto, und worin unterscheidet es sich von in einer Brühe gekochtem Reis? Der Unterschied liegt in einem kleinen großen Geheimnis: der Röstung der Reiskörner zu Beginn. Diese Röstung erreicht man, indem man den Reis in einen leicht eingefetteten Topf gibt und bei starker Hitze und unter ständigem Rühren mit einem Holzlöffel zwei Minuten lang erhitzt. Sind die Körner so heiß, dass man sich an ihnen die Finger verbrennen kann, wird Kelle für Kelle die heiße Brühe hinzugegeben sowie, jeweils im passenden Moment, die verschiedenen Zutaten. Zum Schluss wird das Ganze mit Butter glatt verrührt. Das ist ein Risotto. Wird der Reis in einer Brühe ohne vorherige Röstung gegart, so wie es die Venezianer mit ihrem *Risi e bisi* ← tun, kommt zwar auch ein köstliches Essen dabei heraus, aber eben kein Risotto.

Neben der entscheidenden Röstung zu Beginn sind für ein vorbildliches Risotto vier weitere Punkte von fundamentaler

Bedeutung, die ich im Folgenden erläutern will: das *Soffritto*, der Wein, die Brühe und das glatt Verrühren.

Das Soffritto

Praktisch alle Risotto-Rezepte, die ich in meinem Leben gelesen habe, beginnen so: Man nehme 1 Zwiebel, hacke sie klein, bräune sie, füge den Reis hinzu, röste ihn und... Stopp! Wenn doch jedermann weiß, dass eine Zwiebel auf kleinster Flamme angeschwitzt, der Reis aber bei starker Hitze geröstet wird, wie zum Teufel soll man da diese beiden Vorgänge im selben Topf gleichzeitig ausführen? Konkret ist es dann ja auch so, dass die Temperatur entweder niedrig eingestellt wird und es folglich zu keiner Röstung kommt oder aber hoch und die Zwiebeln anbrennen und unbekömmlich werden. Die Lösung? Ganz einfach. Man schwitzt die Zwiebel bei kleinster Flamme an, nimmt sie heraus und hackt sie klein. Anschließend röstet man den Reis zwei Minuten lang bei starker Hitze in der Kasserolle, dreht das Gas herunter, gießt die ersten Kellen siedende Brühe an, durch die die Temperatur des Reises auf weniger als 100 °C sinkt, und gibt erst jetzt die Zwiebeln hinzu. Praktischer ist es noch, wenn man, wie im Kapitel »Das perfekte *Soffritto*« ← erklärt, diese Gemüsemischungen auf Vorrat zubereitet und dann, wenn der Reis in der ersten Kelle Brühe schwimmt, hinzugibt.

Der Wein

Auch diese Zutat – fast immer ein trockener Weißwein – kommt in fast allen Rezepten vor. Der historische Ursprung erklärt sich aus der Notwendigkeit, den Geschmack von Schweinefett, das früher immer zum Risotto dazugehörte, durch die Säure des Weines abzuschwächen. Aber heute? Hat es noch Sinn, Wein hinzuzufügen, wenn solche Fette im Risotto gar nicht mehr vorkommen? Sicher, wenn Sie Knochenmark, Speck oder Ähnliches in Ihr Risotto geben, dann gehört auch Wein hinein. Aber nur dann. Andernfalls verzichten Sie besser auf den Wein oder nehmen einen ohne Alkohol ←, denn es ist ja der Alkoholanteil, der den Wein sauer macht. Und ein saurer Beigeschmack im Risotto ist absolut nicht wünschenswert. Dies gilt zwar für alle Gerichte, denen Wein beigegeben wird, in besonderem Maß aber für ein Risotto.

Die Brühe

Reis ist ein an sich neutrales kohlenhydratreiches Nahrungsmittel. Die wirklich entscheidende Zutat für den Geschmack eines Risottos ist und bleibt die verwendete Brühe. Sie muss gut und stark sein. Hier zum Brühwürfel zu greifen, wäre eine unverzeihliche Barbarei. Mehr noch als bei allen anderen Gerichten ist hier eine erstklassige, ja »die richtige« Brühe unbedingt erforderlich. Kochen Sie ein Risotto mit Huhn? Dann sollte es eine Hühnerbrühe sein. Oder mit Garnelen? Dann eine Garnelenbrühe – usw. Die Grundregel lautet: Man verwendet eine Brühe, die aus den gleichen Zutaten, wie sie zum Risotto gereicht werden (oder besser, den Resten), gemacht ist. Eine Ausnahme bildet die Universalbrühe ←, von mir auch *puttana* (Hure) genannt, weil sie sich, mehr oder weniger stark konzentriert, ganz gut (nicht sehr gut!) sowohl mit Gemüse als auch mit Fleisch oder Fisch kombinieren lässt. Und ebenso die Gemüsebrühe, die sich nicht für ein Gemüse-Risotto eignet. Um die Ausnahmen komplett zu machen: Einige einfache, aber legendäre Risotti verlangen eine ganz bestimmte Brühe. So das Risotto *alla milanese* ←, für das eine kräftige, konzentrierte Rinderbrühe ← unverzichtbar ist. Oder das Risotto *alla piemontese*, praktisch ein Risotto *alla milanese,* nur ohne Rindermark und Safran, das einst als Beilage zu Fleischgerichten kreiert wurde und deshalb mit einer nicht allzu stark konzentrierten Rinderbrühe ← oder auch mit einer würzigen Kalbsbrühe zubereitet wird.

Glatt verrühren

Dieser Schritt bedeutet beim Risotto, nach Ende der Garzeit, quasi abseits des Herdes, ein Fett hineinzugeben und behutsam unterzurühren, den Topf zu schließen und das Risotto drei Minuten darin ruhen zu lassen. Er dient dazu, das Risotto homogener zu machen, und sollte nie unterbleiben, weil er fester Bestandteil der ganzen Zubereitung ist. Traditionell nimmt man dafür Butter, aber auch ein Olivenöl *extravergine* eignet sich bestens; es muss nur leicht sein, etwa eines aus Ligurien oder vom Gardasee, und ich habe auch schon gehört, ein Haselnussöl sei das Optimum. Nehmen Sie das Fett, das am besten zum jeweiligen Rezept passt, etwa zehn Gramm pro Person, aber auch das Doppelte schadet nicht (entscheidend sind die Art des Risottos und Ihr Geschmack). Verlangt das Rezept das Unterrühren von Käse, Petersilie oder dergleichen, so geschieht das immer zum Schluss, ebenfalls »abseits des Herdes«.

Welcher Reis für welches Risotto?

Was die zu verwendenden Reissorten angeht, ist mein Rat ganz eindeutig: *Carnaroli*-Reis für die klassischen kompakteren Risotti der piemontesischen und lombardischen Küche, und *Vialone-Nane*-Reis für die etwas flüssigeren venezianischer Tradition. Aber wenn Sie den Reis gut anrösten, das *Soffritto* im richtigen Moment unterrühren, die passende Brühe verwenden und das Unterziehen der Butter nach allen Regeln der Kunst bewerkstelligen, sind auch viele andere Reissorten nach Ihrem Geschmack möglich. Namen will ich gar nicht nennen; Ihr Geschmack ist entscheidend. Die ideale Menge sind 80 Gramm pro

Person für ein Risotto mit vielen verschiedenen Zutaten und 90 Gramm pro Person für eine einfachere Variante.

Das Garen

Was das Garen des Reises mit den verschiedenen Zutaten angeht, ist die Reihenfolge im Prinzip klar: Es gilt, die Zutaten einschließlich des Reises so hinzuzufügen, dass zum Schluss alle auf den Punkt genau gar sind. In der Praxis ist das gar nicht so einfach. Es stellt sich immer die Frage, ob man die Zutaten roh hineingibt und dann länger mitkochen lässt oder ob man sie separat gart und erst zum Schluss hineingibt. Ich persönlich halte es für besser, sie separat vorher zu garen (und vorher kann hier zehn Minuten vorher heißen, aber auch zwei Stunden oder einen ganzen Tag) und sie dem Risotto eine Minute bevor es gar ist beizumengen. Diese Lösung hat nicht nur den Vorteil, dass sich die Aromen optimal entfalten können, sondern sie ist sicher auch die bequemste. Was die Garzeiten betrifft, so hängen diese ganz von der Reissorte ab; kosten Sie und verlassen Sie sich auf Ihren Geschmack.

Das Grundrezept

Zusammengefasst hier das genaue Vorgehen, das ich für das beste halte – von Ausnahmen abgesehen, die es leider, nein, zum Glück, immer gibt, denn Ausnahmen von der Regel sind doch das Schöne beim Kochen. Den Reis in einer Kasserolle mit wenig Fett zwei Minuten bei starker Hitze rösten. Mit Wein (mit oder ohne Alkohol ←, hängt davon ab, ob Schweinefett verwendet wird) ablöschen; das heißt, wenn Sie mögen, denn Sie können auch ganz darauf verzichten. In den seltensten Fällen ist er unbedingt notwendig. Die Temperatur auf klein/mittel herunterdrehen, eine erste Kelle der »richtigen« Brühe angießen und das separat zubereitete *Soffritto* hinzugeben, dann wieder kochende Brühe, Kelle für Kelle, wobei Sie die nächste erst hineingießen, wenn die vorherige aufgesogen ist. Auf diese Weise den Reis unter Rühren (mit Gefühl) garen. Eine Minute vor Ende der Garzeit die im Rezept vorgesehenen und vorgekochten Zutaten hineingeben. Den Topf vom Feuer nehmen und das Risotto mit zehn Gramm Fett pro Person glatt verrühren. Dann mit geriebenem Parmesan oder dem, was vorgesehen ist, anmachen. Zugedeckt drei Minuten lang ruhen lassen und servieren.

Die beliebtesten Risotti

Wie Nudeln ist auch Reis ein neutrales, stärkehaltiges Nahrungsmittel und lässt sich wie diese mit Tausenden von Saucen kombinieren. Suchen Sie sich nach Belieben eine der vielen Nudelsaucen, egal, ob für getrocknete oder frische Pasta, in diesem Buch aus. Nur die ungegarten *Sughi* sind meiner Ansicht nach für Reis wenig geeignet. Kochen Sie ein Risotto wie im vorigen Kapitel angegeben, indem Sie den Reis in einer Universalbrühe ← oder einer, die zur Sauce passt, garen. Eine Minute vor Ende der Garzeit rühren Sie fünf Servierlöffel Sauce unter. Dann vom Herd nehmen, mit dem Fett (Butter oder Olivenöl) glatt verrühren und servieren. Sie werden staunen, wie perfekt das zusammenpasst.

Im Folgenden stelle ich Ihnen einige klassische Risotto-Rezepte vor, die sich allerdings, genauer betrachtet, umgekehrt auch wieder bestens für alle Nudelgerichte eignen! Zu Beginn gehen Sie jeweils wie im vorherigen Kapitel beschrieben vor.

- Wie lässt sich übrig gebliebenes Risotto verwenden? Ganz einfach: Pürieren Sie es mit ein wenig Brühe. Dann mit Crème fraîche oder Joghurt binden und eventuell, so wie es sich gerade anbietet, garnieren, vielleicht mit ein paar Bohnen bei übrig gebliebenem Bohnen-Risotto, und schon ist eine leckere Cremesuppe fertig. Alle anderen Lösungen sind eher eine Strafe.

Risotto *alla milanese*

Für 4 Personen: Gemäß dem Grundrezept ← 360 g *Carnaroli*-Reis rösten und mit 1 Glas Weißwein mit Alkohol (er soll den

Geschmack des Rindermarks abschwächen) ablöschen. Den Reis nun wie angegeben in einer besonders kräftigen Rinderbrühe ← garen und dabei gleich zu Beginn 4 Servierlöffel Zwiebel-*Soffritto* ← und fein gehacktes Rindermark (das 2 Minuten lang in einer beschichteten Pfanne angeschmort wurde) unterrühren. 1 Minute vor Beendigung der Garzeit mit Salz abschmecken und reichlich erstklassiges Safranpulver (Safranfäden mag ich nicht, die lösen sich so schlecht auf), das in 1 kleinen Kelle Brühe aufgelöst wurde, hinzufügen. Vom Herd nehmen, mit 60 g sehr guter Butter glatt verrühren und mit 40 g mindestens 3 Jahre gereiftem, geriebenem Parmesan (*Parmigiano Reggiano*) anmachen. Dieses Risotto muss von der Konsistenz her recht fest sein; das heißt, ein Löffel sollte darin stecken bleiben.

Risotto *al salto*

Dieses Gericht lässt sich nur für jeweils eine Person zubereiten. Wenn Sie Freunde zu einem solchen Essen einladen, müssen Sie also ständig, wie der Name des Gerichts besagt, »auf dem Sprung sein«, um sie alle nacheinander zu bedienen. Es handelt sich hierbei aber nicht, wie allgemein angenommen, um ein Rezept, um übrig gebliebenes Risotto zu verwerten: Wenn Sie das tun, erhalten Sie einen arg verkochten Reis.

Für 4 Personen: Gehen Sie nach dem Grundrezept ← vor, und zwar mit 240 g Reis (ohne Rindermark oder Wein), den Sie gleich nach der Röstung mit in ein wenig Brühe aufgelöstem Safran verrühren. Nach 9 Minuten Garzeit mit Salz abschmecken, die Flamme ausdrehen und den Garvorgang stoppen, indem Sie das Risotto auf eine kühle Fläche geben, auf der Sie den Reis mit einer Gabel so lange wenden, bis die Körner abgekühlt sind und schön auseinander fallen. Für die Zubereitung dann in einer beschichteten kleinen Pfanne 1 Stück Butter erhitzen, 1/4 des Reises hineingeben, die Körner zu einem dünnen Kuchen verteilen und andrücken. Diesen 3 Minuten lang bei stärkerer Hitze braten, dann behutsam, damit er nicht auseinander fällt, wenden und weitere 2 Minuten fertig braten. Ein exquisites Gericht, und der Reis ist dabei alles andere als verkocht. Zum Schluss mit reichlich Pfeffer überstreuen.

Risotto *alla piemontese*

Für 4 Personen: Nach dem Grundrezept ← 360 g *Carnaroli*-Reis anrösten und mit 1 Glas Weißwein ohne Alkohol ← ablöschen. Zum Garen dann eine leichtere Rinderbrühe ← oder Kalbsbrühe ← verwenden und gleich nach der ersten Kelle 4 Servierlöffel Zwiebel-*Soffritto* ← unterrühren. Zum Schluss mit Salz abschmecken, vom Herd nehmen, mit 60 g bester Butter glatt verrühren und mit 40 g reifem Parmesan (*Parmigiano Reggiano*) anmachen. Das Risotto muss zum Schluss recht trocken sein. Man reicht es traditionell zu einer Vielzahl von Fleischgerichten. Wenn Sie jedoch einmal den Geschmack von Trüffeln in allen Nuancen auskosten möchten, so hobeln Sie sie mit einem Trüffelhobel kurz vor dem Servieren über dieses Risotto. Die Dosis hängt dabei natürlich von Ihrem Geldbeutel ab, doch weniger als 10 g pro Person hat keinen Sinn.

Risotto *primavera*

Für 4 Personen: 400 g (Nettogewicht) gemischtes Gemüse der Saison würfeln und in reichlich Salzwasser 2 Minuten lang blanchieren ←. Hier sind Ihrer Phantasie wirklich nur durch die Vorratshaltung und den Markt Grenzen gesetzt. Nach dem Grundrezept ← 320 g Reis der Sorte *Vialone Nano* anrösten und mit Universalbrühe ← unter Beigabe von 4 Servierlöffeln *Soffritto all'italiana* ← garen. 3 Minuten vor Beendigung der Garzeit das Gemüse hinzufügen. Zum Schluss mit Salz abschmecken, vom Herd nehmen, mit einem leichten Olivenöl *extravergine* aus Ligurien oder vom Gardasee glatt verrühren und mit wenig geriebenem Parmesan und viel klein gehackter Petersilie und Basilikum bestreuen. Dieses Risotto sollte von der Konsistenz etwas flüssiger sein.

Risotto mit Steinpilzen

Für 4 Personen: Gemäß Grundrezept ← 320 g Reis anrösten und mit Kalbsbrühe ← unter Beigabe von 4 Servierlöffeln *Soffritto all'italiana* ← garen. Zum Schluss mit Salz abschmecken, vom Herd nehmen und mit reichlich Butter glatt verrühren. 120 g rohe, möglichst mit dem Trüffelhobel in hauchdünne Scheibchen geschnittene Steinpilze (nur die Köpfe) hinzugeben, verrühren und mit geriebenem Parmesan anmachen.

Risotto mit Scampi und Pilzen

Für 4 Personen: 100 g getrocknete Pilze in lauwarmem Wasser 20 Minuten lang einweichen, abgießen, ausdrücken, klein schneiden und in wenig Öl 3 Minuten lang anschwitzen. Aus den Schalen von 20 Scampi und 100 g winzigen Garnelen eine Brühe ← herstellen. Gemäß Grundrezept ← 320 g Reis anrösten und mit der Scampibrühe, 4 Servierlöffeln Zwiebel-*Soffritto* ← sowie den Pilzen garen. 1 Minute vor Beendigung der Garzeit die Scampi (ohne Darm und in wenig Olivenöl 1 Minute lang angeschmort) hinzugeben. Zum Schluss mit Salz abschmecken, mit einem leichten Olivenöl *extravergine* aus Ligurien oder vom Gardasee glatt verrühren und mit wenig geriebenem Parmesan und reichlich fein gehackter Petersilie anmachen.

Risotto mit Meeresfrüchten

Für 4 Personen: Die Meeresfrüchte wie für Spaghettini mit Meeresfrüchten ← erklärt vorbreiten, aber nur die Hälfte der angegebenen Menge nehmen. Gemäß Grundrezept ← 320 g Reis anrösten, mit dem Fond der Venus- und Miesmuscheln ← ablöschen und mit Gemüse- oder Universalbrühe ← unter Beigabe von 4 Servierlöffeln Zwiebel-*Soffritto* ← garen. 1 Minute vor Beendigung der Garzeit die in Stückchen geschnittenen Meeresfrüchte hinzugeben. Zum Schluss, falls nötig, mit Salz abschmecken, vom Herd nehmen und mit einem leichten Olivenöl *extravergine* aus Ligurien oder vom Gardasee glatt verrühren. Mit reichlich sehr fein gehackter Petersilie anmachen. Eine

Variante: zum Schluss mit 2 Servierlöffeln Tomatensauce ← binden.

Risotto mit Seeigeln

Dieses Rezept, für das Sie statt Seeigel auch Seespinne oder Taschenkrebs verwenden können, bildet eine Ausnahme unter den ungekochten Nudelsaucen, da es sich auch sehr gut für ein Risotto eignet.

Für 4 Personen: Gemäß Grundrezept ← 320 g Reis anrösten und in Gemüse- oder Universalbrühe ← unter Beigabe von 4 Servierlöffeln Zwiebel-*Soffritto* ← garen. Zum Schluss mit Salz abschmecken. Vom Herd nehmen und die Seeigel, wie im Rezept »Pasta mit Seeigeln« beschrieben, hinzufügen. Dann mit einem leichten Olivenöl *extravergine* (aus Ligurien oder vom Gardasee) glatt verrühren und mit reichlich klein gehackter Petersilie überstreuen.

Risotto mit Languste

Für 4 Personen: Mit den Resten der Languste – auch eine tiefgefrorene eignet sich vorzüglich – 1 Glas Fond ← zubereiten. In einer Kasserolle 1 Stück Butter zerlassen und 200 g Langustenstückchen 2 Minuten lang darin schwenken. Mit 1 Glas Cognac flambieren. Nach Grundrezept ← 320 g Reis anrösten und mit Gemüse- ← oder Universalbrühe ← unter Beigabe von 4 Servierlöffeln Zwiebel-*Soffritto* ← garen. 4 Minuten vor Beendigung der Garzeit das Langustenfleisch und 1 Glas Fond hinzufügen und mit Salz abschmecken. Vom Herd nehmen, mit Butter glatt verrühren und mit 1 Hand voll klein gehackter Petersilie überstreuen.

Risotto mit Tintenfischen

Für 4 Personen: 320 g gesäuberte Tintenfische in Streifen schneiden und mit 2 Knoblauchzehen in 1 Schuss Olivenöl 3 Minuten lang anbräunen. Dann 1 Glas Weißwein ohne Alkohol ← angießen und bei geschlossenem Deckel 40 Minuten oder mehr garen, dabei Wasser nachgießen, falls die Flüssigkeit zu rasch einkochen sollte. Den Knoblauch entfernen. Gemäß Grundrezept ← 320 g Reis anrösten und mit Universalbrühe ← unter Zugabe von 4 Servierlöffeln *Soffritto all'italiana* ← garen. 2 Minuten vor Beendigung der Garzeit mit Salz abschmecken und die Tintenfische hinzufügen. Schließlich vom Herd nehmen, mit einem leichten Olivenöl *extravergine* (aus Ligurien oder vom Gardasee) glatt verrühren und 1 Hand voll gehackte Petersilie darüber streuen. Eine Variante: im letzten Moment die Tinte von den Tintenfischen hinzugeben.

Risotto mit Meeresschwämmen und Spargel

Für 4 Personen: 100 g Sauerklee blanchieren, ausdrücken und pürieren. 8 Meeresschwämme öffnen, in einer kleinen Pfanne mit ein wenig Wasser 1 Minute lang garen und fein hacken. 16 Spargelspitzen 1 Minute lang blanchieren und dann längs teilen. Nach Grundrezept ← den Reis anrösten und in Gemüsebrühe ← mit 4 Servierlöffeln Schalotten-*Soffritto* ← und dem pürierten Sauerklee garen. Zum Schluss mit Salz und Pfeffer abschmecken, mit Butter glatt verrühren und mit den Schwämmen, dem Spargel und ein wenig fein gehackter Minze anmachen.

Frosch-Risotto

Für 4 Personen: Von enthäuteten Fröschen die Schenkel abtrennen. Mit den Froschkörpern nach dem Rezept für Kalbsbrühe ← eine Brühe kochen. Die Schenkel in ein wenig Butter 2 Minuten lang anbräunen, mit 1 Glas Weißwein ohne Alkohol ← ablöschen und bei schwacher Hitze zugedeckt 20 Minuten lang köcheln lassen, dabei ein wenig Brühe nachgießen, wenn die Flüssigkeit zu rasch einkochen sollte. Nach dem Grundrezept ← 320 g Reis anrösten und in der Froschbrühe unter Beigabe von 4 Servierlöffeln *Soffritto all'italiana* ← garen. 1 Minute vor Beendigung der Garzeit mit Salz abschmecken und die Froschschenkel dazugeben. Vom Herd nehmen, mit Butter glatt verrühren und mit 1 Hand voll fein gehackter Petersilie anmachen.

Risotto mit Zervelatwurst

Ein legendäres Mailänder Gericht. Die Zervelatwurst wurde früher aus magerem Schweine- und Kalbfleisch sowie reifem, fettem Käse, Safran und verschiedenen Gewürzen hergestellt. Angesichts der Tatsache, dass unsere Metzger sie heute gar nicht mehr anbieten (vielleicht liest einer von ihnen dieses Kapitel und reagiert entsprechend), gehen Sie wie folgt vor.

Für 4 Personen: 200 g enthäutete und zerbröselte Schweinswürstchen (*salsicce*) 5 Minuten lang in der Pfanne anbräunen. Nach dem Grundrezept ← 320 g Reis anrösten, mit 1 Glas trockenem Weißwein ohne Alkohol ← ablöschen und mit nicht allzu kräftiger Rinderbrühe unter Beigabe von 4 Servierlöffeln *Soffritto all'italiana* mit Bauchspeck ← garen. 2 Minuten vor Beendigung der Garzeit die Wurst sowie ein wenig Muskatnuss, 2 zerstoßene Gewürznelken und 1 Messerspitze Zimt hinzufügen. Mit Salz abschmecken, vom Herd nehmen und mit reichlich Butter glatt verrühren. Dann mit ein wenig geriebenem Parmesan und reichlich *stracchino* (ein norditalienischer Weichkäse) anmachen.

Risotto mit Bohnen und Speckschwarte

Für 4 Personen: 150 g getrocknete Bohnen in lauwarmem Wasser über Nacht einweichen. Abgießen, mit reichlich Wasser in einen Topf geben, 1 Zwiebel (die mit 2 Gewürznelken gespickt wurde), 1 Karotte, 1 Stange Sellerie sowie 2 Lorbeerblätter hinzufügen und 2 Stunden lang köcheln lassen. Mit Salz abschmecken, die Flamme ausschalten, aber die Bohnen im Kochwasser lassen, nur die Lorbeerblätter und das Gemüse entfernen. 100 g Speckschwarte abschaben, abspülen und 5 Minuten lang blanchieren. Dann abgießen, in schmale Streifen schneiden und 20 Minuten lang in 1 Stück Butter anschmoren. Nach dem Grundrezept ← 320 g Reis anrösten, mit 1 Glas trockenem Weißwein mit Alkohol (um den Speckgeschmack abzuschwächen) ablöschen, die Speckstreifen hinzugeben und mit der Bohnenbrühe und den Bohnen unter Beigabe von 4 Servierlöffeln *Soffritto all'italiana* ← garen. Mit Salz abschmecken, von der Herdplatte nehmen und mit Butter glatt verrühren. Mit 1 frischem *Caprino*-Käse (Ziegenkäse) anmachen – wie das heute so ist, industriell aus reiner Kuhmilch hergestellt.

Die schmackhaftesten Reisgerichte

In diesem Kapitel soll es um alle Arten der Reiszubereitung gehen, die nicht als Risotto bezeichnet werden.

Zwei große Reisfamilien gibt es auf der Welt: einmal den *japanischen Reis*, der in China und Japan angebaut wird und in Italien unauffindbar ist – aber kurioserweise zählt der italienische Reis, aus nie ganz geklärten historischen Gründen, auch zu dieser Familie. Und zum anderen den *indischen Reis*, der vor allem in Indien, Thailand und Birma, darüber hinaus aber auch in vielen weiteren Gegenden der Erde kultiviert wird und dessen Korn lang ist. Die bekanntesten Sorten dieser Familie sind Patna und Basmati.

In groben Zügen kann man sagen: Italienischer Reis ist einfach göttlich für ein Risotto, während sich die langkörnigen Reissorten eher als Beilage, etwa für ein Ragout ←, eignen. Italienischen Reis gibt es in zahlreichen Sorten, die sich mehr oder weniger stark voneinander unterscheiden und alle interessant sind. Die Unterschiede liegen nicht nur im Geschmack, sondern vor allem auch in der Glasigkeit sowie Form und Größe der Körner, je nachdem, zu welcher der vier großen Klassen sie gehören, als da wären: *originario* (Rohreis), *semifino* (halbfein), *fino* (fein) und *superfino* (superfein). Können bei Risotto-Gerichten die Sorten *Carnaroli*, ein superfeiner Reis, und *Vialone Nano*, ein halbfeiner, als die uneingeschränkten Könige gelten, so sind für alle anderen Reiszubereitungen praktisch alle Sorten mehr oder weniger gut geeignet. Wählen Sie selbst, welche Ihnen am meisten zusagt.

Natürlich ist das Kochen von Reis ohne andere Zutaten

keine schwierige Angelegenheit, aber nebenher bleibt ja noch genug Zeit, Fehler zu machen. Worauf es ankommt, ist natürlich, dass der Reis von »guter Qualität« ist – was immer das heißen mag; im Zweifelsfall richten Sie sich am besten nach dem Preis. Reis kostet ja so wenig, dass man auch für einen teureren nicht gleich ein Darlehen aufnehmen muss. Ist er vakuumverpackt, sollte man die Packung 30 Minuten vor Gebrauch öffnen, sodass er mit Sauerstoff in Berührung kommt. Angebrochener, noch ungekochter Reis hält sich problemlos zwei Monate, doch er muss trocken und, wie es in allen Kochbüchern heißt, an einem kühlen Platz gelagert werden, jenem legendären Raum, den es heutzutage in unseren Wohnungen gar nicht mehr gibt: Dennoch, suchen Sie den, der am weitesten von einer Wärmequelle entfernt ist. Haben Sie den Reis unverpackt gekauft, kontrollieren Sie, ob Sie nicht das berühmte »Steinchen« darin finden, von dem uns unsere Großmütter immer erzählt haben – ich habe schon jahrelang keines mehr finden können.

Soll man den Reis vor dem Kochen abspülen oder nicht? Eine schwierige Frage. Ich würde eher sagen: nein. Beim Abspülen des Reises wird die Stärke reduziert, die sich sonst beim Garen auflöst, wodurch die sahnige Konsistenz entsteht, die ich persönlich mag. Ist Ihnen jedoch ein Reis lieber, bei dem die Körner locker auseinander fallen, dann spülen Sie ihn so lange ab, bis das Wasser schön klar ist. Spülen Sie ihn jedoch immer ab, wenn es sich um Vollkornreis handelt.

Der Garvorgang verlangt eine Menge Wasser, mindestens einen Liter auf 100 Gramm Reis – wenn es mehr ist, umso besser. Dazu wird das Wasser wie bei Nudeln mit zehn Gramm grobem Salz pro Liter gesalzen. Kocht das Wasser, gibt man das Salz und den Reis hinein. Die Garzeit hängt natürlich von der Reissorte ab, bewegt sich aber zwischen 15 und 25 Minuten; orientieren Sie sich immer an den Angaben auf der Packung – oder besser noch, probieren Sie: Jeder Mensch hat seinen eigenen Geschmack, und nur durch ständiges Probieren bekommen Sie den Reis so hin, wie Sie ihn möchten. Ist er nach Ihren

Begriffen gar, so gießen Sie den Reis ab. Vollkornreis muss eine Stunde oder auch länger gekocht werden, aber wenn Sie in Wasser gekochten Reis mögen, so sollten Sie zu einem solchen Reis greifen, denn er hat mehr Nährstoffe und mehr Geschmack.

Auf dem Markt gibt es auch einen so genannten *parboiled rice*, der vom Hersteller vorgegart wurde. Das ermöglicht kürzere Garzeiten, man spart mindestens acht Minuten, und das ist doch schon was! Aber vor allen Dingen klebt dieser Reis nicht zusammen. Eine tolle Sache, praktisch und bequem. Doch eine Kleinigkeit sollte man noch wissen: *Parboiled rice* schmeckt nach gar nichts, allerhöchstens hat man einen vagen Zellulosegeschmack auf der Zunge. Auch wenn es bequem ist, lassen Sie die Finger davon. Opfern Sie lieber acht Minuten Lebenszeit und genießen Sie einen Reis, der auch schmeckt.

Im Handel gibt es auch einen so genannten »Wildreis« mit langen schwarzen Körnern, der nicht leicht zu finden ist, aber hervorragend schmeckt. Es ist amerikanischer Herkunft. Allerdings handelt es sich dabei gar nicht um Reis, sondern um den berüchtigten Taumellolch, jenes »Unkraut«, das früher in Weizenfeldern so gefürchtet war. Wenn Sie diesen Reis irgendwo entdecken, probieren Sie ihn mal, es lohnt sich.

Reis mit Butter

Wie schwer ist es doch, dieses Rezept zu schreiben, ohne banal zu werden – aber nein, das ist typisch englisches *understatement*.

Für 4 Personen: Das Wasser mit 2 Lorbeerblättern und 1 kleinen, mit Gewürznelken gespickten Zwiebel zum Kochen bringen. Wenn es siedet, mit 10 g Salz pro l salzen, 1 Minute kochen lassen, 320 g Reis hineingeben und ihn unter gelegentlichem Rühren garen. Zum Schluss die Zwiebel und die Lorbeerblätter entfernen, den leicht sämigen Reis abgießen und mit 20 g sehr guter Butter pro Person und ebenso viel geriebenem Parmesan anmachen. Ich rate dringend davon ab, als Fett Olivenöl zu nehmen. Mit Butter ist der Reis einfach göttlich.

Reis mit Salbeibutter (*riso in cagnone*)

Für 4 Personen: Bei diesem lombardischen Gericht wird der in Wasser gegarte Reis nicht mit roher, sondern mit 100 g zerlassener Butter angemacht, die mit 4 Salbeiblättern und 2 Knoblauchzehen in einer Pfanne gebräunt wird. Bevor man sie unter den Reis zieht, wird der Knoblauch entfernt. In anderen Regionen gibt man noch angebräunte Schweinswürstchen hinzu oder auch Tomatensauce ← und sogar gewürfelten *Fontina*-Käse. Ist den Leuten denn gar nichts mehr heilig?!

***Pilaf*-Reis**

Für 4 Personen: 320 g langkörnigen Reis (Basmati, Patna oder welchen Sie möchten, aber Basmati ist der beste) unter fließendem Wasser waschen und abtropfen lassen. 50 g Butter in eine schwere Kasserolle geben, den Reis und 4 Esslöffel Zwiebel-*Soffritto* ← hinzufügen und unter Rühren 5 Minuten kochen. Dann 0,6 l siedende Universalbrühe ← angießen, rühren, den Deckel auflegen (der ebenfalls schwer sein sollte) und den Reis im Backofen bei 200 °C garen, ohne auch nur einmal den Deckel anzuheben. Die Garzeit wird zwischen 16 und 20 Minuten betragen; es kommt auf die Reissorte an. Gehen Sie beim ersten Mal nach Ihrem Gefühl, und bleiben Sie dann bei dieser Reissorte. Zum Schluss soll die Brühe ganz aufgesogen sein. Den Topf aus dem Ofen nehmen und 3 Minuten ruhen lassen. Dann 50 g Butter in Flöckchen hinzufügen und mit einer Gabel verrühren, um die Reiskörner gut voneinander zu trennen. Man kann den Reis auch mit einem Servierlöffel Kurkuma, der der Brühe beigegeben wird, färben.

Reis in Brühe

Für 4 Personen: Für dieses Rezept benötigt man eine gute Rinderbrühe, die würzig, aber nicht zu konzentriert sein sollte. 250 g italienischen Reis 1 Minute lang waschen. 2 Lorbeerblätter und 1 Zwiebel (mit 2 Gewürznelken gespickt) in 0,6 l Brühe geben. Diese zum Kochen bringen, die Zutaten 10 Minuten lang köcheln lassen, dann erst den Reis hinzugeben und fertig garen. Das wird ungefähr 1 Minute früher als bei dem in Salzwasser gekochten der Fall sein – aber wenn Sie ihn vom Feuer nehmen, wird er ohnehin noch ein wenig in der Brühe nachgaren. Mit Salz abschmecken und Zwiebel und Lorbeerblätter entfernen. Den Reis in tiefe Teller geben und mit erstklassigem geriebenem Parmesan und fein gehackter Petersilie überstreuen.

Risi e bisi

Für 4 Personen: Zu diesem Gericht braucht man eine gute Kalbsbrühe ←, die würzig, jedoch nicht zu konzentriert sein sollte. 0,4 l Brühe zum Kochen bringen, 250 g abgespülten italienischen Reis und 4 Servierlöffel *Soffritto all'italiana* ← hinzugeben und garen lassen, dabei Brühe nachgießen, falls die Flüssigkeit zu stark einkochen sollte. 2 Minuten bevor der Reis gar ist 250 g (Nettogewicht) kleine, frische, 1 Minute lang blanchierte Erbsen hinzugeben. Zum Schluss mit Salz und Pfeffer abschmecken und mit Butter, geriebenem Parmesan und 1 guten Hand voll fein gehackten Petersilie anmachen. Ein einfaches, aber perfektes Gericht.

Reis in Milch

Für 4 Personen: 80 cl Milch mit 1 Glas Wasser erhitzen. Wenn sie zu sieden beginnt, 250 g Reis hinzugeben und bei schwacher Hitze unter Rühren darin garen. Dies wird ungefähr 6 Minuten länger dauern als beim Kochen in Salzwasser oder Brühe. Der Grund dafür ist mir allerdings immer noch nicht recht klar. Zum Schluss mit Salz abschmecken und mit Butter, geriebenem Parmesan, Zimt und Muskatnuss nach Belieben anmachen. Von diesem klassischen Gericht existiert auch eine süße Version, mit Zucker nach Belieben anstatt Salz, angemacht mit Butter, Zimt und Muskatnuss und mit ein wenig abgeriebener Zitronenschale gewürzt. So ist es sogar noch klassischer.

Reisauflauf (*tiella*)

Für 4 Personen: Ein üppiges Gericht und (fast) ein Hauptgang. 800 g Miesmuscheln gut abbürsten, waschen und roh öffnen. Die Schalen entfernen, das Muschelwasser auffangen und filtern. 300 g Kartoffeln 20 Minuten lang garen und abkühlen lassen. 300 g Tomaten in Stücke schneiden. In einer Backform eine untere Schicht mit 1 in Ringe geschnittenen Zwiebel auslegen, mit gehacktem Knoblauch (in beliebiger Menge) und gehackter Petersilie sowie der Hälfte der Tomatenstücke bedecken, 20 g *pecorino* darüber reiben und die Hälfte der in Scheiben geschnittenen Kartoffel darauf legen. 300 g Reis und die Muscheln darüber verteilen und wieder mit der zweiten Hälfte der Tomaten und Kartoffeln sowie weiteren 20 g *pecorino* bedecken. Mit gehackter Petersilie und gehacktem Knoblauch überstreuen. Das Ganze mit Muschelwasser und weiterem Wasser knapp bedecken, salzen (aber mit Vorsicht, das Muschelwasser ist bereits salzig), pfeffern und im Backofen bei 180 °C 20 Minuten oder nur wenig länger garen. Dieser Auflauf wird heiß oder auch lauwarm gegessen. Wer mag, kann ihn zum Schluss noch mit einigen Muschelschalen garnieren.

Reis mit Huhn (*alla sbirraglia*)

Für 4 Personen: 1 kleine Poularde in 10 Teile zerlegen und in einer Kasserolle in wenig Öl anbräunen. 6 Servierlöffel *Soffritto all'italiana* mit Bauchspeck ←, 6 Servierlöffel Tomatensauce ← sowie 1 Glas trockenen Weißwein ohne Alkohol ← hinzugeben und zugedeckt bei schwacher Hitze 40 Minuten lang garen, dabei Wasser angießen, falls die Flüssigkeit zu stark einkochen sollte. Anschließend 250 g Reis sowie Universalbrühe ← Kelle für Kelle dazugeben und das Ganze fertig garen. Danach mit Salz und Pfeffer abschmecken und mit fein gehackter Petersilie bestreuen. Zum Schluss sollte dieses Reisgericht noch recht flüssig sein, sodass man es am besten mit dem Löffel isst. Variante: Zu der Poularde kann man auch noch 100 g gewürfeltes Kalbfleisch hinzugeben.

Reis mit Bohnen und Speck (*panissa*)

Für 4 Personen: 300 g frische, enthülste *Borlotti*-Bohnen (besser wären sogar noch die fast unauffindbaren *Saluggini*-Bohnen) mit der gleichen Menge in schmale Streifen geschnittenem Wirsing, 1 kleineren Speckschwarte, 1 Karotte und 1 Stange Sellerie in einen Topf geben. Knapp mit Wasser bedecken und 2 Stunden lang köcheln lassen. Karotte und Sellerie entfernen und den Speck in dünne Streifen schneiden. 100 g frische Salami (wenn möglich, unter Schmalz konserviert) häuten, zerkleinern und 4 Minuten lang anbräunen. 1 Glas Rotwein in eine Kasserolle geben, aufkochen lassen, 2 Gläser von der Bohnenbrühe, die Salami, den Speck, 4 Servierlöffel *Soffritto all'italiana* mit Bauchspeck ←, 2 Servierlöffel Tomatensauce ← und 250 g Reis hinzugeben. Fertig garen, indem Sie die restliche Brühe (mit den Bohnen und dem Wirsing) Kelle für Kelle angießen. Zum Schluss muss die Konsistenz relativ fest sein. Mit Salz und Pfeffer abschmecken und auf den Tisch bringen.

Butterreis *alla bergese*

Zum Schluss noch mein absolutes Lieblingsgericht – aber das habe ich wohl schon von vielen Gerichten gesagt. Es stammt von Nino Bergese, einem legendären Koch des letzten Jahrhunderts. Wie man sehen wird, handelt es sich dabei nicht um ein Risotto, sondern um einen Reis mit glatt verrührter Butter ←. Es ist ein Essen, das man am besten mit vielen Freunden teilt.

Für 8 Personen: 1 große, in Ringe geschnittene Zwiebel mit 50 g Olivenöl, 50 g Butter und 2 Lorbeerblättern in einer Kasserolle gut 1 Stunde schmoren lassen, dabei ein wenig Wasser nachgießen, falls das Ganze zu stark einkochen sollte. Wenn es 6 Stunden werden, wie beim Maestro, umso besser. Die Lorbeerblätter entfernen, die Zwiebelringe durch ein Sieb streichen (sie werden braun sein, aber das macht nichts) und wieder in den Topf geben. Nun 1 Glas trockenen Weißwein (der Maestro sagt nicht, ohne Alkohol, aber besser ist es) sowie 3 Kellen recht gehaltvolle Rinderbrühe ← angießen. Zum Kochen bringen und

500 g *Vialone-Nano*-Reis hinzugeben. Ungefähr 15 Minuten bei mittlerer Hitze garen und dabei nach und nach weitere Brühe angießen, wenn die im Topf vollständig aufgesogen ist. Mit Salz und Pfeffer abschmecken. Die Kasserolle vom Feuer nehmen und mit 250 g Butter (ja, Sie lesen richtig, zur damaligen Zeit hatte man noch ein anderes Verhältnis zu Fetten, aber wenn Sie weniger nehmen, gelingt Ihnen das Gericht nicht) und 100 g bestem geriebenem Parmesan glatt verrühren. Den Reis auf vorgewärmte Teller verteilen und jeden mit 2 Servierlöffeln Fleischfond ← garnieren.

Die geliebten Gnocchi

Gnocchi gibt es in unzähligen Variationen. Die in Italien bekanntesten werden aus Kartoffeln gemacht. Aber sie lassen sich auch mit Zucchini, Bohnen, Kastanien, Ricotta, Grieß, Brot oder Polenta zubereiten. Aus irgendeinem Grund werden sie traditionell am Donnerstag gegessen. Die »richtige« Menge liegt bei 200 Gramm Gnocchi pro Person.

Kartoffel-Gnocchi

Für 4 Personen: 1 kg festkochende Kartoffeln (keine neuen, die sind zu wässrig), 300 g Mehl Type 405, 1 Ei, 50 g geriebener Parmesan, 1 Prise Muskatnuss, Salz

Die Kartoffeln kochen, schälen und noch warm durch die Kartoffelpresse direkt auf die Arbeitsfläche drücken. Zunächst ein wenig abkühlen lassen, damit das Püree nicht zu viel Mehl aufnimmt, dann mit Mehl bestäuben, den Parmesan und 1 Prise Salz darüber streuen, eine Mulde formen, in die Mitte das aufgeschlagene Ei geben und mit Muskatnuss würzen. So lange kneten, bis ein glatter, weicher Teig entstanden ist – aber nicht zu lange, sonst wird er zu weich. Unter der Handfläche nun Röllchen von ca. 1,5 cm Durchmesser formen und in 2,5 cm lange Stücke schneiden. Die einzelnen Gnocchi nacheinander mit einem hölzernen Gnocchi-Former oder den mit Mehl bestäubten Zinken einer Gabel die richtige Form geben (dabei nur leichten Druck ausüben) und auf einem mit Mehl bestäubten Tablett auslegen. Nun müssen sie gleich gekocht werden, sonst werden sie schlaff und klebrig. Die Gnocchi also in reichlich leicht sprudelndes Salzwasser geben und sofort mit einem

Schaumlöffel herausheben, sobald sie an der Oberfläche erscheinen, und mit der passenden Sauce anmachen.

Es existiert auch eine abgespeckte Version mit lediglich 1 kg festkochenden, »alten« Kartoffeln und 250 g Mehl Type 405. Das Vorgehen ist das Gleiche wie beim Grundrezept.

Die passendsten Gnocchi-Saucen

Zu Gnocchi passen die verschiedensten Fleisch-*Ragùs*, mit Kalb- und Rindfleisch, Geflügel, Kaninchen oder auch Schweinswürstchen. Dann frische Tomaten mit Basilikum und Mozzarella. Pilzsauce und verschiedenste Gemüsesaucen. Pesto. Zerlassene Butter, Salbei und Parmesan. Gorgonzola- oder Ricotta-Creme. Mit Béchamelsauce überbacken. Oder, um es kurz zu machen, alles, was Ihnen schmeckt, von *Carbonara* bis Fisch-*Ragù*, also alle Saucen und *Sughi*, die auch zu Nudeln passen.

- Um zu verhindern, dass die Gnocchi aneinander kleben, rühren Sie sie am besten mit der Rückseite zweier Esslöffel unter die Sauce.

Gnocchi mit Käse-Sahne-Sauce (*alla bava*)

Für 4 Personen: 0,5 l Sahne im Wasserbad erhitzen. 200 g Weichkäse (traditionell 100 g *Toma*-Käse aus dem Piemont und 100 g *Fontina*-Käse aus dem Aostatal) hinzufügen und so lange rühren, bis sie sich aufgelöst haben. Die Kartoffel-Gnocchi ← garen und mit dieser Sauce anmachen. Zum Schluss mit ein wenig Muskatnuss überstreuen. Salzen dürfte nicht nötig sein, im Zweifel vorher probieren.

Gnocchi *con la finanziera*

Ein legendäres Rezept, prachtvoll und frech, das den Hauptgang praktisch überflüssig macht. Beim Durchsehen fällt mir auf, dass ich die Hahnenkämme vergessen habe. Erst anbraten, dann enthäuten und hinzufügen. Aber Sie können auch noch das Herz, die Hoden und den Magen des Federviehs hineingeben. Entscheiden Sie selbst.

Für 4 Personen: 200 g blanchiertes und enthäutetes Kalbsbries in kleine Würfel schneiden, ebenso 300 g Hühnerleber, 100 g Kalbsnuss und 100 g Rinderfilet. Alles in Mehl wenden. In einer Kasserolle 2 Minuten lang das Kalb- und Rindfleisch in wenig Öl und Butter mit 2 Lorbeer- und 4 Salbeiblättern anbräunen, 2 Esslöffel Zwiebel-*Soffritto* ←, die Leber, das Bries und 1 Glas Marsalawein hinzugeben. Bei stärkerer Hitze einkochen lassen. Dann salzen und pfeffern. 100 g frische oder in Öl eingelegte Steinpilze (in Stückchen geschnitten) und 1 kleine Kelle heiße Universalbrühe ← hinzufügen und 15 Minuten zugedeckt kochen lassen. Die Kartoffel-Gnocchi ← garen, aus dem Wasser heben und mit diesem *Ragù* anmachen.

Weitere Gnocchi-Varianten

Gnocchi nach Pariser Art (*alla parigina*)

Diese fluffigen delikaten Gnocchi werden aus einem Teig, der dem für *bignè* (mit Creme gefülltes Gebäck) ähnlich ist, hergestellt. Man nennt sie auch *soufflé*, weil sie beim Garen aufgehen.

Für 4 Personen: 0,25 l Milch mit 1 Prise Salz, 1 Prise Muskatnuss und 70 g Butter in Stückchen in einer Kasserolle zum Kochen bringen. Vom Feuer nehmen und 130 g gesiebtes Mehl Type 405 auf einmal hinzugeben und gleich mit einem Holzlöffel kräftig verrühren. Wenn sich Milch und Mehl gut verbunden haben, die Kasserolle wieder aufs Feuer stellen und bei sanfter Hitze unter ständigem Rühren so lange garen, bis ein glatter, homogener Teig entstanden ist, der sich gut von den Topfrändern löst. Abkühlen lassen und dann mit dem Handmixer nacheinander 3 Eier unterziehen; sollte die Masse zu fest werden, nehmen Sie noch ein weiteres Ei. Ist der Teig schön locker, 70 g Gruyère-Käse hinzufügen und den Teig 10 Minuten lang kneten, bis er richtig glatt ist. In einem breiten, aber nicht zu hohen Topf reichlich Salzwasser zum Kochen bringen. Den Teig in eine Spritztüte mit glatter und ungefähr 1,5 cm breiter Düse geben und Stücke von ca. 2,5 cm Länge, die Sie mit einem in Wasser getauchten Messer abschneiden, ins leicht sprudelnde Wasser fallen lassen. Haben Sie keine solche Spritztüte, nehmen Sie den Teig mit einem in Wasser getauchten Teelöffel heraus und schnippen ihn mit einem anderen Teelöffel ins Wasser. Die Gnocchi 4 Minuten kochen lassen; sobald sie an der Wasseroberfläche erscheinen, mit einem Schaumlöffel herausheben und in eine gut mit Butter eingefettete feuerfeste Form geben. Und zwar schichtweise, indem Sie zwischen den Schichten 0,5 l *Mornay*-Sauce ← verteilen. Als letzte Schicht noch einmal Sauce, 2 Esslöffel geriebenen Parmesan und 30 g im Wasserbad zerlassene Butter darüber geben. Im Backofen bei 200 °C 20 Minuten lang überbacken: Die Gnocchi müssen locker und goldgelb sein.

Grüne *strangolapreti*

Werden auch *malfatti*, »schlecht geformt«, genannt.

Für 4 Personen: 400 g trockenes Brot (ohne Rinde) würfeln und in 0,3 l Milch ungefähr 3 Stunden weich werden lassen. 500 g Spinat oder Gewürzkräuter garen, abgießen, ausdrücken und fein hacken; dann mit 1 Stück Butter und 1 Prise Salz, Pfeffer und Muskatnuss 3 Minuten lang sautieren ←. Das Brot abgießen, ausdrücken und in einer Schüssel mit dem Spinat oder den Kräutern, 4 Esslöffeln Zwiebel-*Soffritto* ←, 1 Esslöffel Mehl, 4 Esslöffeln Parmesan, 2 Eiern, Salz und Pfeffer verkneten. So viel Paniermehl einarbeiten, wie Sie brauchen, um einen Teig von recht fester, aber auch noch lockerer Konsistenz zu erhalten. Mit mehlbestäubten Händen viele nussgroße Kugeln formen und in reichlich nur leicht sprudelndem Salzwasser 6 Minuten lang garen; nach und nach, so wie sie an die Oberfläche kommen, die Kugeln mit einem Schaumlöffel herausheben und mit reichlich Parmesan und 100 g Butter (die mit 6 Salbeiblättern zerlassen wurde) anmachen.

Kürbis-Gnocchi

Für 4 Personen: 800 g Kürbis putzen, in Scheibchen schneiden und im Backofen bei 200 °C garen. Durch die Flotte Lotte (die Scheibe mit den großen Löchern) drehen, mit 2 Eiern verrühren, salzen und mit 350 g Mehl Type 405 sowie 100 g weicher Butter in Stückchen einen Teig formen; wenn er zu fest wird, etwas Milch, wenn er zu weich werden sollte, etwas Mehl hinzugeben; das hängt von der Konsistenz des Kürbisses ab. Aus dem Teig viele Röllchen formen und weiter wie beim Rezept für Kartoffel-Gnocchi ← vorgehen. Nach dem Garen die Gnocchi mit zerlassener Butter, geriebenem geräuchertem Ricotta oder so, wie Sie es mögen, anmachen.

Die altehrwürdige Polenta

Polenta ist zusammen mit dem üppigen *bollito misto* (gemischter Fleischtopf ←) das – allerdings karge – Urgericht schlechthin. Es entstand mit der Erfindung des Topfes, als die Schäfer zu Bauern wurden, und war Zehntausende von Jahren lang die alltägliche Grundmahlzeit der Menschen. Wenn das keine Leistung ist... Heute ist Polenta kein karges Gericht mehr, sondern einfach nur ein unglaublich leckeres.

Die Zubereitung einer Polenta verlangt Zeit, Geduld und einen nicht verzinnten Kupferkessel (die Alternative, ein Topf mit sehr dickem Boden, ist ein Ersatz, der recht gut funktioniert, aber trotzdem eben nur ein Ersatz). Polenta wird mit Maismehl zubereitet, und zwar entweder grobkörnigem (was eine festere Polenta ergibt, wie sie in Norditalien verbreitet ist) oder fein gemahlenem für eine weichere, cremigere Polenta, wie man sie eher in Mittel- und Süditalien liebt. Es gibt aber auch Polenta aus weißem Maismehl, das aus einer ganz speziellen Maissorte gewonnen wird, oder aus Buchweizen.

Zum Wasser: Das Maß ist gewöhnlich 1 zu 4, also 500 Gramm Maismehl auf 2 Liter Wasser. Eine Ausnahme bildet Polenta aus weißem Mehl, bei dem ein Verhältnis 1 zu 6, also drei Liter Wasser für 500 Gramm Mehl benötigt wird. Handelt es sich um grob gemahlenes Mehl, geben Sie 20 cl mehr Wasser hinzu, bei fein gemahlenem ein bisschen weniger. Wünschen Sie eine weiche Polenta, nehmen Sie ca. 2,5 Liter Wasser, wünschen Sie eine sehr feste, reichen 1,5 Liter. Das mag sich etwas chaotisch anhören, aber in der Praxis ist es doch leichter damit umzugehen, als es den Anschein hat. Wichtig ist jedenfalls, anfangs eher weniger Flüssigkeit zu nehmen und dann beim Kochen gegebenenfalls weiteres siedendes Wasser nachzugießen. Rechnen Sie zehn Gramm Salz für einen Liter Wasser und 100 Gramm Mehl pro Portion.

Wie geht man vor? Das Maismehl in den Kessel oder den Topf mit gesalzenem, leicht sprudelndem Wasser regnen lassen und unter ständigem (!) Rühren, zunächst mit dem Schneebesen, dann mit einem Holzlöffel oder dem traditionellen Stock, 45 Minuten lang garen: Die Polenta ist gar, wenn sie sich als kompakte Masse leicht von den Topfrändern löst. Abseits des Herdes wird sie dann üblicherweise auf ein Hackbrett gegeben. In Aluminiumfolie gewickelt und in einem luftdichten Behälter verschlossen, hält sie sich im Kühlschrank zwei Tage. 45 Minuten Garzeit bezieht sich auf eine Polenta mit »normalem« Korn, was immer das nun heißen mag. Ist das Mehl grober und nicht industriell hergestellt, kann die Garzeit auch schon mal eineinhalb Stunden betragen.

- Wenn Sie zu faul zum Rühren sind, kaufen Sie sich das gelbe, schnell garende, weil vorgekochte Maismehl, mit dem die Polenta nach zehn Minuten fertig ist. Aber dann haben Sie mit dem Kauf dieses Buches daneben gelegen. Wenn Sie hingegen zu faul zum Rühren, aber schlau sind, kaufen Sie sich eine elektrische Polenta-Rührmaschine.

Zu was passt Polenta?

Zu allen Ragouts ← und Fleisch-*Ragùs* ←, besonders denen mit Ente oder Gans. Zu Gulasch ←. Zu saftigen Frikassees. Zu Schmorbraten ← mit Wein oder Tomaten. Zu Pilzsaucen, Saucen mit Würstchen, zu Saucen aus Bohnen oder aus Bauchspeck und Tomaten. Zu *lard pistà*, einer Creme aus Speck, Knoblauch, Petersilie und Pfeffer. Zu *casoeûla* ←, zu Schnecken in Sauce, zu Leber auf venezianische Art, zu geräuchertem und in Öl und Kräutern gebeiztem Hering und vielem mehr. In Scheiben oder in kleine Dreiecke geschnitten und dann gebraten oder gebacken, ist Polenta auch eine hervorragende Beilage zu Wurst und Käse. Die weiße Polenta, mit dem feinen Geschmack, passt phantastisch zu Tintenfisch *al nero* und zu allen Ragouts aus Fisch, Tintenfisch, Muscheln oder Krustentieren.

Polenta mit Käse

Je 1 Scheibe sahnigen oder pikanten Gorgonzola auf Teller legen und einige Esslöffel weiche, sehr heiße Polenta, die zur Hälfte in Milch und zur anderen Hälfte in Wasser gegart wurde, darüber geben. Eine andere Möglichkeit: In die fertige, heiße Polenta frischen, gewürfelten Weichkäse (*fontina* und/oder *toma*) rühren und zum Schluss noch geriebenen Parmesan und Pfeffer darüber geben.

Polenta *taragna*

Mit herzlichen Grüßen aus dem Veltlin. Aus 300 g Buchweizen oder derselben Menge halb Buchweizen, halb gelbem Maismehl eine Polenta zubereiten, indem Sie sie ca. 1 Stunde garen lassen, aber nach 45 Minuten bereits 150 g Butter in Stückchen unterziehen. Den Topf vom Feuer nehmen, 150 g *Bitto*-Käse in Scheibchen darunter rühren und sogleich servieren, damit der Käse beim Essen noch nicht ganz geschmolzen ist. Das Rezept erhielt ich übrigens von einem tüchtigen, sehr erfolgreichen Veltliner Restaurantbesitzer, dessen Namen ich aus personenrechtlichen Gründen hier nicht nennen will. Jedenfalls gab er folgende Mengen an: 300 g Buchweizen, 300 g Butter, 300 g Käse. Entscheiden Sie selbst …

Polenta-Auflauf

Für 4 Personen: 200 g in Stückchen geschnittenes Rindfleisch und 200 g zerbröselte Schweinswürstchen (*salsicce*) mit 1 Stück Butter und 4 Servierlöffeln *Soffritto all'italiana* ← in einer Kasserolle anbräunen. Mit 0,1 l Rotwein ohne Alkohol ← ablöschen, einkochen lassen und 200 g Tomaten (blanchiert, geschält, entkernt und in Stückchen geschnitten) hinzufügen. 30 Minuten zugedeckt bei sanfter Hitze köcheln lassen, dann 50 g klein gehackte Pilze (zuvor 20 Minuten in lauwarmem Wasser eingeweicht und ausgedrückt) beigeben und weitere 30 Minuten kochen lassen. Aus 300 g gelbem Maismehl in ausreichend Flüssigkeit (halb Wasser, halb Milch) eine Polenta kochen und in Schichten abwechselnd mit dem Fleisch-*Ragù*, 0,5 l Béchamelsauce ←, 50 g grob geriebenem Parmesan und Butterflocken in einer Backform anrichten. 15 Minuten lang bei 200 °C im Backofen überbacken.

Polenta mit Klippfisch

Für 4 Personen: 800 g gewässerten Klippfisch enthäuten, entgräten und in Stückchen schneiden. 2 in dünne Ringe geschnittene Zwiebeln, 2 klein gehackte Knoblauchzehen und 2 zerkleinerte Anchovisfilets mit 2 Esslöffeln Öl anschwitzen. Die mit wenig Mehl bestäubten Klippfischstücke ebenfalls anbräunen, mit 0,1 l trockenem Weißwein ohne Alkohol ← ablöschen und 2 Lorbeerblätter, 0,4 l Milch und 0,2 l Olivenöl hinzufügen. Salzen, pfeffern, den Topf schließen und bei ganz schwacher Hitze ca. 2 Stunden lang garen: Das Ergebnis wird eine cremige Sauce sein. Aus 300 g gelbem Maismehl eine Polenta kochen und heiß mit dem Klippfisch und mit ein wenig Petersilie bestreut servieren.

Crêpes

Die bei den Franzosen so beliebten Crêpes kennen wir in Italien als *Crespelle.* Sie lassen sich mit den unterschiedlichsten Zutaten füllen oder ähnlich wie Lasagne als Törtchen arrangieren. Nach dem Füllen, Zusammenrollen oder Falten (in der Art eines Taschentuchs) geben Sie einen Hauch Béchamelsauce darüber und gratinieren sie zehn Minuten im Ofen bei 200 °C. Die Füllung kann aus Ricotta und Spinat, aus klein gehackten und mit Olivenöl, Knoblauch und Petersilie angebratenen Pilzen, einer Lauch-Käse-Mischung, Fleisch-*Ragù*, Gorgonzola und Mascarpone, zerbröselten und angebratenen Schweinswürstchen, einer Meeresfrüchtetunke usw. usw. bestehen.

Für 4 Personen: 3 Eier in eine Schüssel geben und mit dem Schneebesen, ohne sie zu schlagen, verrühren. Dann 130 g gesiebtes Mehl Type 405, 1/2 Teelöffel Salz und 0,1 l Milch darunter rühren. Sind die Zutaten gut vermischt, 0,2 l Milch und 20 g zerlassene, warme Butter hinzugeben und ebenfalls verrühren. Den Teig mit einem Teller oder Frischhaltefolie abdecken und bei Zimmertemperatur 1 Stunde lang ruhen lassen. Eine beschichtete Pfanne von ca. 15 cm Durchmesser mit Butter ausstreichen, 1 kleine Kelle Teig hineingeben und die Pfanne einmal schwenken, damit sich der Teig gut verteilt. Bei mittlerer Hitze 1 Minute lang backen, wenden und weitere 30 Sekunden fertig garen. Den Crêpe auf einen Teller gleiten lassen und in diesem Rhythmus fortfahren, dabei die Pfanne nach jedem zweiten oder dritten Crêpe erneut mit Butter ausstreichen, bis der Teig aufgebraucht ist.

Sie können dem Crêpeteig verschiedene Aromen geben, indem Sie etwa 1 Messerspitze Safran, Ingwerpulver oder Muskatnuss in der Milch auflösen. Oder Sie nehmen Vollkornmehl oder mischen weißes Weizenmehl mit Buchweizenmehl. Eine andere Alternative ist ein Teig aus 150 g Mehl Type 405, 2 Eiern, 0,2 l hellem Bier, 3 Esslöffeln Olivenöl und Salz. So werden Crêpes delikater und vor allem interessanter.

Die Fischzubereitung

In Italien ist Fisch »in«... in den Restaurants jedenfalls, wo es mittlerweile ein breit gefächertes Angebot gibt, auch wenn immer noch nicht alles zu haben ist.

In den italienischen Haushalten wird hingegen nur sehr wenig Fisch gegessen. Vielleicht weil man nicht weiß, wie er fachmännisch ausgenommen und richtig zubereitet wird. Oder auch weil er »stinkt« (der Geruch von rohem Fisch ist eben nicht jedermanns Sache). Viele Jahre schon wird von interessierter Seite versucht, diesen Teufelskreis zu durchbrechen. Doch vergeblich.

So ist die Lage. Was mich aber wirklich aufregt, ist die Tatsache, dass 90 Prozent des Marktes von einer echten Fünferbande beherrscht werden: Seebarsch, Goldbrasse, Seezunge, Schwertfisch und Lachs. Damit wir uns nicht falsch verstehen: Die sind lecker. Aber was ist mit all den anderen? Mit den so genannten »blauen Fischen«, den Sardinen, Sardellen und Makrelen also, an denen unsere Meere so reich sind? Oder den unzähligen Heringsarten? Dem Klippfisch, der sich mit mehr als 360 Rezepten brüsten kann, eines für jeden Tag des Jahres? Dem Kabeljau? Aber auch den Zackenbarschen, Seeteufeln, Seebarben, Rochen oder dem Steinbutt, alles Fische, die man zwar in den Fischgeschäften (allerdings auch nur den besten) findet, aber auf den Speisekarten zu vieler Restaurants leider vergeblich sucht. Ganz zu schweigen von den Süßwasserfischen wie Aal, Hecht, Renke oder Karpfen. Wer kennt die heute noch? Nein, ich bin nicht optimistisch, was die Entwicklung des Fischkonsums in Italien betrifft. Erforderlich wäre ein kultureller Sprung, doch in der Natur wie in der Gesellschaft sind solche Sprünge sehr, sehr selten.

Doch jetzt Schluss mit dem Gejammer. Beginnen wir mit drei delikaten Problemen, die alle drei nur auf empirischem Weg zu lösen sind.

Das erste: Wie kann man feststellen, ob ein Fisch frisch ist? In der Küchentradition ist hier viel von glasklaren Augen, festem Fleisch und dergleichen mehr die Rede; tatsächlich aber ist es dem Laien kaum möglich, die Frische eines Fisches wirklich genau zu erkennen. Es führt kein Weg daran vorbei: Sie müssen Ihrem Fischhändler vertrauen. Klar, der ist Kaufmann und will seinen Fisch natürlich an den Mann bringen, aber es gibt keine Alternative. Mein einziger Rat: Haben Sie das Gefühl, dass mit einem Fisch irgendetwas nicht ganz in Ordnung ist, mag Sie das Gefühl nun trügen oder nicht, so lassen Sie sich lieber einen anderen geben. Gewiss, mit diesem Tipp kommen Sie auch nicht viel weiter, aber ...

Das zweite Problem: Wie macht man einen Fisch garfertig? Auch diese Frage ist nicht eindeutig zu beantworten. So ist es zum Beispiel fast immer richtig, einen Fisch zu entschuppen, aber wenn Sie ihn etwa im Backofen zubereiten, können Sie die Schuppen auch dranlassen. Im Zweifelsfall sollten Sie wieder Ihren Händler fragen und ihm erklären, wie Sie den Fisch zubereiten möchten. Er wird Ihnen einen Expertenrat geben. Bitten Sie ihn dann, die notwendigen Handgriffe für Sie zu übernehmen, also das Entschuppen, das Entfernen von Schwanz und Flossen, das Ausnehmen, das Filetieren ... Ihn als Fachmann wird es keine große Mühe kosten, Sie im Nu zufrieden zu stellen. Und jeder wahre Händler baut auf eine zufriedene Kundschaft.

Das dritte Problem: Wie lange muss Fisch garen? Eine Frage, die mehr noch als die beiden anderen nur im konkreten Fall zu beantworten ist. Hier kommt es auf den Durchmesser des Fisches an, nicht auf sein Gewicht. Außerdem ist ein Fisch, der in den Tiefen des kalten Atlantiks gefangen wurde, wo er lange brauchte, um ein gewisses Gewicht zu erreichen, anders zu behandeln als ein Artgenosse, der dasselbe Gewicht in weniger Zeit in den warmen Gewässern des Mittelmeeres ansetzen konnte. In den folgenden Rezepten kann ich Ihnen dazu nur allgemeine Hinweise geben. Fragen Sie auch in diesem Fall den Fischhändler Ihres Vertrauens. Von anderen abzuhängen, ist nie besonders schön, doch wie schon mehrfach gesagt: Es gibt keine andere Möglichkeit.

Die wichtigsten traditionellen Gartechniken

Fisch garen in Brühe

Diese Art der Zubereitung ist praktisch für alle Fischarten geeignet. Sie müssen aber ganz, entschuppt und ausgenommen sein. Fisch kocht man in einer speziellen, besonders aromatischen Brühe, die *court-bouillon* ← genannt wird. Das ist der entscheidende Trick. Es erfordert ein wenig Zeit, lässt aber das Fischaroma großartig zur Entfaltung kommen. Während des Garens darf diese Brühe niemals kochen, also nie den Siedepunkt übersteigen. Mit anderen Worten, der Fisch muss pochiert werden. Man legt ihn dazu in die kalte *court-bouillon* ←, erhitzt dann erst die Brühe, währenddessen der Fisch schon gart, lässt ihn dann nach Rezept weiter garziehen, schaltet den Herd aus und lässt den Fisch noch mindestens fünf Minuten in der Brühe ruhen.

Die Zubereitung von *court-bouillon*

Für ungefähr 2 Liter, die ausreichen, um einen 1 kg schweren Fisch zu garen: 2 l Wasser, 1/2 Flasche trockenen Weißwein, 1 Glas weißen Essig, 2 Karotten in Scheiben, 2 Zwiebeln in Scheiben, 2 Lorbeerblätter, 1 Bund Petersilienstängel und Pfefferkörner in einen Topf füllen. Zum Kochen bringen und 1 Stunde lang köcheln lassen. Gelegentlich Schaum abschöpfen. Zum Schluss mit wenig Salz abschmecken und die Brühe klären. Abkühlen lassen. Garzeit: Rechnen Sie 5 Minuten für einen 1 kg schweren

Fisch von dem Moment des leichten Köchelns an, dann weitere 5 Minuten in der erkaltenden Brühe.

- Wie gesagt, wird Fisch – wie übrigens auch Tintenfische und Kalmare – in kalte *court-bouillon* gegeben. Krustentiere wie Garnelen, Langusten oder Hummer allerdings in kochende. Das sind so die Mysterien der guten Küche.

Fisch dämpfen

Eine Garmethode, die sowohl für nicht allzu große ganze Fische (geschuppt und ausgenommen) als auch für Fischfilets oder -stücke und Krustentiere ohne Schale geeignet ist. Dazu benutzt man einen Dämpfkorb, der in einen Topf mit 1 bis 2 cm hohem Wasser gesetzt wird. Es wäre sinnlos, dieses Wasser irgendwie zu würzen, das Aroma würde sich nicht auf den Fisch übertragen. Nach dem Garen sollten Sie aber den Fisch würzen. Kochen Sie mit geschlossenem Deckel, und rechnen Sie 15 Minuten Garzeit für 1 kg Fisch.

Fisch dünsten

Geeignet für alle nicht allzu großen, ausgenommenen und geschuppten Fische. 1 Glas trockenen Weißwein, 1 Glas Wasser, 4 Servierlöffel Zwiebel-*Soffritto* ← und 4 Tomaten (blanchiert, enthäutet und entkernt) in einer Kasserolle zum Kochen bringen. Den Herd auf die kleinste Stufe schalten, den Fisch hinzugeben, leicht salzen, klein gezupfte Basilikumblätter hinzufügen und ungefähr 12 Minuten garen.

Fisch im Backofen

Eine Garmethode, die für alle Fischarten, besonders auch Süßwasserfische, geeignet ist. Sowohl große, ganze, entschuppte (hier kann man die Schuppen aber auch dranlassen) und ausgenommene als auch in große Stücke geschnittene Fische lassen sich auf diese Weise zubereiten. Den Fisch abspülen und trocknen. Außen und innen pfeffern und salzen – wer will, kann ihn auch mit Kräutern füllen oder auf andere Weise würzen. Auf ein Backblech legen, nach Belieben garnieren, mit 1 Schuss Öl beträufeln und im Backofen bei 220 °C 5 Minuten lang garen. Für den Rest der vorgesehenen Garzeit den Ofen auf 180 °C herunterdrehen. Nach der Hälfte der Garzeit den Fisch wenden. Für einen 2 kg schweren Fisch sollten Sie ca. 40 Minuten Garzeit rechnen.

Fisch in Alufolie
Diese Methode liebe ich besonders. Sie ist geeignet für alle nicht allzu großen, entschuppten und ausgenommenen Fische. Den Fisch nach Belieben gewürzt oder gefüllt in Alufolie verpacken. Im Backofen bei 200 °C garen. Garzeit: ungefähr 25 Minuten für 1 kg Fisch.

Fisch in Salz
Ideal für alle Seefische, besonders für die ein wenig fetteren. Eine geeignete Form mit 1 Schicht grobem Meersalz auslegen. Den ausgenommenen, aber nicht entschuppten Fisch darauf legen, mit Salz bedecken und im Backofen bei 200 °C garen. Für einen 1 kg schweren Fisch müssen Sie ca. 30 Minuten Garzeit rechnen. In der Salzkruste, die Sie mit einem trockenen Hammerschlag effektvoll vor Ihren Gästen aufbrechen, servieren.

Fisch schmoren
Ideal für große, ganze, entschuppte und ausgenommene, aber auch für in Stücke geschnittene Fische. In einer Kasserolle Zwiebeln, Karotten und Sellerie, alle sehr fein gehackt, anschwitzen. Den Fisch auf das Gemüse legen, den Fisch bis zur Hälfte mit Wasser (oder Gemüsebrühe ←) und Wein bedecken, Kräuter und Gewürze nach Belieben hinzugeben, zum Kochen bringen und bei ganz sanfter Hitze so lange wie vorgesehen garen. Zum Schluss den Fisch herausnehmen, den Fond pürieren, mit Olivenöl oder Butter aufschlagen und den Fisch mit diesem Fond anmachen. Garzeit: ca. 30 Minuten für einen 2 kg schweren Fisch.

Fisch grillen

Ideal für mittelgroße, ganze, entschuppte (obwohl Sie hier auch, wenn Sie mögen, die Schuppen dranlassen können) und ausgenommene Fische, aber auch für Fischstücke. Den Fisch in Mehl wenden, dann leicht schütteln, um überschüssiges Mehl zu entfernen, und in kaltes Olivenöl geben; dadurch wird der Fisch resistenter, das heißt, er zerfällt nicht so leicht beim Garen. Dann auf den heißen Grill legen und dabei ständig weiter mit Öl einpinseln und zum Schluss erst salzen. Garzeit: ca. 5 Minuten auf einer, 3 Minuten auf der anderen Seite, aber das hängt davon ab, wie dick der Fisch ist.

Fisch frittieren

Ideal für entschuppte und ausgenommene kleine Fische oder Fischfilets. Für diese Garmethode sollte man Erdnussöl nehmen. Es hat zwei große Vorteile: Zum einen ist es fast geschmacklos und zum anderen macht es seine chemische Zusammensetzung noch stabiler als alle anderen Öle, das heißt, man kann es noch stärker erhitzen, ohne dass es verbrennt. Immer reichlich Öl nehmen, das sehr heiß sein muss, und nicht allzu viele Fische auf einmal frittieren. Was die Zubereitung der Fische vor dem Frittieren angeht, gibt es mehrere Möglichkeiten. Man kann sie einfach in Mehl wenden. Man kann sie zunächst in Milch und dann erst in Mehl wenden. Oder aber man wendet sie zunächst in Mehl und dann in geschlagenem Ei und Semmelbröseln. Garzeit: höchstens 2 Minuten.

Fisch im Teigmantel frittieren

Eine wenig gebräuchliche, doch schmackhafte Frittiervariante. Dazu 500 g Mehl mit 0,3 l Milch, 0,1 l Wasser, 20 g Bierhefe und 5 Eigelb zu einem recht flüssigen Teig verrühren. Diesen Teig 2 Stunden ruhen lassen, dann den Fisch darin wenden und frittieren.

Fisch in der Pfanne

Ideal für kleine, entschuppte und entgrätete Fische oder auch für Fischstücke. In einer Pfanne Öl mit Kräutern und Gewürzen nach Belieben – aber Knoblauch und Rosmarin müssen dabei sein – erhitzen. Wenn das Öl richtig heiß ist, die Kräuter entfernen und den Fisch in die Pfanne legen. Bei mittlerer Hitze garen, dabei die Pfanne schwenken, damit der Fisch nicht ansetzt. Je kleiner der Fisch, desto kürzer die Garzeit: Sie liegt zwischen 1 und maximal 4 Minuten.

Fisch auf Müllerin-Art

Ideal für flache, entschuppte und ausgenommene Fische oder für Fischfilets und -stücke. Den gesalzenen und gepfefferten Fisch zunächst in Milch, dann in Mehl wenden. In reichlich nicht allzu heißer Butter garen und nur einmal wenden, wenn sich eine zarte Kruste gebildet hat. Mit klein gehackter Petersilie und 1 Scheibe Kräuterbutter garniert servieren. Garzeit: 5 Minuten von einer, 3 Minuten von der anderen Seite.

Die halbmoderne Gartechnik

Fisch in der Mikrowelle

Ich mag diese Garmethode, wende sie häufig an und empfehle sie immer. Dabei wird der Fisch (entschuppt und ausgenommen) nach Belieben mit Kräutern gewürzt oder gefüllt, dann in Backpapier gewickelt und fest verschlossen. Garen Sie ihn – abhängig vom Gewicht des Fisches – so lange, wie in der Bedienungsanleitung des Mikrowellenherdes angegeben ist, und lassen Sie ihn zum Schluss im Ofen 5 Minuten ruhen. Beim Zubereiten in der Mikrowelle beginnt die Zutat von innen her zu garen: Die Gefahr, dass das Fleisch um die Gräten herum noch zu roh ist, wird so gebannt.

Die modernen Gartechniken

Zum Schluss noch zwei sehr moderne Garmethoden. Für alle faulen, aber schlauen Feinschmecker, die keine Lust haben, sich an der traditionellen Art der Fischzubereitung zu versuchen, hier ein Vorschlag, der die Arbeit sehr, sehr vereinfacht und zu tollen Ergebnissen führt.

Fischfilets

Vom schon häufiger angesprochenen Fischhändler Ihres Vertrauens lassen Sie sich den Fisch filetieren und auch die Reste einpacken. Mit diesen Resten bereiten Sie einen recht dickflüssigen Fond ← zu. Die Filets abspülen, trockentupfen und in einer beschichteten Pfanne mit ganz wenig Öl oder Butter 2 Minuten lang anbräunen, wenden, den Fond hinzugeben und 1 weitere Minute garen. Die Filetstücke herausnehmen, warm stellen und den Fond mit ein wenig Butter oder Olivenöl aufschlagen. Die Filets mit der Sauce und nach Belieben garniert servieren. Hierbei kann man nichts falsch machen.

- Kaufen Sie den Fisch bereits filetiert in einem Supermarkt, nehmen Sie am besten auch einige nicht so wertvolle ganze Fische mit, um den Fond ← herzustellen.

Roher Fisch

Eine noch modernere Gartechnik, die gar keine ist, denn der Fisch wird nicht gegart, sondern roh verzehrt. Mit anderen Worten, ein Fisch-Carpaccio ←, mariniert oder auch nicht, oder ein Fischtatar ←. Natürlicher geht's nicht. Aber der Fisch muss wirklich superfrisch sein.

Besondere Leidenschaft des Autors Nr. 15:

Fischsuppen

Eine Leidenschaft, die ich mit sehr vielen Italienern teile. Ein Genuss, den uns aber manche Leute offensichtlich vergällen möchten. Und zwar diejenigen, die – ob Küchenchef oder Hobbykoch – Fischsuppe mit ganzen Fischen, also jeder Menge Gräten in allen Größen und Formen, zubereiten. Hat man eine auf diese Art zubereitete Seebarbe vor sich auf dem Teller liegen, stürzt einen das in schlimmste Verlegenheit. Wie soll man sie auch nur mit einem Hauch von Ruhe und Gelassenheit verzehren, wenn man sich unablässig und gnadenlos mit dem Grätensalat herumplagt? Ein solches Gericht lässt Freundschaften zerbrechen. Nein, wer eine Fischsuppe auf diese Art zubereitet, hat kein Mitleid und erst recht kein Verständnis verdient. Tradition hin oder her. So etwas muss bekämpft werden, Schluss, aus.

Grundrezept für Fischsuppe

Rechnen Sie 4 kg für 8 Personen als Minimum, mit einer möglichst reichen Auswahl an Fischen und Krustentieren, aber ohne Sardinen, Makrelen und Sardellen. Die Fische sorgfältig filetieren und die Gräten, Köpfe und andere Reste, ohne Eingeweide, beiseite stellen – natürlich wird jeder gute Fischhändler diese Arbeit mehr oder weniger gern für Sie übernehmen. Muscheln mit Schalen erhitzen Sie zum Öffnen in einer Pfanne oder Sie öffnen sie roh und heben dann das Muschelwasser auf. Alle Reste abspülen und zerkleinern. Dann 5 Minuten lang mit ein wenig Butter oder Olivenöl in einem großen Topf anbräunen, 500 g Zwiebel-*Soffritto* ← oder *Soffritto all'italiana* ←, das gefilterte Muschelwasser, 1,5 l Wasser, Pfefferkörner und Kräuter nach Belieben hinzugeben und bei schwacher Hitze 1 Stunde lang garen, gelegentlich Schaum abschöpfen und zum Schluss klären. Nun alle Fische, Muscheln und Krustentiere, in nicht allzu kleine Stücke geschnitten, in die Brühe geben. Höchstens 10 Minuten darin garen, mit Salz und Pfeffer abschmecken und die Suppe mit gerösteten Brotwürfeln und der allgegenwärtigen Petersilie bestreut servieren. Sollte eine der Zutaten eine längere Garzeit erfordern, garen Sie sie separat, solange sie braucht.

Gelbe Fischsuppe

Eine persönliche »abgespeckte« Variante der berühmten *Bouillabaisse*, der ich aus Respekt vor dem Original einen anderen Namen gegeben habe.

*Für 8 Personen: 4 kg gemischter Fisch wie Skorpionfisch, Meeraal, Zackenbarsch oder Seebarbe, 16 Scampi, Safran, Tomatenmark, Orangenschale, Knoblauch, Lorbeerblätter, Thymian, Petersilienstängel, wilder Fenchel, Zwiebel-*Soffritto ←*, Butter, Salz, Pfeffer*

Wie im Grundrezept ← erläutert vorgehen. Nach dem Anbräunen der Fischreste und Scampiköpfe/-schalen in 50 g Butter Folgendes hinzugeben: 2 Servierlöffel Tomatenmark (in ein wenig Wasser aufgelöst), die Schale (nicht das Weiße) von 1/2 Orange, 8 Esslöffel *Soffritto*, 4 Knoblauchzehen, 3 Lorbeerblätter, 4 Thymianzweiglein, 5 Petersilienstängel und 1 kleinen Strauß wilden Fenchel. Das Ganze mit 1,5 l Wasser bei schwächster Hitze 1 Stunde garen lassen. Gelegentlich Schaum abschöpfen. Zum Schluss klären, mit Safran und Pfeffer würzen, alle Fische und Scampi (in Stückchen geschnitten) in die Suppe geben und 6 bis 8 Minuten garen. Mit Salz abschmecken und mit klein gehackter Petersilie überstreuen. Dazu geröstetes und mit Knoblauch eingeriebenes Bauernbrot reichen.

Krustentiersuppe

Eines der prächtigsten Gerichte der Welt.

Für 8 Personen: 4 kg Langusten, Hummer, Scampi und Garnelen 2 Minuten lang blanchieren, dann abgießen, abkühlen lassen und schälen. Anschließend wie beim Rezept für gelbe Fischsuppe fortfahren.

Neapolitanische Fischsuppe

Für 8 Personen: 1,5 kg Miesmuscheln, 1,5 kg Venusmuscheln, 500 g Zwergsepien, 500 g Zwergkalmare, 500 g geschälte Garnelen, Tomaten, Soffritto all'italiana ←, *Gemüsebrühe* ←, *Peperoni, Knoblauch, Petersilie, Salz*

Die Mies- und Venusmuscheln in einer Pfanne erhitzen, bis sie sich öffnen, dann aus der Schale lösen und den Fond filtern. 1 l Gemüsebrühe ←, das Muschelwasser, 8 Tomaten (enthäutet, entkernt und in grobe Stücke geschnitten), 8 Servierlöffel *Soffritto all'italiana* und 4 Knoblauchzehen in einen Topf geben und 10 Minuten lang kochen lassen. Die gesäuberten Tintenfische und Kalmare klein geschnitten hinzugeben und 30 Minuten lang garen; währenddessen, wenn nötig, Schaum abschöpfen. Dann auch die Garnelen, Mies- und Venusmuscheln hinzufügen und weitere 5 Minuten köcheln lassen. Mit Salz und Peperoni abschmecken und mit klein gezupftem Basilikum überstreuen. Dazu geröstete Scheiben Bauernbrot reichen.

Suppe mit Tintenfischen und Muscheln

*Für 8 Personen: 2 kg Tintenfisch, 1 kg Miesmuscheln, 1 kg Venusmuscheln, Zwiebel-*Soffritto ←, *500 g gekochte* Cannellini-*Bohnen, Petersilie, Olivenöl, Knoblauch, Salz, Pfeffer*

Die Muscheln in einem großen Topf erhitzen, bis sie sich öffnen, dann aus den Schalen lösen und den Fond filtern. Den Tintenfisch säubern, in schmale Julienne-Streifen schneiden und in wenig Olivenöl mit 3 Knoblauchzehen 20 Minuten lang garen, dabei ein wenig Wasser angießen, wenn die Flüssigkeit zu stark eingekocht sein sollte. Anschließend den Knoblauch entfernen. 1 l Wasser, das Muschelwasser und 8 Servierlöffel *Zwiebel-Soffritto* in einem Topf verrühren und 10 Minuten kochen lassen.

Zunächst den Tintenfisch hinzugeben und 30 Minuten darin garen, dann auch die Bohnen und Muscheln hinzufügen und weitere 5 Minuten lang köcheln lassen. Mit Salz und Pfeffer abschmecken und mit klein gehackter Petersilie überstreuen. Dazu geröstete Scheiben Bauernbrot reichen.

Sardellensuppe

Für 8 Personen: 3 kg frische Sardellen, Soffritto all'italiana ←, *Knoblauch, Peperoni, Tomatensauce ←, Weißwein ohne Alkohol ←, Gemüsebrühe ←, Petersilie, Öl, Salz*

Die Sardellen filetieren. 1 l Wasser zum Kochen bringen und 1 Gläschen Öl, 1 Gläschen Wein, 2 Knoblauchzehen, 8 Servierlöffel *Soffritto all'italiana* ← und 8 Servierlöffel Tomatensauce ← hinzufügen. 10 Minuten lang köcheln lassen, dann die Sardellen hinzugeben. Weitere 10 Minuten garen, mit Salz und Peperoni abschmecken und mit fein gehackter Petersilie überstreuen.

Seefisch

In der Hoffnung, dass Fisch immer mehr nicht nur im Restaurant, sondern auch in der Küche zu Hause heimisch wird, stelle ich Ihnen hier eine Reihe von wirklich einfachen, dabei pfiffigen und köstlichen Rezepten vor, die Sie, da bin ich ganz sicher, im Restaurant nicht so leicht finden werden.

Anleitungen für gegrillten oder gekochten Fisch spare ich mir hier. Ich habe sie an anderer Stelle vorgestellt (siehe das Kapitel »Die Fischzubereitung«).

- »Vorbereiten« heißt hier: entschuppen, die Flossen und Schwänze abschneiden und ausnehmen.

Sardellentorte

Für 4 Personen: 600 g Miesmuscheln mit 1 Knoblauchzehe in einer Pfanne stark erhitzen, bis sie sich öffnen, dann schälen und den Fond filtern. 1 kg Sardellen vorbereiten. Das heißt, zunächst den Kopf abdrehen und dabei den größten Teil der Eingeweide mit herausziehen. Den Fisch anschließend öffnen, indem Sie ihn mit einer Hand halten und mit dem Daumennagel der anderen in die Bauchhöhle und am Rückgrat entlang bis zum Schwanz fahren. Bei dem nun flach ausgebreiteten Fisch mit einem Ruck das Rückgrat in Schwanzrichtung ziehen und dabei auch den Schwanz entfernen. Dann gut waschen und trockentupfen. 5 Kartoffeln in Scheiben schneiden und 2 Minuten lang dämpfen. Eine feuerfeste Form mit Backpapier auslegen und die Kartoffeln, 300 g Tomatensauce ←, die Sardellen, die Muscheln, einige Minzeblätter sowie zerstoßenen Pfeffer in Schichten darin anordnen. 1 Glas Muschelfond angießen,

1 Schuss Olivenöl darüber geben und im Backofen bei 200 °C 20 Minuten lang garen.

Hering mit Sahne

Frischer Hering schmeckt umwerfend. Leider findet man ihn nicht so leicht. Doch Sie können dieses Gericht auch mit geräuchertem Hering zubereiten: In diesem Fall »wässern« Sie ihn knapp mit Milch bedeckt sechs Stunden lang. Dann abspülen und gut trockentupfen. Der Hering ist dann aber immer noch salzig, sodass man sich bei diesem Gericht das Salzen sparen kann.

Für 4 Personen: 4 Zwiebeln in dünne Scheiben schneiden und mit wenig Butter und ein wenig Dill anschwitzen. 600 g frische Heringsfilets abspülen und trockentupfen. 1 Stück Butter in einer Pfanne zerlassen und die Filets 3 Minuten lang darin anbräunen, dann wenden, die Zwiebeln und 2 geschälte und gewürfelte Äpfel hinzugeben und weitere 5 Minuten lang garen. Zum Schluss 200 g Sahne unterziehen, 1 Minute lang aufkochen, mit Salz und Pfeffer abschmecken und servieren. Als Beilage bieten sich gedämpfte Kartoffeln an.

Bianchetti mit Knoblauch, Olivenöl und Peperoni

Bianchetti sind winzige, gerade geborene Sardinen oder Sardellen von nicht mehr als 2 cm Länge. Sie dürfen legal von Dezember bis April gefischt werden. *Rossetto* heißt hingegen ein Fisch, der so winzig bleibt: Verwechslungen sind daher unvermeidlich. Manche Leute bereiten *Bianchetti* zu, indem sie sie 30 Sekunden lang in Brühe oder Wasser kochen und dann mit Olivenöl, Pfeffer und Petersilie anmachen, aber das ist erst ihr wirklicher Tod.

Für 4 Personen: 600 g *Bianchetti* kaufen, aber nicht abwaschen, sie würden zu viel Wasser aufsaugen. Zum Trocknen legen Sie sie am besten auf einem Geschirrtuch aus und geben sie dann wieder in eine Schüssel. Zunächst in einer Pfanne 2 Knoblauchzehen in 5 cl Olivenöl anbräunen und nach Belieben Peperoni hinzufügen. Wenn sich der Knoblauch leicht verfärbt hat, nehmen Sie ihn heraus und geben die Fischlein hinein; gleich umrühren und gut aufpassen, dass sie nicht untereinander und am Pfannenboden ansetzen. 30 Sekunden lang garen, gleich in die Teller geben und sofort genießen, sobald Sie sich nicht mehr den Mund verbrennen. Salzen dürfte nicht nötig sein, da die *Bianchetti* nicht gewaschen wurden.

Gefüllter Zackenbarsch

Für 4 Personen: 1 ausgenommenen und geschuppten Zackenbarsch von ca. 1,2 kg Gewicht waschen und gut trockentupfen. 4 Scheiben Toastbrot in Milch einweichen, ausdrücken und mit 100 g geschälten Garnelen und 50 g getrockneten Pilzen (15 Minuten lang in lauwarmem Wasser eingeweicht und ausgedrückt) pürieren. Dieses Gemisch mit 1 Ei und 2 Servierlöffeln geriebenem Parmesan binden, mit Salz, Muskatnuss und Pfeffer abschmecken und den Fisch damit füllen. Dann in eine mit Öl ausgestrichene feuerfeste Form geben, 20 Zwiebelchen (*cipolline borettane*), die 5 Minuten lang blanchiert wurden, und 1 Glas trockenen Weißwein ohne Alkohol ← hinzufügen, mit geriebenem Parmesan überstreuen, mit 1 Schuss Olivenöl beträufeln und im Backofen bei 200 °C 25 Minuten lang garen.

Seeteufel auf amerikanische Art

Der Kopf dieses Fisches sieht zum Fürchten aus, aber man findet ihn ohnehin nur kopflos auf dem Markt. Schade, denn es lassen sich herrliche Brühen und Fonds daraus kochen.

Für 4 Personen: 800 g Seeteufelfilets in mundgerechte Stücke schneiden und 2 Minuten lang bei stärkerer Hitze in 1 Stück Butter mit 2 Knoblauchzehen schwenken. Den Fisch herausnehmen und in derselben Pfanne, in der der Knoblauch verblieben ist, 1 Glas trockenen Weißwein ohne Alkohol ←, 4 Servierlöffel Zwiebel-*Soffritto* ←, 4 Tomaten (blanchiert, enthäutet, entkernt und in größere Stücke geschnitten), ein wenig gefilterten Zitronensaft, klein gehackte Petersilie und nach Belieben

Cayennepfeffer miteinander verrühren. 10 Minuten lang kochen lassen, den Knoblauch entfernen, 2 Stücke Butter hinzufügen und gut mit einem Schneebesen aufschlagen. Den Fisch hinzugeben und weitere 5 Minuten garen, dabei ein wenig Wasser angießen, falls die Flüssigkeit zu stark einkochen sollte. Mit Salz abschmecken und servieren.

Seeteufel geschmort

Für 4 Personen: 1 ca. 1,2 kg schweren vorbereiteten Seeteufel in wenig Butter 3 Minuten lang anbraten. Mit dem gefilterten Saft von 1 Zitrone und 1 Gläschen trockenem Weißwein ohne Alkohol ← unter Zugabe von 1 Stück Butter ablöschen. Zudecken und zum Köcheln bringen. Die Garzeit wird ungefähr 30 Minuten betragen. Ein wenig Wasser angießen, falls die Flüssigkeit zu rasch einkochen sollte. Zum Schluss mit Salz und Pfeffer abschmecken. Als Beilage 4 rote Kartoffeln reichen, die geschält, mit einer Gabel zerdrückt, mit 4 Esslöffeln Fischfond übergossen und mit 4 klein gehackten getrockneten Tomaten, 1 grünen gewürfelten Apfel, 1 gewürfelten Stange Sellerie, Salz und Pfeffer angemacht werden.

Kabeljau mit Knollensellerie

Für 4 Personen: 800 g Kabeljaufilets 2 Minuten von jeder Seite in 1 Schuss Olivenöl mit 1 Knoblauchzehe anbraten. Dann in eine mit 1 Schuss Öl eingefettete feuerfeste Form geben und 4 Tomaten (blanchiert, geschält, entkernt und in größere Stücke geschnitten), 200 g Knollensellerie (5 Minuten lang blanchiert und in Scheibchen geschnitten) und 200 g frische Pilze (in Scheibchen geschnitten und 5 Minuten lang mit 1 Schuss Öl und reichlich Petersilie angebräunt) hinzugeben. Mit 1 Glas trockenem Weißwein ohne Alkohol ← übergießen, salzen und pfeffern, mit leicht gerösteten Semmelbröseln überstreuen und im Backofen bei 200 °C 10 Minuten lang garen.

Kabeljau mit Spinat und Käse

Für 4 Personen: 1 kg Spinat 2 Minuten lang blanchieren, ausdrücken, 8 Minuten lang in heißer Butter schwenken und dann klein schneiden. 800 g Kabeljaufilets in 1 Schuss Öl mit 1 Knoblauchzehe 2 Minuten auf jeder Seite anbraten. In einer mit ein wenig Butter eingefetteten feuerfesten Form den Spinat auslegen. Mit den Fischfilets und 50 cl *Mornay*-Sauce ← bedecken. Dann mit Salz und Pfeffer überstreuen, einige Butterflöckchen und 100 g geriebenen Parmesan hinzugeben und im Backofen bei 200 °C 10 Minuten lang backen.

Seehecht mit Gemüse

Ein wunderbarer Fisch, besonders wenn Sie einen noch wild gefangenen bei Ihrem Händler finden. In diesem Fall genießen Sie ihn am besten als Carpaccio oder bereiten ihn als Fischfilet gebraten oder unter dem Backofengrill (vier Minuten pro Seite) zu. Andernfalls greifen Sie eben auf ein etwas raffinierteres Rezept wie dieses hier zurück.

Für 4 Personen: 600 g Seehechtfilet in 1 Schuss Öl mit 1 Knoblauchzehe 2 Minuten von jeder Seite anbraten. 200 g Spargelspitzen 2 Minuten lang, 200 g Erbsen und 200 g enthülste Puffbohnen 1 Minute lang blanchieren. Den restlichen Spargel in Scheibchen schneiden, mit ein wenig Öl und 1 Knoblauchzehe 10 Minuten lang anschwitzen und dann pürieren. Die Fischfilets, Erbsen, Bohnen, Spargelspitzen und -creme mit 1 Gläschen Weißwein ohne Alkohol ← in eine Kasserolle geben und 10 Minuten lang garen. Mit Salz und Pfeffer abschmecken.

Goldbrasse in Salz

Für 4 Personen: 1 vorbereitete Goldbrasse von 1,2 kg Gewicht mit Rosmarin, Salbei und Thymian füllen und mit schwarzem zerstoßenem Pfeffer überstreuen. In einer feuerfesten Form den Boden mit 1 Schicht grobem Meersalz bedecken, den Fisch darauf betten und mit reichlich Salz zudecken. Im Backofen nicht länger als 30 Minuten garen und anschließend mit *Chutney*- ←, Minz- ← oder Apfelsauce ← anmachen. Beim letzten Mal habe ich den Fisch allerdings mit einer besonders ungewöhnlichen Sauce genossen: und zwar mit einer Birnen-Schoko-Sauce ←. Ich kann nur sagen: perfekt!

Goldbrasse mit Topinambur

Für 4 Personen: 10 Topinambur schälen und in dünne Scheiben schneiden. Die Hälfte davon in eine mit Öl eingefettete feuerfeste Form geben und mit 50 g geriebenem Parmesan und klein gehackter Petersilie überstreuen. Eine vorbereitete Goldbrasse von 1,2 kg Gewicht darauf betten und mit dem Rest des Topinambur, 50 g geriebenem Parmesan und wiederum Petersilie bedecken. Mit Öl beträufeln, salzen und pfeffern und im Backofen bei 200 °C 25 Minuten lang garen.

Glatthai in Milch

1 vorbereiteten Glatthai von 1,2 kg Gewicht in eine Kasserolle geben und mit 0,5 l Milch und 0,1 l Sahne bedecken. 50 g zerstoßene Walnusskerne, 50 g geschälte und zerstoßene Mandeln, 4 Esslöffel Reismehl und 4 Esslöffel Zwiebel-*Soffritto* ← hinzufügen. Im Backofen bei 200 °C 20 Minuten lang garen, den Fisch herausnehmen und warm stellen. Den Fond durch die Flotte Lotte drehen und auf kleinster Flamme 1 Stück Butter unterschlagen, um eine cremige Konsistenz zu erhalten. Mit Salz und Pfeffer abschmecken. Den Fisch mit der Sauce übergossen servieren.

Steinbutt mit Äpfeln

In einer mit wenig Öl eingefetteten Pfanne 4 große Stücke Steinbutt mit 1 Knoblauchzehe 2 Minuten von jeder Seite anbraten. Den Fisch herausnehmen und warm stellen. In derselben Pfanne 1 Glas trockenen Weißwein ohne Alkohol ←, 4 Servierlöffel Zwiebel-*Soffritto* ←, 2 geschälte und in feine Scheiben geschnittene Äpfel, den gefilterten Saft von 1/2 Zitrone sowie

1 Hand voll Rosinen (in lauwarmem Wasser 20 Minuten lang eingeweicht und ausgedrückt) verrühren und 10 Minuten köcheln lassen. Den Fisch hinzufügen und weitere 5 Minuten fertig garen. Mit Salz und Pfeffer abschmecken und servieren.

Steinbuttfrikassee

Für 4 Personen: 16 halbierte Champignons so lange in einer Kasserolle in wenig heißem Öl schwenken, bis sie ihr Wasser abgegeben haben. Dann 16 glasierte Zwiebelchen ←, 4 Servierlöffel Zwiebel-*Soffritto* ← und 1 Glas süßen Weißwein ohne Alkohol ← hinzugeben und 2 Minuten lang aufkochen lassen. 0,1 l Sahne und 20 g Roux ← hinzufügen und weitere 4 Minuten garen. 600 g gewürfelten Steinbutt in wenig Olivenöl mit 1 Knoblauchzehe 2 Minuten lang anbräunen und dann zum Frikassee geben. Ebenso mit 15 Garnelenschwänzen, die aber nur 1 Minute angebraten werden, vorgehen. Das Ganze 3 Minuten lang garen, mit reichlich klein gehackter Petersilie bestreuen und mit Salz und Paprikapulver abschmecken. Vom Herd nehmen und mit 1 Eigelb und 1 Esslöffel gefiltertem Zitronensaft binden.

Sardinen-Artischocken-Kuchen

Für 4 Personen: 4 Artischocken putzen (die harten Teile entfernen) und kurz in Zitronenwasser legen, damit sie sich nicht verfärben. Dann in feine Scheibchen schneiden. 800 g frische Sardinen vorbereiten, dabei Kopf und Gräten entfernen, abspülen und gut trockentupfen. Mit ein wenig Salz und Oregano vermischte Semmelbrösel darüber streuen. Eine Backform mit Öl einfetten und den Boden mit einigen Semmelbröseln bestreuen. Dann die Artischocken, die Sardinen und 200 g in Stückchen geschnittenen frischen Käse in Schichten darin auslegen und zum Schluss wieder Semmelbrösel darüber streuen. 1 Schuss Olivenöl sowie Salz und Pfeffer darüber geben und im Backofen bei 180 °C 25 Minuten lang garen. Vor dem Servieren etwas abkühlen lassen.

Seezunge mit Austern

Für 4 Personen: 800 g Seezungenfilets in wenig Butter 2 bis 3 Minuten auf jeder Seite anbraten und dann warm stellen. 12 Austern wie beschrieben öffnen (siehe das Kapitel »Gegarte Austern«). 30 g Roux ←, das Austernwasser und ein wenig trockenen Weißwein ohne Alkohol ← in eine Pfanne geben und 5 Minuten lang garen. Dann 0,1 l Sahne darunter schlagen, die zerkleinerten Austern hinzufügen und mit Salz und Pfeffer abschmecken. Die Seezungenfilets mit dieser Sauce anrichten und servieren.

Seezunge mit Champagner

Für 4 Personen: 800 g Seezungenfilets in wenig Butter 2 bis 3 Minuten lang auf jeder Seite anbräunen, aus der Pfanne nehmen und warm stellen. Dann mit 1 Glas Champagner (nicht übertreiben, nehmen Sie lieber Sekt) ablöschen und 3 Minuten köcheln lassen. 4 Servierlöffel Zwiebel-*Soffritto* ←, 1 Glas Fischfond ← und 30 g Roux ← hinzufügen und 5 Minuten lang garen. 2 Stück Butter darunter schlagen und mit Salz und Pfeffer abschmecken. Die Seezunge mit dieser Sauce bedeckt servieren.

Thunfischfilet in der Pfanne

Für 4 Personen: 4 große Thunfischfilets (mindestens 4 cm dick) 3 Stunden vor dem Kochen aus dem Kühlschrank nehmen – sonst sind sie zu kalt. Bevor Sie sie in die Pfanne legen, die Filets noch mit Küchengarn umwickeln, damit sie nicht auseinander fallen, und dann zwischen 2 und 5 Minuten je Seite (wie beim Fleischfilet kommt es auch hier auf Ihren persönlichen Geschmack an) anbraten. Anschließend aus der Pfanne nehmen und bei 90 °C in den Backofen stellen. Den Fond in der Pfanne ablöschen ←, das heißt, 1 Glas Weinbrand hinzufügen, flambieren und einkochen lassen, indem Sie mit einem Holzlöffel die Kruste vom Boden schaben. 1 Glas konzentrierte Fischbrühe ← oder Fischfond ← und 40 g Roux ← angießen. 6 Minuten lang köcheln lassen und mit Salz und Pfeffer abschmecken. Mit 1 Stück Butter montieren und die Fischfilets für 1 Minute wieder in die Pfanne geben.

Eine Variante: Anstelle der Fischbrühe können Sie auch Tomaten- ←, Senf- ← oder Currysauce ← verwenden. Ebenso auch eine Creme aus pürierten Spargelstangen, Artischocken, Saubohnen oder anderem Gemüse.

Seebarben in Weinblättern

Für 4 Personen: 8 Weinblätter 1 Minute lang blanchieren, abgießen und mit Küchenkrepp trockentupfen. 16 Seebarbenfilets waschen und trocknen. Auf jedes Blatt 1 Filetstück legen, mit 1 Scheibe geräuchertem Bauchspeck und 1 Lorbeerblatt bedecken und zuletzt 1 weiteres Filetstück darauf legen. Mit ein wenig Öl beträufeln und mit (wenig) Salz und Pfeffer abschmecken. Nun die Blätter zusammenrollen und gut verschließen, notfalls auch mit einem Zahnstocher. In einer eingefetteten Backform im Ofen bei 180 °C 15 Minuten lang garen. Zum Schluss die Zahnstocher, falls Sie welche verwendet haben, herausziehen. Wenn Sie keine Weinblätter finden, können Sie zum Einwickeln auch Alufolie verwenden. Bitte nicht mitessen …

Besondere Leidenschaft des Autors Nr. 16:

Klippfisch

Alle Fische würde ich gegen Klippfisch eintauschen ... Zum Glück bekommen wir in Italien genug davon aus Norwegen, denn von dort kommen der beste Klippfisch und Stockfisch der Welt. Billig ist das nicht, aber immer seinen Preis wert.

Unter Klippfisch versteht man gesalzenen und getrockneten Dorsch, unter Stockfisch hingegen Seefisch, der nicht gesalzen, sondern nur luftgetrocknet wurde. Aber nicht überall: Im Veneto wird auch Stockfisch einfach Klippfisch genannt; so was kommt vor. Seriöse Händler bieten den Klippfisch schon gewässert, entsalzt, gewaschen und garfertig an – zu Hause braucht man eine Woche, um ihn garfertig zu bekommen, und das würde ich niemals auf mich nehmen. Sollte Ihr Händler Ihnen nicht entgegenkommen, so suchen Sie sich einen anderen.

Auch entsalzter Klippfisch ist immer noch recht salzig. Denken Sie beim Salzen daran.

Klippfisch mit Risotto *alla milanese*

Für 4 Personen: 8 Scheiben garfertigen und gut getrockneten Klippfisch in Mehl wenden, überschüssiges Mehl abschütteln, dann in mit 1 Esslöffel Milch leicht geschlagenes Ei geben, erneut in Mehl, wieder im Ei und schließlich in mit 2 Esslöffeln geriebenem Parmesan vermengten Semmelbröseln wenden. In reichlich Olivenöl (nicht *extravergine*) und heißer Butter 4 Minuten lang auf jeder Seite braten und dann mit wenig Salz (der Fisch ist immer noch salzig) und Pfeffer bestreuen. Dazu ein Risotto *alla milanese* ← reichen.

Klippfisch auf spanische Art

Für 4 Personen: 800 g garfertigen Klippfisch würfeln und in einer Pfanne 3 Minuten lang in wenig heißem Öl schwenken, dann herausnehmen und warm stellen. In dieselbe Pfanne 4 Tomaten (blanchiert, enthäutet, entkernt und in grobe Stücke geschnitten), 3 geschälte und in Julienne-Streifen geschnittene Paprika (wenn möglich, 1 rote, 1 gelbe, 1 grüne) sowie 4 Servierlöffel *Soffritto all'italiana* ← geben und 15 Minuten garen, dabei Wasser angießen, falls die Flüssigkeit zu rasch einkochen sollte. Den Klippfisch und 1 Gläschen süßen Wein ohne Alkohol ← hinzufügen, weitere 10 Minuten garen, mit Salz und Pfeffer abschmecken und servieren.

Klippfisch mit Bohnen

Für 4 Personen: 800 g garfertigen Klippfisch in einer Kasserolle knapp mit Wasser bedecken und 1 Zwiebel, 1 Karotte, 1 Selleriestange (alles fein geschnitten), 1 Lorbeerblatt, 2 Gewürznelken sowie Pfefferkörner hinzugeben. Aufs Feuer stellen; sobald sich ein Sprudeln andeutet, die Hitze ganz herunterschalten und 20 Minuten ruhen lassen. In einer anderen Kasserolle 400 g bereits bissfest gegarte Bohnen mit 4 Servierlöffeln Zwiebel-*Soffritto* ← und 1 Gläschen Weißwein ohne Alkohol ← 5 Minuten lang aufkochen, dann den Klippfisch (abgetropft und in Würfel geschnitten) hinzufügen und weitere 2 Minuten fertig garen. Mit Salz und Pfeffer abschmecken und mit 1 Schuss Olivenöl beträufelt servieren. Statt der Bohnen können Sie auch Kichererbsen oder andere Hülsenfrüchte nach Ihrem Geschmack verwenden.

Klippfisch *alla vicentina*

Hier meine vollkommen unorthodoxe Version des traditionsreichen Rezepts aus Vicenza, weswegen ich mich schon im Voraus bei allen orthodoxen Vicenzianern entschuldigen möchte.

Für 4 Personen: Aus 4 Zwiebeln, ein wenig Petersilie und 4 Anchovisfilets ein *Soffritto* ← zubereiten. Dann 600 g garfertigen, gewürfelten Klippfisch, das *Soffritto*, ein wenig weißes Maismehl und ein wenig geriebenen Parmesan in einen Steinguttopf geben. 2 Gläser Milch und 2 Gläser eines leichten Olivenöls *extravergine* aus Ligurien oder vom Gardasee angießen. Zugedeckt auf sehr kleiner Flamme 4 Stunden garen, dabei den Topf ab und zu leicht bewegen und ein wenig Wasser nachgießen, falls die Flüssigkeit zu stark einkochen sollte. Mit Salz und Pfeffer abschmecken und mit weißer Polenta ← als Beilage auf den Tisch bringen.

Süßwasserfisch

Ist Seefisch auf den Esstischen italienischer Haushalte schon selten zu finden, so gilt das erst recht für Süßwasserfisch. Und das ist schade. Hier nun eine Reihe von Vorschlägen, die hoffentlich den Konsum von Süßwasserfischen etwas ankurbeln können. Auch hier verzichte ich wieder auf Rezepte für gegrillten oder in Brühe gekochten Fisch. Die haben keine Erklärungen nötig, weil sie jedem bekannt sind.

Aal mit Aprikosen

Für 4 Personen: 1 kg gesäuberten, enthäuteten und in 4 cm große Stücke geschnittenen Aal mit 1 Schuss Öl und 1 Knoblauchzehe 4 Minuten lang anbräunen. 1 Gläschen süßen Weißwein (*mit* Alkohol, das Fett des Aals ist nicht zu unterschätzen), 4 Servierlöffel Zwiebel-*Soffritto* ←, 1 Esslöffel Zucker, 2 Lorbeerblätter und 4 Salbeiblätter hinzufügen und 12 Minuten auf kleinster Flamme garen, dabei ein wenig Wasser angießen, falls die Flüssigkeit zu stark einkochen sollte. Anschließend Knoblauch und Lorbeerblätter entfernen, 200 g getrocknete Aprikosen (20 Minuten lang in Rum eingeweicht, ausgedrückt und geviertelt), 60 g wie die Aprikosen eingeweichte Rosinen und 2 Servierlöffel Apfelessig hinzufügen und 4 Minuten unter Rühren weiter auf kleinster Flamme garen. Mit Salz und Pfeffer abschmecken, mit fein gehackter Minze überstreuen und servieren.

Aalragout mit Rotwein

Für 4 Personen: 1 kg gesäuberten, enthäuteten und in 2 cm große Stücke geschnittenen Aal mit 1 Schuss Öl und 1 Knoblauchzehe 2 Minuten lang anbräunen. 1 Gläschen trockenen Rotwein angießen, 4 Servierlöffel Zwiebel-*Soffritto* ← und 1 Kräuterbund ← hinzugeben und 12 Minuten lang auf kleiner Flamme garen, dabei Wasser nachgießen, falls die Flüssigkeit zu stark einkochen sollte. Anschließend den Knoblauch und das Kräuterbund entfernen. 200 g frische Pilze nach Wahl in Scheiben schneiden, bei größerer Hitze in 1 Schuss Öl mit 1 Knoblauchzehe schwenken, bis das Pilzwasser verdampft ist. Den Knoblauch entfernen. 200 g glasierte Zwiebelchen ← sowie die Pilze mit dem Aal verrühren und mit 1 Gläschen Gemüsebrühe ← und 20 g Roux ← 4 Minuten lang garen. Mit Salz und Pfeffer abschmecken und mit fein gehackter Petersilie bestreuen.

Karpfen in Bier

Jahrhundertelang war Karpfen, in Teichen überall in Europa gezüchtet, die Eiweißquelle Nummer eins auf unserem Kontinent. Zugegeben, es gibt wohlschmeckendere Fische, aber aus Respekt vor seiner historischen Rolle kann man ihn ruhig ab und zu mal probieren.

Für 4 Personen: Einen Fischkochtopf mit 2 Zwiebeln, 1 Stange Sellerie und 2 in Scheiben geschnittenen und 10 Minuten lang in Butter angeschmorten Karotten auslegen. Auf dieses Bett einen 1,2 kg schweren garfertigen Karpfen legen, mit 0,5 l dunklem Bier übergießen, 1 Kräuterbund ← und 80 g grobe Semmelbrösel hinzugeben und bei sehr schwacher Hitze 25 Minuten lang garen. Den Fisch herausnehmen und warm stellen. Das Kräuterbund entfernen, den Fond durch die Flotte Lotte drehen und mit ein wenig Butter aufschlagen. Mit Salz und Pfeffer abschmecken. Den Karpfen mit dieser Sauce servieren.

Karpfen auf jüdische Art

Für 4 Personen: Aus 1 Zwiebel, 1 Möhre, 1 geschälten Zitrone (alles in Scheiben geschnitten), 2 Lorbeerblättern, 4 Gewürznelken und einigen Pfefferkörnern in 1 l Wasser 1 Stunde lang bei schwacher Hitze eine Brühe kochen. Anschließend filtern. Dann einen gesäuberten und in Stücke geschnittenen Karpfen von 1,2 kg Gewicht in die Brühe geben, 1 Esslöffel Honig, 100 g Rosinen (20 Minuten eingeweicht und ausgedrückt), 100 g geschälte und zerstoßene Mandeln sowie 80 g zerbröseltes dunkles Brot hinzufügen und 25 Minuten lang kochen lassen. Den Fisch herausnehmen und warm stellen. Den Fond mit ein wenig Butter aufschlagen und mit Salz und Pfeffer abschmecken. Den Karpfen, warm oder kalt, mit dieser Sauce servieren.

Gardaseeforelle *in carpione*

Die Gardaseeforelle ist ein sehr geschätzter Süßwasserfisch. Der italienische Name *carpione* ist gleichzeitig die Bezeichnung für eine jahrtausendealte Zubereitungs- bzw. Konservierungsart. Dabei wird der Fisch gebacken und in eine Essigmarinade eingelegt – eine Methode, die für jeden Fisch geeignet ist. Auf diese Weise mariniert, hält er sich an einem kühlen Platz gut eine Woche.

Für 4 Personen: 800 g Filets der Gardaseeforelle (oder eines anderen See- oder Süßwasserfisches) in wenig Mehl wenden und in reichlich Erdnussöl braten. Dann mit reichlich Pfefferkörnern in eine Schüssel geben. 1 Zwiebel, 1 Karotte und 1 Stange Sellerie (alle in Scheibchen geschnitten) sowie 2 Lorbeerblätter in einer Kasserolle in 1 Schuss Öl 15 Minuten lang anbräunen. 0,2 l Wasser und 0,3 l Weißweinessig angießen und unter Rühren zum Kochen bringen. Diese kochend heiße Marinade anschließend in die Schüssel gießen, sodass alle Fischfilets bedeckt sind, und mindestens 1 Tag lang an einem kühlen Ort marinieren lassen.

Hechtragout mit Spargel

Für 4 Personen: Von 16 Spargelstangen die Köpfe abtrennen und 1 Minute lang blanchieren. Die Stangen schälen, 15 Minuten lang dämpfen und dann pürieren. 1 kg in mundgerechte Stücke geschnittenes Hechtfilet mit 1 Knoblauchzehe 1 Minute lang in 1 Schuss Olivenöl anbraten. 1 Gläschen trockenen Weißwein ohne Alkohol ← und 4 Servierlöffel Zwiebel-*Soffritto* ← hinzufügen und 4 Minuten bei schwacher Hitze garen, dabei Wasser nachgießen, falls die Flüssigkeit zu stark einkochen sollte. Den Knoblauch entfernen. 20 getrocknete Morcheln 30 Minuten lang in Wasser legen, abtrocknen und mit 1 Knoblauchzehe 1 Minute lang anschmoren. Den Knoblauch entfernen. Die Spargelspitzen, die Spargelcreme sowie die Morcheln zu dem Fisch geben und 4 Minuten lang mitgaren. Mit Salz und Pfeffer abschmecken und mit klein gezupftem Basilikum würzen.

Hecht in Sahne

Für 4 Personen: 50 g Butter in einer beschichteten Pfanne zerlassen, einen vorbereiteten 1,5 kg schweren Hecht hineingeben und 15 Minuten anbraten, dabei den Fisch behutsam bewegen und die Oberseite immer wieder mit flüssiger Butter bepinseln. 4 Servierlöffel Zwiebel-*Soffritto* ← hinzufügen, mit 0,5 l Sahne und 1 Esslöffel gefiltertem Zitronensaft bedecken und 10 Minuten bei sanfter Hitze weiter garen. Dabei den Fisch immer wieder bepinseln. Zum Schluss mit Salz und Pfeffer abschmecken. Den Fisch auf einer Servierplatte anrichten, den mit dem Schneebesen aufgeschlagenen Fond darüber geben und mit fein gehackter Petersilie bestreuen. Mit Kastanienpüree ← servieren.

Barsch mit Orange

Für 4 Personen: 800 g Barschfilet im Saft von 1 Orange 30 Minuten lang marinieren lassen, dabei die Filets hin und wieder wenden. Dann herausnehmen, trockentupfen, mit Mehl bestäuben und in 1 Stückchen heißer Butter 2 Minuten auf jeder Seite braten; anschließend auf Küchenkrepp legen, damit das Fett aufgesogen wird, und warm stellen. In der Pfanne den Fond mit 1 Stückchen Butter, der Marinade und der in Julienne-Streifen geschnittenen Orangenschale aufschlagen. Mit Salz und Pfeffer abschmecken. Die Filets mit der Sauce garnieren und mit Risotto *alla piemontese* ← als Beilage servieren.

Barsch mit Frühlingszwiebeln und Peperoni

Für 4 Personen: 400 g klein gehackte Frühlingszwiebeln 20 Minuten lang in 1 Schuss Öl anbräunen. Dann 2 Esslöffel Tomatensauce, 1 Gläschen süßen Weißwein ohne Alkohol ←, Peperoni, 1 Lorbeerblatt, frischen Thymian und Basilikum nach Belieben hinzufügen und 10 Minuten lang kochen lassen. Mit Salz und Pfeffer abschmecken und das Lorbeerblatt entfernen. 800 g Barschfilet mit Mehl bestäuben und in 1 Schuss Olivenöl (nicht *extravergine*) und 1 Stück Butter (das Fett muss gut heiß sein) 2 Minuten auf jeder Seite braten. Mit der Sauce garnieren und mit Selleriepüree ← servieren.

Lachs mit Auberginen

Der König der Süßwasserfische, auch wenn er diesen Titel zum Teil nicht ganz zu Recht trägt (meiner Ansicht nach sind ihm Hecht, Zander – der in Italien übrigens kaum zu bekommen ist – und Stör ein Stückchen voraus). Doch egal wie, jedenfalls ist das Angebot groß, und sein rotes Fleisch lockt immer verführerisch. Lachs hat einen hohen Fettanteil.

Für 4 Personen: 2 Auberginen in Julienne-Streifen schneiden und in wenig Öl und 1 Knoblauchzehe 2 Minuten lang anbräunen. 4 Servierlöffel Zwiebel-*Soffritto* ← und 1 Gläschen trockenen Weißwein ohne Alkohol ← hinzugeben und 6 Minuten lang kochen lassen. Mit Salz und Pfeffer abschmecken, den Knoblauch herausnehmen und mit 2 Servierlöffeln Tomatensauce ← und einigen zerkleinerten Minzeblättern binden. 800 g Lachs in dicken Scheiben in wenig Mehl wenden und in 1 Schuss Olivenöl 3 Minuten lang anbraten, wenden, die Auberginen hinzugeben und 3 Minuten weitergaren.

Lachsfrikadellen

Herrlich delikat – ein Gericht der großen internationalen Küche! Nennen Sie die Frikadellen *pojarsky*, so ihr richtiger Name, das gibt ihnen einen besonderen exotischen Touch, und Sie machen eine tolle Figur vor Ihren Gästen.

Für 4 Personen: Mit einem schweren Messer 800 g garfertigen Lachs so fein wie möglich hacken. Dann in eine Schüssel geben und mit 4 Scheiben Toastbrot ohne Rand (in Milch eingeweicht und ausgedrückt), 1 Ei, 1 Stück Butter, fein gehackter Petersilie sowie Salz und Pfeffer zu einem Teig verrühren. Daraus 4 große Frikadellen formen und auf 2 cm Dicke andrücken. In Mehl wenden und 3 Minuten auf jeder Seite in Olivenöl (nicht *extravergine*) und Butter (das Fett muss gut heiß sein) braten. Mit Minzsauce ← garnieren und mit *Caponata* ← servieren.

Stör

Ein wunderbarer Fisch, der als Zuchtfisch das ganze Jahr über zu haben ist. Sein Fleisch ist fest, sein delikater, nicht zu intensiver Geschmack erinnert an den von Kalbfleisch. Deswegen können auch alle Rezepte für Kalbfleisch auf den Stör übertragen werden – das ist kein Spleen von mir, sondern eine Faustregel der traditionellen Küche. Auch die Garzeiten stimmen überein.

Forelle in Rotwein

Eine wilde Forelle in einem Bach zu erwischen, ist wie ein Sechser im Lotto. Viel Glück!

Für 4 Personen: 4 vorbereitete Forellen in 1 Schuss Öl (oder 1 Stück Butter) 2 Minuten lang anbräunen. 0,4 l Rotwein ohne Alkohol ← und 4 Servierlöffel *Soffritto all'italiana* ← hinzufügen und bei schwacher Hitze 10 Minuten lang gar ziehen lassen. Die Forellen herausnehmen und warm stellen. In einer Kasserolle den Fond mit ein wenig Öl aufschlagen, 30 g Roux ← hinzugeben und 6 Minuten lang kochen lassen, bis eine dickflüssige Sauce entstanden ist. Mit Salz und Pfeffer abschmecken und ein wenig gehackte Petersilie hinzufügen. Die Forellen mit dieser Sauce übergießen und servieren.

Die kostbaren Krustentiere

Hier nur einige wenige, aber wunderbar leckere Rezepte für diese Kostbarkeiten des Meeres. Sie haben alle etwas Grausames, doch so ist eben die Welt.

Langusten in Brühe

Für 2 Personen: 2 lebende Langusten von je 600 g Gewicht auf 2 Brettchen binden, damit sie sich beim Kochen nicht einrollen. Dann mit dem Kopf zuerst in siedende *court-bouillon* ← geben und 15 Minuten lang garen. Herausnehmen und abkühlen lassen. Jede Languste der Länge nach halbieren, das Fleisch auslösen und würfeln. Einige in Julienne-Streifen geschnittene Salatblätter in jede Langustenhälfte geben, mit wenigen Tomatenscheiben bedecken und Mayonnaise ← darüber geben, das gewürfelte Langustenfleisch darauf legen, mit Cocktailsauce ← übergießen, mit 1 Schuss Olivenöl beträufeln und servieren.

Hummer auf amerikanische Art

Wer beschlossen hat, sich Hummer zu leisten, sollte ihn unbedingt einmal auf die klassische Art zubereiten. Hier eine vereinfachte Version.

Für 2 Personen: 2 lebende Hummer von je 600 g Gewicht 1 Minute lang blanchieren, aus dem Wasser nehmen, abkühlen lassen, aus der Schale lösen, die Scheren knacken, um das Fleisch herauszuholen, und das Corail und die anderen cremigen Teile davon trennen. Die Schalen und Scheren zerstoßen und mit 1 Glas Weißwein ohne Alkohol ←, 4 Servierlöffeln Zwiebel-*Soffritto* ←, 3 Tomaten (blanchiert, geschält, entkernt und in grobe Stücke geschnitten), ein wenig gefiltertem Zitronensaft und Cayennepfeffer nach Belieben in eine Kasserolle geben. Mit Gemüsebrühe ← bedecken und 40 Minuten kochen lassen, dabei Brühe nachgießen, falls die Zutaten zu trocken werden sollten; anschließend passieren. Dann wieder in die Kasserolle geben und mit dem klein gehackten Corail und den anderen cremigen Teilen sowie 1 Stück Butter aufschlagen. Mit Salz abschmecken und mit Petersilie und Estragon aromatisieren. Das Hummerfleisch in Stücke schneiden, in einer Pfanne mit ein wenig Butter und 1 Knoblauchzehe 4 Minuten lang schwenken, den Knoblauch entfernen und mit der Creme übergossen servieren.

Garnelen *alla busera*

Traditionell werden große Garnelen im Ganzen, in der Schale, mit Tomatenstücken gekocht. Doch wenn man dann bei Tisch versucht, sie zu öffnen, ist es unvermeidlich, dass man alles, bis zur Decke, mit Tomatensauce voll spritzt. Dies hier ist meine Version.

Für 2 Personen: 500 g Miesmuscheln in einer Kasserolle erhitzen, bis sie sich öffnen. Dann aus der Schale nehmen und den Fond filtern. 12 große Garnelen oder auch mehr (das hängt von Ihrem Geschmack und Ihrem Geldbeutel ab), möglichst lebend, 1 Minute lang in leicht gesalzenes kochendes Wasser tauchen. Dann herausnehmen und abkühlen lassen. Das Fleisch herauslösen und beiseite stellen. Die Köpfe und Schalen zerstoßen, dann in eine Pfanne geben und die klein geschnittenen Miesmuscheln, den Fond, 300 g Tomatensauce ←, 2 Servierlöffel Zwiebel-*Soffritto* ← und 1 Gläschen Weißwein ohne Alkohol ← hinzufügen und 40 Minuten kochen lassen, dabei ein wenig Wasser nachgießen, falls die Flüssigkeit zu stark einkochen sollte. Anschließend passieren, die Creme wieder aufs Feuer stellen und mit Salz und Peperoni abschmecken. Die Garnelen ohne Darm hinzugeben, 4 Minuten lang kochen lassen und mit fein gehackter Petersilie bestreut servieren.

Scampi auf grausame Art

Sensible Menschen sollten Sie mit diesem Rezept nicht in Berührung kommen lassen.

Für 2 Personen: 1 Glas Weißwein, 1 Glas trockenen Wermut und 1 Glas Gin in einer Schüssel verrühren. 12 (oder mehr, kommt auf Ihren Hunger und Ihren Geldbeutel an) lebende Scampi dazugeben, einen Deckel auflegen und die Tiere 1 Stunde lang in dieser Marinade belassen, dabei hin und wieder umrühren. Jetzt werden die Tiere stockbesoffen sein. Dann das Fleisch aus den Schalen lösen (dabei den dunklen Darm entfernen) und mit *Ponzu*-Sauce auf italienische Art ← oder einer anderen Sauce nach Ihrer Wahl genießen.

Gartechniken für Fleisch

Leugnen wäre zwecklos: Ich bin ein unverbesserlicher Fleischfresser. So kam ich zur Welt, so bin ich immer gewesen und so werde ich immer sein. Ein saftiges Stück Muskelfleisch von einem sehr alten Ochsen gibt mir mehr als jedwede Auster, Hummer oder Apfeltorte. Auch sogar mehr als ein Risotto, und das will etwas heißen.

Zu Beginn soll es um die verschiedenen Gartechniken für Fleisch gehen. Es sind fast ein Dutzend. Selten macht man sich dabei die Begriffe ganz klar. Versuchen wir hier, dem abzuhelfen.

Fleisch anbräunen

Dies ist ein Vorgaren. Dabei wird ein Stück Fleisch in etwas Fett unter mehrmaligem Wenden angebraten, damit es von allen Seiten eine braune Kruste bekommt. Mehr dazu im Kapitel »Schmorbraten«.

Fleisch rösten

Dies ist die schwierigste aller Garmethoden – und die archaischste. Sie wurde vom Menschen zu einer Zeit entwickelt, als Töpfe erst noch erfunden werden mussten. Ein erlegtes Tier, ein Spieß, Feuer, und es konnte losgehen. Brillat Savarin schrieb, Kochen kann man lernen, aber zum *rôtisseur* (französisch hört es sich vornehmer an) muss man geboren werden. Beim Rösten wird mit starker direkter Hitze gegart, das heißt, es ist die heiße Luft, die das Fleisch gar werden lässt, was im Ofen oder am Spieß erfolgen kann. Mit dem Ergebnis, dass kaum andere Zutaten als mehr oder weniger stark aromatisierte Fette, mit denen das Fleisch üblicherweise eingepinselt wird, hinzugefügt werden können. Beim Rösten wird das Fleisch zunächst starker Hitze ausgesetzt, die dann heruntergedreht wird (beim Spieß entfernt man das Fleisch ein wenig von der Wärmequelle), wenn sich eine dunkle Kruste gebildet hat. Man kann das Fleisch aber auch zunächst, wie oben, kurz in der Pfanne anbräunen, wodurch sich das anfängliche Garen bei hoher Temperatur erübrigt – ein Trick, mit dem man nie falsch liegt. Danach lässt man es im Ofen weitergaren. Eine etwas unorthodoxe, aber erfolgreiche Methode. Erfolgt das Garen hingegen in einem Gefäß über einer Wärmequelle, so wird es zum:

Fleisch in der Kasserolle garen

Dabei wird das Fleisch bei schwächster Hitze in einer schweren Kasserolle – zudeckt mit einem schweren Deckel, um das Austreten von Dampf so weit wie möglich zu verhindern – ohne Flüssigkeiten, nur im Fett gegart. Diese Technik hat zwei Vorteile gegenüber dem Rösten: Zum einen bleibt bei dieser Garmethode der Backofen sauber, den zu reinigen immer furchtbar nervtötend ist, während das Reinigen des Topfes die Spülmaschine übernimmt. Und zum anderen lässt sich aus dem Bratenfond, der einfach zu verwenden ist, leicht ein leckeres Fleischsößchen zubereiten. Aus diesen beiden Gründen ist es ratsam, auf das Rösten zu verzichten – es sei denn am Spieß im Freien – und dafür lieber im geschlossenen Topf zu garen.

Fleisch grillen

Also Barbecue. Hierbei sollte man das Fleisch immer mehr oder weniger lange in eine Marinade ← einlegen, andernfalls bleibt es zäh. Dann trockentupfen, mit Fett bestreichen und auf den Grill legen, der üblicherweise aus Eisen ist und mit Holzkohle, elektrisch oder mit Gas betrieben wird, und das möglichst im Freien, sonst setzt sich der Grillgeruch lange im Haus fest. Bei besseren Grills kann man die Distanz der Grillfläche, die ein Gitter oder ein Blech, glatt oder gerändelt sein kann, zum Feuer regulieren. Grillen ist eine fabelhafte Zubereitungsart, weil dabei der Fleischgeschmack kaum verfälscht wird. Gewiss, so ganz einfach ist es nicht, aber wenn man es einmal raus hat, kann das Ergebnis geradezu begeisternd sein.

Fleisch kochen

Hierbei wird Fleisch in siedendem Wasser gegart. Nach dem Garen am Spieß wohl die archaischste Art der Zubereitung, aber sicher edler. Ich mag sie besonders, weil dabei noch jedes Stück Fleisch zum Genuss werden kann. Egal, wie zäh es zunächst sein mag, früher oder später wird es essbar, und nicht nur das, sondern wirklich lecker. Hier ist die anfängliche Zähigkeit eine Tugend, während die so genannten edleren Fleischstücke, wie ein Filet etwa, für diese Garmethode nicht geeignet sind.

Fleisch dämpfen

Verwandt mit dem noblen Garen in Flüssigkeit, mit fabelhaften Resultaten, eine Gartechnik der Zukunft. Hierbei wird das Fleisch in einen Dämpfkorb im Topf gelegt und dann nicht im Wasser, sondern nur im Wasserdampf gegart. Schonender kann das Nahrungsmittel nicht behandelt werden. Obwohl man es immer wieder anders hört und liest, bringt es nichts, dem Wasser irgendein Aroma zu geben – der Dampf überträgt es einfach nicht. Nur das Fleisch sollte gewürzt werden. Wer diesen Dämpfkorb, der in jeden Topf passt, erfunden hat, muss ein wahres Genie sein.

Fleisch sautieren

Dabei wird das Fleisch in einer Kasserolle oder »Sauteuse« mit wenig Fett bei stärkerer Hitze gegart. Die Kasserolle kann aus Gusseisen, Stahl oder Aluminium – auch aus Kupfer oder Silber – sein. Das Fleisch wird hierbei üblicherweise in mehr oder weniger große Stücke oder Scheibchen geschnitten. Da bei dieser Zubereitungsart nur die Seite, die mit dem heißen Fett in

Berührung kommt, gegart wird, muss man die Stücke ständig wenden bzw. »springen lassen«, daher das Wort vom franz. *(faire) sauter*.

Fleisch in der beschichteten Pfanne garen

Hierbei werden Fleischstücke oder -filets in einer beschichteten, nur wenig eingefetteten Pfanne bei schwacher Hitze gegart. Eine weitere Garmethode der Zukunft. Heutzutage wird sie noch mehr für Fischfilets als bei Fleisch angewendet, wird aber auch da immer beliebter.

Fleisch frittieren

Aus dem Kurzbraten oder Sautieren wird Frittieren, wenn in einer großen Menge heißem Fett gegart wird, in das das Fleisch vollständig eingetaucht ist. Dieses Fett muss sehr hitzebeständig sein und darf keinen Geschmack an das Fleisch abgeben. Am besten geeignet sind hierfür Schmalz, Erdnussöl und geklärte Butter ←. Also weder Olivenöl noch normale Butter.

Fleisch gratinieren

Dabei wird das bereits gegarte Fleisch einer Hitzequelle von oben ausgesetzt, sodass sich kurz vor dem Servieren noch eine schöne Kruste darauf bilden kann. Es wird selten gemacht, was eigentlich schade ist.

Fleisch dünsten

Hierbei wird das Fleisch in einer Kasserolle unter Zugabe von Fett und Flüssigkeiten wie Wein oder Brühe gegart. Auch hier sollte die Kasserolle wie auch der Deckel recht schwer sein. Es gibt hierzu fast ein Synonym, *in umido* (in Flüssigkeit) garen, mit dem klitzekleinen Unterschied, dass das Dämpfen bei geschlossenem Deckel geschieht, das Garen *in umido* auch ohne Deckel erfolgen kann: Man sieht, Jesuiten gibt's nicht nur bei den Katholiken.

Gedämpftes Fleisch darf, um als solches zu gelten, nicht zu

Beginn angebräunt ← werden. Ist das jedoch der Fall, so wird aus dem gedämpften Fleisch ein Schmorbraten ←. Aber der ist eine meiner besonderen Leidenschaften und hat ein eigenes Kapitel verdient: das nächste.

Besondere Leidenschaft des Autors Nr. 17:

Der ach so geliebte Schmorbraten

Schmorbraten gehört für mich, zusammen mit dem traditionsreichen Gericht »Gemischter Fleischtopf« (*bollito misto*), zu den Gipfeln menschlichen Genusses.

Vom Fisch bis zum Gemüse kann man alles schmoren. Doch der klassische italienische »Schmorbraten« (*brasato*) ist ein schönes Stück Rindfleisch von einem mehr als drei Jahre alten Tier, und zwar ein Muskelstück mit all seinen schönen Fettmaserungen (von allzu magerem Fleisch sollten Sie hier die Finger lassen), das am Stück gegart wird. Zugegeben, man kann auch gewürfeltes Fleisch schmoren, doch *il brasato* wird eben am Stück gegart.

- Und was mache ich, wenn das Fleisch zu mager ist? Dann müssen Sie es spicken: Dabei wird mit einem Spezialgerät Speck oder fette *pancetta* in das Fleisch eingeführt. Das macht zwar kaum jemand, würde aber dem Braten gut bekommen, ihn zarter und herzhafter machen.
- In Italien gibt es auch den so genannten *arrosto morto* (»toter Braten«), worunter gut angebratenes und dann gedämpftes Fleisch zu verstehen ist. Aber auch der raffinierteste Jesuit würde daran scheitern, den Unterschied zum klassischen Schmorbraten *(brasato)* zu erklären.

Schmoren geschieht immer in zwei großen Arbeitsgängen. Der erste besteht im Anbräunen, ein Begriff, der Ihnen in diesem Buch schon oft begegnet ist. Es bedeutet, das Nahrungsmittel mit einer zarten Kruste zu versehen, damit, wie es allgemein heißt, »die inneren Stoffe am Austreten gehindert werden«. Viele Lebensmittelchemiker sagen allerdings heute, dass diese Sache mit dem »Austreten von Stoffen« ein Märchen sei. Aber wie auch immer, jedenfalls trägt diese Kruste, auch wenn sie keine Flüssigkeiten zurückhält, zum Wohlgeschmack des Fleisches, das wir garen, bei: Und das ist das Einzige, was uns hier interessiert, dass es schmeckt; deshalb halten wir uns jetzt nicht länger damit auf. Damit sich diese Kruste bilden kann, ist es wichtig, dass das Fett im Moment, wenn Sie das Fleisch in die Pfanne legen, sehr, sehr heiß ist und dass zuvor nichts anderes in dem Fett gegart wurde. Als günstig hat es sich erwiesen, hier zur Hälfte Olivenöl (aber nicht *extravergine*) und zur anderen Hälfte Butter zu nehmen.

Der zweite Schritt besteht im Angießen von heißer Flüssigkeit, die das Fleisch nicht ganz (aber fast) bedecken soll. Dabei kann es sich um Brühe, Wein, Milch, theoretisch auch Wasser handeln. Dann gibt man die anderen vorgesehenen Zutaten, meistens Gemüse und Kräuter, hinein und lässt das Ganze unter einem schweren Deckel sanft schmoren. Die Flüssigkeit darf kaum sprudeln; kocht sie zu stark ein, wird etwas nachgegossen. Aber immer bereits heiße Flüssigkeit. Ab und zu wird das Fleisch gewendet. Zum Schluss kann man den Fond passieren und, wenn nötig, mit etwas Roux ← binden. Es ist auch möglich, wie es viele tun, das Fleisch vor dem Anbräunen in Mehl zu wenden. Das funktioniert auch, aber das Fleisch lässt sich besser anbraten, wenn zum Schluss erst mit einem Roux ← angedickt wird.

Die Garzeiten hängen von der Größe und der Qualität des Fleischstücks ab. Im Zweifelsfall lassen Sie den Braten lieber etwas länger auf dem Feuer – zu lange kann es nie werden.

Gusseiserne Töpfe sind leider sehr teuer. Wenn Sie jedoch Schmorbraten lieben, so gönnen Sie sich diese Investition, Sie werden das ganze Leben etwas davon haben. Schmorbraten im gusseisernen Gefäß ist einfach göttlich.

Hier nun mein beiden absoluten Lieblingsrezepte. Geradezu perfekt.

Schmorbraten in Barolo

Für 6 Personen: Ein ca. 1,5 kg schweres Stück Muskelfleisch von einem mehr als 3 Jahre alten Rind in Butter 10 Minuten lang anbraten. 1 Flasche Barolowein ohne Alkohol ←, 6 Servierlöffel *Soffritto all'italiana* mit Bauchspeck ←, 2 Knoblauchzehen, 1 Stück Speckschwarte (10 Minuten blanchiert und in dünne Streifen geschnitten), 1 Esslöffel Tomatenmark, 1 Esslöffel Zucker und 1 Kräuterbund ← hinzugeben; zugedeckt bei schwächster Hitze 4 Stunden lang schmoren lassen, ein wenig Wasser nachgießen, falls die Flüssigkeit zu stark einkochen sollte. Zum Schluss das Fleisch herausnehmen, warm stellen, das Kräuterbund entfernen und den Fond durch die Flotte Lotte drehen. Dann wieder auf den Herd stellen und mit 30 g Roux ← 5 Minuten lang aufkochen. Mit Salz und Pfeffer abschmecken und mit fein gehackter Petersilie überstreuen. Den Braten in Scheiben geschnitten und mit der Sauce garniert servieren.

Schmorbraten *alla California*

Womit hier ein lieblicher Hof in der lombardischen Brianza gemeint ist – und nicht der Staat an der Westküste der USA.

Für 6 Personen: 1,5 kg Rindfleisch (Schwanzstück) in Olivenöl (aber nicht *extravergine*) und Butter 10 Minuten lang auf allen Seiten anbraten und dann mit 1 Glas Weißweinessig ablöschen. Wenn der Essig verdampft ist, 1 Glas trockenen Weißwein ohne Alkohol ← und 2 Gläser Rinderbrühe ← angießen und 6 Servierlöffel *Soffritto all'italiana* mit Bauchspeck ←, 1 Kräuterbund ←, 1 Stück Speckschwarte (10 Minuten lang blanchiert und in dünne Streifen geschnitten), 1 Esslöffel Zucker und 30 cl Sahne hinzugeben. Bei schwächster Hitze zugedeckt 4 Stunden lang schmoren lassen; ein wenig Wasser nachgießen, falls die Flüssigkeiten zu schnell einkochen sollten. Zum Schluss das Kräuterbund entfernen, den Fond passieren, mit Salz und Pfeffer abschmecken und den Braten, in Scheiben geschnitten mit dem Fond (der mit ein wenig Sahne aufgeschlagen wurde) übergossen und mit sehr fein gehackter Petersilie garniert, servieren.

Seine Majestät, das Rind

Bin ich bei Fleisch ohnehin schon nicht mehr zu halten, so bringt mich Rindfleisch vollends um den Verstand. Besonders das von mehr als drei Jahre alten Rindern, im Italienischen *bue* genannt. Unter *manzo* versteht man hingegen ein Rind, das zwischen 18 und 36 Monaten alt ist. Für die in diesem Kapitel vorgestellten Rezepte kann man beide Fleischsorten nehmen, aber das Fleisch von dem älteren Rind ist noch mal einen Tick besser. Leider findet man es kaum noch – alle schlachten so früh wie möglich, was ich verstehe, das sind die harten Gesetze des Marktes, aber wie gesagt, das Fleisch von einem *bue* ist einfach nicht zu schlagen.

Carbonata

Für 6 Personen: 1,2 kg in 4 x 4 cm große Würfel geschnittenes Rindfleisch in Pflanzenöl und Butter 6 Minuten lang anbraten. 6 Servierlöffel Zwiebel-*Soffritto* ←, 1 Flasche (33 cl) helles oder dunkles Bier, 1 Esslöffel Zucker, 1 Esslöffel Apfelessig und 1 Kräuterbund ← hinzufügen. Zugedeckt bei schwächster Hitze 2 Stunden lang schmoren lassen, dabei ein wenig Wasser nachgießen, falls die Flüssigkeiten zu schnell verdampfen sollten. Zum Schluss das Bund entfernen, 2 Servierlöffel Senfsauce ← hinzufügen und mit Salz abschmecken. Dazu Salzkartoffeln reichen.

Chili con carne

Für 6 Personen: 1,2 kg in 4 x 4 cm große Würfel geschnittenes Rindfleisch in Pflanzenöl und Butter 5 Minuten lang anbraten.

4 Tomaten (blanchiert, geschält, entkernt und in grobe Stücke geschnitten), 1 Messerspitze Tomatenmark, 4 Servierlöffel Zwiebel-*Soffritto* ←, 4 Knoblauchzehen, 4 gehackte grüne Chilischoten und getrocknete und gehackte rote Chilischoten nach Belieben (aber zu wenig darf es bei diesem Rezept nicht sein), Kümmel nach Wahl, 1 Teelöffel Rohrzucker und 2 Gläser Rinderbrühe ← hinzufügen. Zugedeckt bei schwächster Hitze 1 1/2 Stunden lang schmoren lassen, ein wenig Wasser nachgießen, falls die Zutaten zu trocken werden sollten. Zum Schluss 600 g gekochte schwarze oder rote gekochte Bohnen dazugeben, mit Salz und Pfeffer abschmecken und noch einmal 10 Minuten lang kochen.

Gulasch

Ein ungarisches Gericht, das bei den Ungarn selbst *pörkölt* und in anderen Ländern eben Gulasch heißt. *Gulyàs* hingegen ist eine Fleischsuppe aus magyarischen Landen.

Für 6 Personen: 600 g in Ringe geschnittene Zwiebeln in wenig Butter 15 Minuten lang anschwitzen. 1,2 kg in 4 x 4 cm große Würfel geschnittenes Rindfleisch in Pflanzenöl und Butter 6 Minuten lang anbraten. 2 Gläser Rinderbrühe, 4 Tomaten (blanchiert, geschält, entkernt und in grobe Stücke geschnitten), die angeschwitzten Zwiebeln, 2 Knoblauchzehen, 1 Esslöffel Kümmel, 2 geputzte und in Julienne-Streifen geschnittene Paprika und nach Belieben Paprikapulver (aber seien Sie ruhig großzügig) hinzugeben. Zugedeckt bei schwächster Hitze ca. 1 1/2 Stunden lang schmoren lassen, dabei ein wenig Brühe angießen, falls das Gulasch zu trocken werden sollte. Dann 600 g gewürfelte Kartoffeln hinzufügen und weitere 30 Minuten garen. Zum Schluss mit Salz abschmecken.

Gulasch *alla bergese*

Eines der köstlichsten Gerichte für wirklich hartgesottene Genießer. Der große Küchenchef Bergese nennt es Ochsenschwanzgulasch.

Für 8 Personen: 1,5 kg Ochsenschwanz (oder Schwanzstück von einem jüngeren Rind) in Stücke schneiden, 500 g Entrecôte sowie 600 g Rinderherz würfeln und 200 g Speckschwarte in Würfelchen schneiden. Das Fleisch vermischen. 700 g Zwiebelchen (*cipolline borettane*) schälen. Den Boden einer gusseisernen Kasserolle mit 100 g in Stückchen geschnittenem Räucherspeck und 50 g Butter in Flocken auslegen. Darüber 1 Schicht Fleisch legen, mit Salz und Paprikapulver bestreuen, mit Zwiebelchen bedecken, wieder mit Salz und Paprika bestreuen; wiederholen, bis alle Zutaten aufgebraucht sind, wobei zwischen jede Schicht Salz und Paprikapulver gestreut werden. Die letzte Schicht sollten Zwiebelchen bilden. Nun zugedeckt bei schwächster Hitze 4 Stunden lang schmoren lassen, hin und wieder umrühren und dabei 1 Schöpfkelle Wasser angießen. Mit Salzkartoffeln servieren.

Rinderfilet mit grünem Pfeffer

Für 2 Personen: 2 Scheiben Rinderfilets von je 200 g mindestens 2 Stunden vor der Zubereitung aus dem Kühlschrank nehmen. In einer Pfanne das Fleisch in wenig Butter so lange schwenken, wie Sie es wünschen, aber je roher das Fleisch danach noch ist, desto besser – deswegen schlage ich vor (rate, bitte, fordere ich), nur 1 Minute auf jeder Seite – keinesfalls aber länger als 3 Minuten. Das Fleisch herausnehmen und im Backofen bei 80 °C ruhen lassen. Den Fond in der Pfanne mit 1 Gläschen Cognac ablöschen ← und flambieren ←. Grünen Pfeffer in beliebiger Menge hinzugeben und mit 150 g Sahne unter kräftigem Aufschlagen 5 Minuten lang kochen lassen. Mit Salz abschmecken. Die 2 Filets zurück in die Pfanne legen, 15 Sekunden mitköcheln lassen, wenden und weitere 15 Sekunden in der Sauce auf dem Feuer belassen. Anschließend die Filets auf 2 vorgewärmte Teller verteilen und mit der Sauce anrichten. Wer mag, legt noch 1 Scheibe getoastetes Brot unter die Filets.

- Um den vollen Filetgenuss zu haben, darf das Fleisch nicht zu rasch abkühlen. Daher sollte es immer wie angegeben 2 Stunden vor der Zubereitung aus dem Kühlschrank genommen und nach dem Garen auf vorgewärmten Tellern serviert werden. Essen Sie zügig; dies ist kein Gericht, das Herumtrödeln mag.

Rinderfilet mit Gorgonzola

Für 2 Personen: 50 g Sahne mit 100 g Gorgonzola und 2 Servierlöffeln (oder ein wenig mehr) Weißwein ohne Alkohol ← aufschlagen, bis eine glatte Creme entstanden ist. Dann weiter wie beim Rinderfilet mit grünem Pfeffer ← vorgehen. Während das Fleisch im Backofen ruht, den Fond in der Pfanne mit 1 Glas Weißwein ablöschen, die Gorgonzolacreme hinzugeben, gut verrühren und 5 Minuten köcheln lassen. Mit Salz und Pfeffer abschmecken. Die Filets wieder in die Pfanne geben und 15 Sekunden auf jeder Seite mitgaren lassen. Dann auf 2 vorgewärmte Teller verteilen, mit der Sauce anrichten und mit fein gehackter Petersilie bestreuen. Wer mag, legt noch 1 Scheibe getoastetes Brot unter das Fleisch.

Rinderfilet in Tsatsikisauce

Für 2 Personen: 1 Gurke schälen, längs halbieren, die Kerne entfernen, in Stückchen schneiden und 30 Minuten lang mit ein wenig Salz bestreut in ein kleines Sieb geben, um den wässrigen Saft herauszuziehen. 250 g griechischen Joghurt, den Sie zuvor 30 Minuten lang in einem Sieb haben abtropfen lassen, mit 1 zerstoßenen Knoblauchzehe, 1 Prise Salz, 1 Esslöffel Essig, den mittlerweile trockengetupften Gurken, 1 Büschel zerkleinerten Minzeblättern und der fein gehackten Hälfte der Gurkenschalen gut durchschlagen und 2 Stunden ziehen lassen. Eine beschichtete Pfanne erhitzen und darin 2 mit Olivenöl eingefettete Rinderfilets von je 200 g auf jeder Seite 1 Minute lang (oder länger, wenn Ihnen das besser schmeckt) braten. Anschließend das Fleisch salzen und 4 Minuten lang bei höchster Temperatur in den Backofen stellen. Mit der Sauce garniert servieren.

Rinderfilet Stroganow

Hierbei handelt es sich um ein französisches Gericht, das einst ein unbekannter Koch seinem Herrn, dem Grafen Stroganow, ein Schwiegersohn von Zar Nikolaus I., legendärer Feinschmecker und Schlemmer, widmete. Es ist wirklich ein französisches Gericht, das trotz Gurken und saurer Sahne nichts Russisches an sich hat.

Für 4 Personen: 300 g Gurken längs halbieren, nach dem Entfernen der Kerne in Stücke schneiden und mit wenig Salz bestreut in ein Sieb geben, damit der wässrige Saft abtropfen kann. 600 g Rinderfilet in feine Scheibchen schneiden. In einer Pfanne reichlich Butter zerlassen und das Fleisch 1 Minute lang bei starker Hitze darin schwenken, dann aus der Pfanne nehmen und warm stellen. 300 g in dünne Scheibchen geschnittene Champignons und die abgetropften und trockengetupften Gurken zu dem Fond geben und bei starker Hitze darin wenden. Nach 2 Minuten 1 Becher Crème fraîche und 1 Gläschen Senfsauce ← hinzugeben. Einkochen lassen, das Fleisch wieder hineingeben, mit Salz und Pfeffer abschmecken und mit fein gehackter Petersilie bestreut servieren.

Ein köstliches Gericht für jedermanns Geschmack. Drei Dinge gilt es zu beherzigen, damit es wirklich gelingt: Erstens, die Fleischscheibchen müssen wirklich hauchdünn sein; zweitens dürfen sie wirklich nur sehr kurz angebraten werden; und drittens müssen die Gurken wirklich gut geputzt und sehr fein geschnitten werden. Das alles scheint nicht besonders schwer, aber probieren Sie mal ein Filet Stroganow in irgendeiner der vielen Trattorien in der Toskana, in denen es auf der Speisekarte steht: In den meisten Fällen schmeckt es zäh und wenig delikat und ertrinkt in so genannter Kochsahne.

Rinderfilet in der Kruste nach Wellington-Art

Oder die leckerste Art, Filet zu essen. Ein Klassiker unter den Filets und alles andere als schwierig zuzubereiten.

Für 6 Personen: 400 g *Soffritto all'italiana* mit Bauchspeck ←

herstellen und dazu auch 100 g getrocknete Pilze (die 15 Minuten lang eingeweicht und gut ausgedrückt wurden) mit verwenden. 1 kg Rinderfilet am Stück 10 Minuten lang bei stärkerer Hitze in Olivenöl (nicht *extravergine*) und Butter anbraten. Abkühlen lassen und nur ein ganz klein wenig salzen. 200 g Blätterteig ausrollen, mit dem *Soffritto* bestreichen, das Filetstück darauf legen, zusammenrollen und gut verschließen. Mit Eigelb bepinseln und im Backofen bei 200 °C 15 Minuten lang garen. Eine Variante besteht darin, das Filetstück vor dem Garen im Backofen mit Gänseleberpastete zu bestreichen.

Bistecca fiorentina

Während ich dies schreibe, wird von diesem Klassiker der toskanischen Küche wegen des Rinderwahnsinns (Sie erinnern sich?) immer noch abgeraten. Hier also das Rezept für die Zeit, wenn das Fleisch wieder zu haben ist.

Für 1 Person: Von 1 Fiorentina-Steak, also einem T-Bone-Steak vom toskanischen Chianina-Rind, das mindestens 4 cm dick sein muss, Fett und Sehnen so gut es geht entfernen. Dann bei Zimmertemperatur 6 Stunden lang ruhen lassen. Einen gusseisernen Grill gut anheizen, das Fleisch 3 Minuten auf jeder Seite grillen und auf einem vorgewärmten Teller mit ein wenig Salz und viel Pfeffer überstreut sowie mit 1 Schuss bestem toskanischem Olivenöl beträufelt servieren. Bei 3 Minuten erhalten Sie ein innen noch blutiges Steak; wenn Ihnen das zu roh ist, können Sie die Garzeit bis auf 5 Minuten ausdehnen, auf mehr aber bitte nicht. Eine Variante: Kräuterbutter anstelle von Olivenöl.

Bistecca fiorentina gedämpft

Eine interessante Alternative. Anstatt das T-Bone-Steak zu grillen, können Sie es auch 15 Minuten im Wasserdampf garen, wobei Sie es nach der Hälfte der Garzeit wenden müssen. Servieren Sie es auf einem warmen Teller mit ein wenig Salz, viel Pfeffer und 1 guten Schuss Olivenöl.

Roastbeef

Für 8 Personen: Ein 2,5 kg schweres Rippenstück mit Knochen vom Rind in wenig Butter oder Schmalz 10 Minuten lang anbraten und dann im Backofen bei niedriger Temperatur fertig garen. Unter »niedrig« ist hier eine Temperatur zwischen 60 und 90 °C zu verstehen; bei noch niedrigerer Temperatur können die Eiweiße nicht gerinnen. Ohne Backofenthermometer wird Ihnen dieses Gericht also unmöglich gelingen. Und mit »fertig garen« sind 4 Stunden gemeint. Zum Schluss den Fond mit ein wenig Butter und, wenn man möchte, etwas Senf aufschlagen und mit Salz und Pfeffer abschmecken. Vor Ihren Gästen schneiden Sie dann das Roastbeef in dünne Scheiben und garnieren es mit der Sauce – das Abknabbern des Knochens wird ausdrücklich erlaubt. Bei niedriger Temperatur gegartes Fleisch bleibt innen immer zart, was ihm wirklich, glauben Sie mir, in jeder Hinsicht bekommt. Bei der Garzeit kommt es nicht auf die Minute an. Eine Viertelstunde mehr oder weniger ändern nichts am Resultat. Und das ist wirklich köstlich und deutlich leckerer, als wenn es, wie traditionell üblich, bei 200 °C gegart worden wäre. Übrigens kann man sich bei jeder Rindfleischzubereitung im Backofen für die Niedrigtemperaturvariante entscheiden. 4 Stunden beträgt die Garzeit für einen ordentlichen Braten, unabhängig vom exakten Gewicht.

***Spezzatino* mit Artischocken**

Für 4 Personen: 800 g Muskelfleisch vom Rind in mundgerechte Stücke schneiden, mit Mehl bestäuben und 5 Minuten lang in ein wenig Olivenöl anbräunen. 1 Glas trockenen Weißwein ohne Alkohol ← angießen und 80 Minuten garen, dabei ein wenig Wasser nachgießen, falls die Flüssigkeit zu stark einkochen sollte. Währenddessen 4 Artischocken putzen (alle harten Teile entfernen), in Stückchen schneiden und in eine Schüssel mit Zitronenwasser geben; dann abgießen, mit 1 Hauch Mehl bestäuben und in einem Schmortopf mit 2 Esslöffeln Olivenöl 3 Minuten lang anbräunen. Dann herausnehmen und zur Seite stellen. In derselben Kasserolle 2 Zwiebeln und 2 Knoblauchzehen (beides in dünne Scheibchen geschnitten), 2 Servierlöffel Kapern, 100 g entkernte und halbierte Oliven und 2 Esslöffel leicht geröstete Pinienkerne miteinander verrühren und kurz aufkochen. Dann 1 kleine Kelle heißes gesalzenes Wasser darüber gießen und 10 Minuten lang köcheln lassen. Die Artischocken und das Fleisch dazugeben und bei schwacher Hitze weitere 10 Minuten garen. Zum Schluss mit Salz und Pfeffer abschmecken und mit fein gehackter Minze überstreuen.

Stracotto mit Sellerie und Äpfeln

Für 4 Personen: Ein 1 kg schweres, mit Küchengarn zusammengebundenes Muskelstück vom Rind mit 2 Gläsern aromatischem Weißwein ohne Alkohol ←, 2 Gläsern nicht zu stark konzentrierter Rinderbrühe, 4 Esslöffeln *Soffritto all'italiana* ←, 1 Esslöffel Zucker und 8 Selleriestangen in Stückchen in eine Kasserolle geben. 4 Stunden bei kleinster Flamme ganz sanft garen, dabei das Fleisch hin und wieder wenden und Brühe nachgießen, falls die Flüssigkeit zu stark einkochen sollte. 10 Minuten vor Beendigung der Garzeit 2 in Würfel geschnittene Äpfel hinzugeben. Schließlich das Fleisch herausnehmen und warm stellen. Den Fond durch die Flotte Lotte drehen, mit Salz und Pfeffer abschmecken und mit ein wenig Butter aufschlagen. Das Fleisch in Scheiben geschnitten und mit dem Fond garniert servieren.

Rinderbraten mit Zwiebeln

Für 4 Personen: 1 Stück Rindfleisch (Muskel) von 1 kg Gewicht in eine gusseiserne Kasserolle legen und mit 1 kg in dünne Scheiben geschnittenen weißen Zwiebeln bedecken. 100 g klein gehackten Bauchspeck und 1 Lorbeerblatt hinzugeben. Den Deckel auflegen und das Ganze 4 Stunden oder auch länger im Backofen bei 160 °C schmoren lassen. Nur gelegentlich sollten Sie kontrollieren, ob ein wenig Wasser nachgegossen werden muss. Zum Schluss das Fleisch herausnehmen, das Lorbeerblatt entfernen, den Fond durch die Flotte Lotte drehen, mit Salz und Pfeffer abschmecken und mit ein wenig Butter aufschlagen. Das Fleisch in Scheiben schneiden und mit dem Fond garniert servieren.

Rinderbraten mit Kartoffeln

Für 4 Personen: 1 kg mit Küchengarn zusammengebundenes Muskelfleisch vom Rind mit 1 Glas trockenem Weißwein ohne Alkohol ←, 1 Glas nicht allzu konzentrierter Rinderbrühe ←, 4 Esslöffeln *Soffritto all'italiana* ←, 2 Lorbeerblättern, 2 Knoblauchzehen, 2 Gewürznelken, ein wenig geriebener Muskatnuss und 1 Zimtstange in eine Kasserolle geben. 3 1/2 Stunden garen und nur ein wenig Wasser nachgießen, falls die Flüssigkeit verdampft ist. Dann das Fleisch herausnehmen, das Lorbeerblatt entfernen und den Fond durch die Flotte Lotte drehen. Den passierten Fond wieder in die Kasserolle geben, das Fleisch ebenso, und geschälte und in Stücke geschnittene Kartoffeln hinzufügen. Weitere 30 Minuten garen. Zum Schluss mit Salz und Pfeffer abschmecken.

Besondere Leidenschaft des Autors Nr. 18:

Gemischter Fleischtopf (*bollito misto*)

Im Buch des großen Anthropologen Marcel Detienne, »*Dionysos. Göttliche Wildheit*«, findet sich folgende Stelle: »Zwischen den beiden Garmethoden Rösten und Kochen besteht die gleiche Kluft wie zwischen roh und gegart. So wie das Gegarte den Menschen vom Tier unterscheidet, das rohe Nahrung verschlingt, unterscheidet das Gekochte den wahrhaft zivilisierten Menschen vom Primitivling, der zu gegrillter Nahrung verdammt ist. Das Gekochte ist immer ein Fortschritt gegenüber dem Gerösteten.« Gut gesagt! Und da wir zivilisierte Menschen sind, können wir gar nicht anders, als uns vor dem köstlichsten (man darf, ja man muss es sagen) aller Gerichte in Ehrfurcht zu verneigen: dem gemischten Fleischtopf (*bollito misto*).

Gemischter Fleischtopf

Hier das traditionelle Rezept. Aufgeführt sind alle klassischen Zutaten, doch im Grunde kann jedes Stück Fleisch auf diese Art gekocht werden. Unter einer Bedingung allerdings: Das Fleisch muss fett sein, allzu mageres Fleisch wird bei dieser Zubereitung zäh – ein wenig Fett ist also unverzichtbar, um diesen Fleischtopf zum Gaumenschmaus zu machen.

Für 8 Personen: Insgesamt 3 kg Rindfleisch, und zwar Brust, Rippenstück (Knochendünnung oder fette Rippe), Keule mit Hinterhesse oder Schulter mit Vorderhesse, 500 g Kalbsbrust, 1 Stück Kalbskopf (abgeschabt und geputzt), 1 Stück Kalbszunge, 1 Suppenhuhn, 1 kleine Kochwurst (cotechino)*, 2 Karotten, 4 Stangen Sellerie, 3 Zwiebeln, Gewürznelken, 2 Lorbeerblätter, 2 kleine Hand voll Petersilienstängel, Pfefferkörner, Salz*

Die Karotten, 2 Selleriestangen, 1 Zwiebel (mit 2 Gewürznelken gespickt) und die Lorbeerblätter in einen großen, mit Wasser gefüllten Topf geben. Ein wenig Salz und Pfefferkörner hinzufügen und zum Kochen bringen. Das Rindfleisch hineingeben und warten, bis das Wasser wieder kocht, dann die Temperatur herunterschalten, sodass das Wasser nur noch leicht köchelt. Während des Garens mit einer Kelle den Schaum und überschüssiges Fett, die sich nach und nach bilden werden, von der Oberfläche abschöpfen. Nach ungefähr 30 Minuten das Suppenhuhn und die Kalbsbrust hineingeben. Fertig garen, was ungefähr 2 1/2 Stunden dauern wird, und dabei immer weiter Schaum abschöpfen. In einem anderen Topf garen Sie währenddessen das Stück vom Kalbskopf ebenfalls in Wasser, das mit 1 Zwiebel (mit 1 Gewürznelke gespickt), 1 Selleriestange und 1 kleinen Hand voll Petersilienstängel aromatisiert wurde. Die Zunge ebenfalls separat in ebenso aromatisiertem Wasser garen. Schließlich die Kochwurst (*cotechino*) an mehreren Stellen mit einem Zahnstocher einstechen, in einem Topf mit kaltem Wasser auf den Herd stellen und sanft köchelnd garen. Nach der richtigen Garzeit sollten Sie sich bei Ihrem Metzger erkundigen.

Serviert wird *bollito misto*, indem man alle Töpfe zum Tisch bringt. Das ist ein absolutes Muss! Hier nehmen Sie die verschiedenen Zutaten aus der Brühe, legen sie auf ein Schneidebrett und zerteilen sie, falls nötig. Nach dem Servieren das Fleisch wieder in die Töpfe geben, damit es nicht austrocknet.

Mit was isst man gemischten Fleischtopf? Puristen meinen, mit ein wenig Salz und sonst nichts. Allerhöchstens akzeptieren sie ein wenig *Mostarda di Cremona* oder *di Voghera*. Ich jedoch empfehle Ihnen vier Saucen, die dieses Gericht noch besser zur Entfaltung bringen. Zwei davon, grüne Sauce ← und Trauben-*Mostarda* ←, gehören zum traditionellen Rezept. Die anderen beiden, *Chutney*- ← und Meerettichsauce ←, sind innovativer. Entscheiden Sie selbst.

Beim *bollito misto* scheint es mir auch angebracht, ein Wort darüber zu verlieren, welcher Wein zu diesem Gericht passt. Ein gemischter Fleischtopf ist zu wichtig, um hier nach Lust und Laune zu entscheiden. Was trinkt man also dazu? Nun, hier passt keiner der großen schweren Weine mit starkem eigenem Charakter, sondern ein ganz leichter, süffig wie etwa ein Bonardo oder ein Lambrusco. Oder aber ein erstklassiger Sekt oder Champagner rosé – sehr unorthodox, aber eine phantastische Kombination.

Das Fleisch lässt sich im Kühlschrank, mit Brühe bedeckt, drei Tage aufbewahren. Danach gibt's Frikadellen.

Marmite

Marmite ist ein magisches Rezept der französischen Küchentradition, vielleicht (vielleicht!) sogar der Gipfel jenes magischen Gerichts, das bei uns in Italien *bollito misto* heißt. Wie Sie sehen werden, wird hier das Fleisch nicht in Wasser, sondern in Brühe gegart – und Sie können mir glauben, der Unterschied ist gewaltig.

Für 8 Personen: 800 g Keule oder Schulter vom Rind, 800 g Rippenstück vom Rind, 1 Markknochen, 1 Suppenhuhn von 1 kg Gewicht, von 1 Poularde Hals, Füße und Flügelspitzen, 4 Karotten, 2 Zwiebeln, 3 Kohlrabi, 3 Lauchstangen, 2 Stangen Sellerie, 1 Wirsingkohl, 3 l leichte Rinderbrühe ← oder Universalbrühe ←, geröstetes Bauernbrot, Gruyère-Käse, Gewürznelken, Salz

Den Markknochen in einem großen Topf mit der Brühe zum Kochen bringen. Das Rindfleisch, das Suppenhuhn, die Poulardenteile, 2 Karotten, die mit je 2 Gewürznelken gespickten Zwiebeln und die Selleriestangen hinzufügen. Auf kleiner Flamme 3 Stunden lang garen, dabei immer wieder Schaum und Fett abschöpfen ←. Den Wirsingkohl vierteln (die Strünke entfernen), in dünne Streifen schneiden und 4 Minuten lang blanchieren. Das Fleisch herausnehmen und das Gemüse, die Poulardenteile und Markknochen entfernen (aber probieren Sie mal von dem Mark ...!). Die Brühe passieren und mit Salz abschmecken. Das gesamte Fleisch in kleine Stücke schneiden und dabei die fetten Teile, die Knochen, die Hühnerhaut und alle anderen Reste entfernen. Die verbliebenen Karotten und den Kohlrabi in dekorative Stücke schneiden (tournieren) und auch den Lauch klein schneiden. Dann Karotten, Kohlrabi, Lauch und Wirsing in den großen Topf mit kochender Brühe geben. Nach 15 Minuten die Fleischstücke hinzufügen und noch einmal 5 Minuten lang kochen lassen. Mit geriebenem Gruyère-Käse und gerösteten Scheiben Bauernbrot servieren.

Das zurückhaltende Kalb

Das Kalb ist der kleine Bruder des Rindes oder Ochsen. Man unterscheidet zwischen *vitello* (jünger als sechs Monate), und *vitellone* (bis zu 18 Monate alt). Für die hier vorgestellten Rezepte sind beide geeignet.

Kalbsnuss in Sahne

Ein leckerer Kalbsschmorbraten …

Für 4 Personen: Von einem 1 kg schweren Nussstück vom Kalb das Fett entfernen. Das Fleisch in Mehl wenden und in reichlich Butter von allen Seiten 5 Minuten anbraten. 2 Gläser Sahne angießen, 4 Servierlöffel Zwiebel-*Soffritto* ← hinzufügen und zugedeckt ca. 1 1/2 Stunden garen, dabei ein wenig Wasser nachgießen, falls die Flüssigkeit zu rasch verdampfen sollte. Zum Schluss sollten das Fleisch zart und der Fond stark eingekocht sein. Mit Salz, Pfeffer und Zimt abschmecken und mit dem passierten Fond servieren.

Kalbsschnitzel (*piccata*) mit Zitrone

Ein Klassiker, immer wieder ein Genuss!

Für 4 Personen: 600 g Kalbsnuss in dünne Scheiben schneiden und mit dem Fleischklopfer flach klopfen. Die Ränder einschneiden, damit sich die Scheiben beim Garen nicht zusammenrollen. Reichlich Butter in einer Pfanne zerlassen und 2 Knoblauchzehen darin anbräunen. Die Fleischscheiben in Mehl wenden, leicht schütteln, um überschüssiges Mehl zu entfernen, und bei starker Hitze 30 Sekunden pro Seite anbraten. 1 Gläschen Kalbsbrühe ← oder Universalbrühe ← hinzufügen und unter gelegentlichem Rühren 6 Minuten auf kleiner Flamme sanft garen. 1 Minute vor Beendigung der Garzeit den Knoblauch herausnehmen und den gefilterten Saft von 1 Zitrone hinzugeben. Mit Salz und Pfeffer abschmecken und mit fein gehackter Petersilie bestreut servieren.

Kalbsschnitzel (*piccata*) mit Marsala

Wie beim Kalbsschnitzel mit Zitrone vorgehen, aber den Zitronensaft weglassen und statt der Brühe 1 Gläschen Marsalawein ohne Alkohol ← und 1 Messerspitze Zucker hinzugeben.

Rustin negàa

Ein traditionelles Gericht der lombardischen Küche.

Für 4 Personen: 4 ungefähr 3 cm dicke Kalbssteaks jeweils mit Küchengarn zusammenbinden, damit sie sich beim Garen nicht verformen. Dann in Mehl wenden und überschüssiges Mehl abschütteln. 30 g fein gehackten Bauchspeck und einige Rosmarinnadeln in reichlich Butter anbräunen. Die Kalbssteaks hinzugeben und 3 Minuten auf jeder Seite goldgelb braten, dann 1 Glas Weißwein ohne Alkohol ← angießen und 30 Minuten lang zugedeckt bei schwacher Hitze garen, dabei ein wenig Wasser nachgießen, falls die Flüssigkeit verdampft sein sollte. Zum Schluss mit Salz und Pfeffer abschmecken und als Beilage Risotto *alla milanese* ← reichen.

Kalbs-*Sauté* mit Curry

Für 4 Personen: 1 kg in Würfel geschnittene Kalbsbrust oder -schulter in reichlich Butter oder Olivenöl (nicht *extravergine*) 5 Minuten lang anbräunen. 1 Glas trockenen Weißwein ohne Alkohol ← angießen, 4 Esslöffel Zwiebel-*Soffritto* ← und 1 Kräuterbund ← hinzufügen und 1 Stunde und 20 Minuten lang zugedeckt auf kleiner Flamme garen, dabei ein wenig Wasser nachgießen, falls nötig. Danach das Kräuterbund entfernen und dafür 0,2 l Currysauce ← sowie ein wenig Currypulver, wenn die Currysauce nicht scharf genug sein sollte, hinzufügen und

10 Minuten garen. Mit Salz abschmecken, mit 1 Becher Joghurt (möglichst aus Schafsmilch) binden und mit Pilaf-Reis ← als Beilage servieren.

Kalbs-*Sauté* Marengo

Das Lieblingsgericht Napoleons, heißt es. Man kann es auch mit Huhn zubereiten.

Für 4 Personen: 1 kg in grobe Würfel geschnittene Kalbsbrust oder -schulter in Mehl wenden und in reichlich Butter oder Olivenöl (nicht *extravergine*) 5 Minuten lang anbräunen. 1 Glas trockenen Weißwein ohne Alkohol ← sowie 1 Glas Universalbrühe ← angießen, 2 Knoblauchzehen, 4 Esslöffel *Soffritto all'italiana* ←, 1 Kräuterbund ←, 16 Zwiebelchen (*cipolline borettane*), 4 Tomaten (blanchiert, entkernt und klein geschnitten) und 1 Messerspitze Tomatenmark hinzufügen und ungefähr 1 Stunde und 10 Minuten zugedeckt bei schwacher Hitze garen; falls nötig, Flüssigkeit nachgießen. Zum Schluss 200 g halbierte Champignons unterrühren und weitere 20 Minuten garen. Das Kräuterbund entfernen, mit Salz und Pfeffer abschmecken und mit reichlich fein gehackter Petersilie bestreut servieren. Traditionell werden zu diesem Gericht größere in Fett gebackene oder geröstete Brotstücke gereicht.

Kalbsrückensteak Orlow

Wahrscheinlich das berühmteste Gericht der Welt. Im Gegensatz zu denn allermeisten Rezepten, die es so gibt, ist hier die Urheberschaft unumstritten: Erfunden hat es der Koch Urban Dubois, der damals in Diensten des Grafen Aleksej Orlow, eines russischen Diplomaten und großen Feinschmeckers, stand. Die Franzosen übersetzen den russischen Namen allerdings als »Orloff«. Doch egal wie, jedenfalls ist dieses Gericht das wahre Symbol der großen französischen Küche. Der Kalbsrücken, auch »Sattel« genannt, wiegt ungefähr zehn Kilogramm. Im traditionellen Rezept war die Zubereitung des gesamten Stücks vorgesehen, weswegen es auch ausschließlich in Restaurants gekocht wurde. Aus diesem Grund stelle ich Ihnen hier nicht die klassische Version für 30 Personen vor, sondern eine Variante für 6. Es ist etwas arbeitsaufwändig, aber ich verspreche Ihnen, das Resultat ist himmlisch.

Für 6 Personen: Lassen Sie sich vom Metzger 2 kg Kalbsrücken von den Knochen schneiden. Füttern Sie das Fleisch mit 300 g fein gehacktem Bauchspeck, legen Sie es wieder auf die Knochen und binden Sie es mit Küchengarn gut fest – aber wenn Sie Ihren Metzger mit einem Lächeln darum bitten, wird er diese Arbeit bestimmt für Sie erledigen.

Das Fleisch in einer großen Kasserolle in reichlich Butter 6 Minuten lang anbraten. Dann 2 Gläser Kalbsbrühe ← angießen, 12 Servierlöffel Zwiebel-*Soffritto* ← hinzugeben und ungefähr 2 Stunden garen; dabei, falls nötig, ein wenig Brühe nachgießen. Dann den Topf vom Feuer nehmen und abkühlen lassen. Das Fleisch wieder vom Knochen lösen und in Scheiben schneiden, aber erst nachdem Sie die Reste des Bauchspecks zum Bratenfond gegeben haben. Die Fleischscheiben nun in einer Auflaufform so anrichten, dass sie sich teilweise überlappen, und zwischen die Scheiben *Soubise*-Sauce ← streichen. Wenn Sie möchten, können Sie auch noch jeweils 1 Scheibchen schwarzen Trüffel hinzugeben. Dann mit *Mornay*-Sauce ← bedecken und im heißen Backofen 10 Minuten lang gratinieren. Dazu in einem eigenen Gefäß den pürierten, durch die Flotte Lotte gedrehten und mit Salz und Pfeffer abgeschmeckten Bratenfond servieren. Traditionell reicht man dazu Gurkencreme ←. Weniger traditionell ist meine Empfehlung, dazu einen guten Wodka aus dem Kühlschrank, nicht aus dem Eisschrank, zu trinken.

Kalbsgulasch mit Topinambur

Für 4 Personen: 1 kg in Würfel geschnittene Kalbsschulter oder -brust in wenig Butter oder Öl mit 2 Knoblauchzehen 5 Minuten lang anbräunen. 4 Esslöffel Zwiebel-*Soffritto* ← und 1 Glas trockenen Weißwein ohne Alkohol ← hinzufügen und

70 Minuten lang garen, dabei ein wenig Wasser nachgießen, falls die Flüssigkeit zu stark einkochen sollte. 500 g geschälte und in wenig Butter oder Öl 5 Minuten lang angebräunte Topinambur und 2 Esslöffel Tomatensauce ← hinzufügen und weitere 20 Minuten fertig garen. Mit Salz und Pfeffer abschmecken und servieren.

Kalbshaxe mit Orange

Für 6 Personen: 1 Kalbshaxe in einer feuerfesten Form im Backofen bei 200 °C unter gelegentlichem Wenden 1 Stunde lang mit wenig Butter anbräunen. Das Fett abgießen und das Fleisch in eine Kasserolle legen. 6 Servierlöffel Schalotten-*Soffritto* ←, 2 Gläser passierten Orangensaft, die Schale von 1/2 Orange und 1 Messerspitze Zucker hinzugeben und zugedeckt bei schwacher Hitze 1 Stunde lang fertig garen; dabei, wenn nötig, ein wenig Wasser nachgießen. Zum Schluss mit Salz und Pfeffer abschmecken. Das Fleisch in Scheiben geschnitten und mit dem Bratenfond garniert servieren und als Beilage in Butter geschwenkte Bandnudeln (*Tagliatelle*) reichen.

Kalbfleisch mit Thunfischsauce (*vitello tonnato*), warm

Für 4 Personen: 1 kg Schwanzstück vom Kalb mit 2 Knoblauchzehen 5 Minuten lang in wenig Butter anbraten. 1 Glas trockenen Weißwein ohne Alkohol ←, 4 Servierlöffel *Soffritto all'italiana* ← und 1 Lorbeerblatt hinzufügen und zugedeckt bei extrem schwacher Hitze 1 Stunde und 40 Minuten garen, dabei ein wenig Wasser nachgießen, falls die Flüssigkeit zu rasch verdampfen sollte. Dann 2 gewässerte Anchovis und 150 g in Olivenöl eingelegten Thunfisch (gut abgetropft) hinzufügen und weitere 10 Minuten garen. Das Fleisch aus dem Topf nehmen und warm stellen. Den Fond pürieren und durch die Flotte Lotte drehen, mit Salz und Pfeffer abschmecken, mit ein wenig Butter aufschlagen und mit 1 Hand voll Kapern würzen. Das Fleisch in Scheiben geschnitten in der Sauce servieren.

Kalbfleisch mit Thunfischsauce (*vitello tonnato*), kalt

Wenn es gut zubereitet ist, kann das Gericht sehr gut schmecken. Aber leider wird es in den allermeisten Restaurants eben nicht gut zubereitet. Eine Kalbsnuss ist nicht besonders intensiv im Geschmack, und wenn man sie kocht, schmeckt sie nur noch fad: deswegen in den Backofen mit ihr.

Für 4 Personen: Von 800 g Kalbsnuss das Fett entfernen. 1 Zwiebel und 1 Karotte, in Scheiben geschnitten, in eine Kasserolle geben, das Kalbfleisch darauf legen, 4 Esslöffel Olivenöl darüber gießen und im Backofen bei 200 °C zwischen 1/2 und 1 Stunde (das kommt darauf an, wie dunkel Sie das Fleisch möchten) garen, dabei hin und wieder ein wenig Wasser angießen. Das Fleisch herausnehmen und abkühlen lassen. Dann in Scheiben schneiden und gefächert auf einer Platte anrichten, mit 200 g Thunfischmayonnaise ← garnieren und servieren.

Besondere Leidenschaft des Autors Nr. 19:

Kotelett nach Mailänder Art

Sind nun wirklich die Mailänder Urheber des Gerichts, oder haben etwa die Österreicher mit ihrem Wiener Schnitzel die Nase vorn? Auch die Spanier melden hier ihre Vaterschaft an, aber die Araber erklären dazu, diese Zubereitungsart, also Fleischscheiben in Ei und Paniermehl zu wenden und dann in Fett auszubacken, sei eigentlich eine Spezialität der Berber, die mit der arabischen Eroberung auf die Iberische Halbinsel gelangt sei. Dabei heißt dieses Fleischgericht in Südamerika *milanesa.* Die Franzosen sehen sich in diesem Fall einmal nicht als Urheber und nennen das Gericht *paner à l'anglaise*, was seltsam ist, da in der französischen Gastronomie *à l'anglaise* meist einen abwertenden Unterton hat; *paner à la milanaise* heißt es allerdings in Frankreich, wenn die Semmelbrösel mit geriebenem Käse vermengt sind. Sicher ist in diesem Wirrwar nur eins: Wird ein Nahrungsmittel von einer Brotschicht umgeben und dann ausgebacken, so wird sein Geschmack weniger als bei irgendeiner anderen Garmethode verfälscht. Und das ist lecker und wahrscheinlich der Grund, warum so viele gerne die Urheber dieses Gerichts sein möchten.

Um ein erstklassiges Kotelett zuzubereiten, braucht man ein erstklassiges Milchkalb, das wirklich ausschließlich mit Muttermilch aufgezogen wurde. Erst recht darf es noch nicht mit anderen Nahrungsmitteln gefüttert worden sein, sonst ist das Fleisch schon leicht faserig und wird ein wenig hart nach dem Braten. Tatsächlich werden in der Kälbermast die Tiere bis zum vierten oder fünften Lebensmonat mit Muttermilch ernährt, damit das Fleisch für Koteletts und *ossobuco* ← geeignet ist. Bei allen anderen Zubereitungen kommt es nicht so sehr darauf an, ob ein Tier vielleicht schon mit Mais oder anderem gefüttert wurde. Leider kann ein normaler Kunde die Qualität des Fleisches vor dem Garen nicht überprüfen, sondern muss sich auf das Wort seines Metzgers verlassen. Außerhalb der Lombardei ist es übrigens schwierig, Milchkälber zu finden.

Das Kotelett wird aus der Kalbslende geschnitten, mit dem Knochen – und wehe, man entfernt ihn. Ehrlich gesagt, weiß ich nicht, warum eigentlich, aber wir sollten hier der Tradition vertrauen, die den Knochen verlangt.

Das Fleisch darf auf gar keinen Fall flach geklopft werden und muss so dick wie der Knochen sein, also ungefähr 1,5 cm. Dies ist das Maß für ein echtes Kalbskotelett; ist es dünner, kommt ein anderes Gericht dabei heraus.

Zu den Semmelbröseln: Sie müssen von gut getrocknetem Weißbrot ohne Rinde stammen und dürfen erst kurz vor dem Gebrauch gerieben werden. Reibt man sie vorher, läuft man Gefahr, dass sie altbacken schmecken.

Zu den Eiern: Dass sie superfrisch sein müssen, versteht sich eigentlich von selbst. Sie werden nur kurz in einem Suppenteller geschlagen, dann gepfeffert, aber nicht gesalzen.

Zur Butter: Die ist der heikelste Punkt der ganzen Zubereitung. Normale Butter verbrennt bei großer Hitze, es muss also unbedingt geklärte ← sein.

Und so gehen Sie vor: Sie nehmen das Kotelett und schneiden die Ränder ein wenig ein, damit sich das Fleisch beim Garen nicht zusammenrollt. Denn das Fett außen zieht sich stärker zusammen als das Fleisch innen. Zunächst in Ei, dann in den Semmelbröseln wenden, wobei Sie darauf achten sollten, dass die Brösel gut am Fleisch haften. Das Fleisch ein wenig schütteln, damit die überschüssigen Brösel abfallen. Dann legen Sie das Kotelett in eine große Pfanne mit reichlich sehr heißer geklärter Butter und braten es sechs Minuten auf jeder Seite, das heißt, es wird nur einmal gewendet. Dann aus der Pfanne nehmen, auf Küchenkrepp legen, damit das Fett aufgesogen wird, salzen und servieren. Auch wenn *de gustibus non disputandum est*, empfehle ich, das Kotelett nach Mailänder Art nicht mit Zitronensaft zu beträufeln.

Variationen

Elefantenohrkotelett

Viele Leute mögen keine dicken Koteletts. Wahrscheinlich weil das Kalb häufig kein Milchkalb und das Fleisch folglich ein wenig hart ist. Gibt es eine Alternative? Klar, und zwar das Kalbskotelett in Form eines Elefantenohrs. Dazu entfernt man den Knochen und klopft das Fleisch so flach es geht, das heißt, bis es nur noch wenige Millimeter dick ist. Dann brät man es wie ein Kotelett ←, in diesem Fall auch in normaler Butter, und zwar drei bis vier Minuten auf jeder Seite. Es schmeckt heiß direkt aus der Pfanne, aber auch, vor allem im Sommer, lauwarm mit einigen in Würfel geschnittenen und angemachten Tomaten garniert.

Kalbskotelett *valdostana*

Jedes Kotelett, ohne es vom Knochen zu lösen, waagerecht wie ein Brötchen aufschneiden, sodass eine Art Tasche entsteht. Diese mit *Fontina*-Käse und gekochtem Schinken in hauchdünnen Scheiben füllen und dann mit einem Zahnstocher verschließen. Anschließend wie beim Kotelett nach Mailänder Art ← fortfahren. Garzeit: 6 Minuten auf jeder Seite.

Wiener Schnitzel

Natürlich ist dieses Gericht viel mehr als eine Variante. In Österreich verwendet man dazu Kalb-, aber auch Schweinefleisch, stets ohne Knochen, das gut flach geklopft wird. Man wendet es zunächst in Mehl, dann in geschlagenem Ei mit 1 Schuss Milch, anschließend noch einmal in Mehl und wieder in Ei. Die Semmelbrösel, in denen es nun erst gewendet wird, sollen durch diese Prozedur besonders gut und zahlreich haften bleiben. Ein Wiener Schnitzel wird nie in Butter, sondern in Schmalz gebraten, und zwar 4 Minuten auf jeder Seite. Auf der Oberfläche sollten dann die traditionellen Blasen erscheinen.

Besondere Leidenschaft des Autors Nr. 20:

Innereien

Die Welt teilt sich auf in diejenigen, die nach (zubereiteten) Innereien schmachten (es sind wenige, aber die »richtigen«), und denen, die sie verachten (die überwiegende Mehrheit, die nicht weiß, was ihr entgeht). Der Satz »ich esse ja alles, nur keine Innereien« ist für mich sogar noch schlimmer als »Austern esse ich nur roh«. Dieses Kapitelchen ist also den wenigen Auserwählten gewidmet.

Kalbsbriesfrikassee

Für 4 Personen: 600 g Kalbsbries (30 Minuten lang blanchiert und abgezogen) in Scheibchen schneiden und in wenig Butter 15 Minuten lang mit 4 Esslöffeln Zwiebel-*Soffritto* ← in der Pfanne anbräunen. Mit Salz und Pfeffer abschmecken, aus der Pfanne nehmen und warm stellen. Nun 1 geschlagenes Eigelb mit dem Saft von 1 Zitrone, 1 Messerspitze Senf und 2 Servierlöffeln Universalbrühe ← in der Pfanne verrühren und 2 Minuten nur erwärmen, nicht zum Kochen bringen. Diese Sauce über das Kalbsbries geben und mit gehackter Petersilie bestreuen.

Kalbsleber auf venezianische Art

Für 4 Personen: 4 in Ringe geschnittene weiße Zwiebeln mit 2 Lorbeerblättern in 1 Stück Butter und 2 Esslöffeln Olivenöl 20 Minuten lang in einer Pfanne sanft anschwitzen; dabei, wenn nötig, ein wenig Wasser angießen. Die Lorbeerblätter entfernen, die Zwiebeln herausnehmen und zur Seite stellen. In derselben Pfanne 600 g in dünne Streifen geschnittene Kalbsleber

5 Minuten lang bei starker Hitze anbraten, bis sie goldgelb und schön knusprig ist. Die Zwiebeln wieder hinzugeben, mit Salz und Pfeffer abschmecken und mit gehackter Petersilie bestreuen. Dazu eine weichere Polenta ← aus weißem Maismehl reichen.

Rindermark *all'antica*

Für 4 Personen: 16 Tranchen Rindermark mit Knochen 2 Minuten lang in leicht gesalzenem Wasser blanchieren. Herausnehmen und mit dem Loch nach oben in eine Pfanne legen. Dann knapp mit nicht zu stark konzentrierter Rinderbrühe ← bedecken, ein wenig in Wasser aufgelöstes Tomatenmark hinzugeben und ohne Deckel bei schwacher Hitze 1 Stunde lang sanft garen; dabei, wenn nötig, ein wenig Wasser angießen. Mit viel Pfeffer und gehackter Petersilie bestreuen und servieren. Mit einem Messerchen am Tisch das Mark aus den Knochen lösen und auf geröstetes Bauernbrot streichen. Den Fond in der Pfanne nicht vergessen. Er bietet sich zum Tunken an!

Nierchen *trifolato*

Für 4 Personen: 600 g gesäuberte Nierchen in Scheiben schneiden und 1 Minute in reichlich Butter anbraten. 1 Gläschen süßen Wein ohne Alkohol ←, 2 fein gehackte Knoblauchzehen und 20 g Roux ← hinzugeben und verrühren. 4 Minuten lang garen, mit Salz und Pfeffer abschmecken, mit Petersilie bestreuen und mit Kartoffelpüree ← oder Selleriepüree ← servieren.

Kalbsfüße nach Mailänder Art

Ein phantastisches Gericht, das man mit einem treuen Partner genießen sollte.

Für 2 Personen: 4 Kalbsfüße (oder auch Schweinefüße) in leicht gesalzenem Wasser mit 1 Zwiebel, die mit 2 Gewürznelken gespickt wurde, 1 Karotte, 1 Stange Sellerie und 1 Kräuterbund ← 2 Stunden lang kochen. Dann herausnehmen und abkühlen lassen. Nun gilt es, das Fleisch vollständig von den Knochen zu lösen, was weniger mühsam ist, als man vielleicht annehmen mag. Dabei sollten Sie es möglichst ganz lassen, aber auch wenn es Stückchen werden, ändert das nichts am Resultat. Das Fleisch anschließend nacheinander in Mehl, geschlagenem Ei und Semmelbröseln wenden und in reichlich Olivenöl (nicht *extravergine*) und Butter 6 Minuten bei mittlerer Hitze unter häufigem Wenden garen. Ein wenig salzen und servieren.

Instant-Kutteln

Für dieses Kuttelgericht sind zwei Stücke erforderlich: das eine (kleinere) ist eine Art Fortsatz des Pansens, das in der Form an die Filetspitze erinnert; das zweite ist der so genannte Netzmagen, auch »Haube« genannt. Diese Stücke sind schon nach zwei Minuten gar. Andere Kuttelteile brauchen mindestens vier Stunden.

Für 4 Personen: 800 g dieser Kutteln fein zerschneiden. In einer mit wenig Butter eingefetteten Pfanne 1 Minute lang kräftig anbraten, dabei gut aufpassen, dass sie nicht ansetzen. 6 Esslöffel *Soffritto all'italiana* mit Bauchspeck ← hinzufügen und 2 Minuten lang kochen lassen. Mit Salz und Pfeffer abschmecken und mit gehackter Petersilie bestreut servieren.

Kutteln mit Lauch

Für 4 Personen: 800 g gut abgespülte und in dünne Streifen geschnittene Kutteln von Rind und Kalb in einen gusseisernen Topf geben. 6 in kurze Stücke geschnittene Lauchstangen, 4 Servierlöffel *Soffritto all'italiana* mit Bauchspeck ←, 1 Glas trockenen Weißwein ohne Alkohol ←, 1 Glas Universalbrühe ←, 2 Lorbeerblätter und 1 Messerspitze Tomatenmark hinzugeben und bei schwächster Hitze 4 Stunden lang sanft garen, aber wenn es 6 Stunden werden, ist das sogar besser; wenn nötig, während des Garens ein wenig Wasser nachgießen. Zum Schluss die Lorbeerblätter entfernen und mit Salz und Pfeffer abschmecken. Für Kuttelliebhaber versteht es sich von selbst, dass dieses Gericht am

Tag drauf noch leckerer schmeckt (und 2 Tage später noch mal besser).

Kutteln *alla sciabecca*

Für 4 Personen: 600 g bereits gekochte gemischte Kutteln von Rind und Kalb in schmale Streifen schneiden und in wenig Butter 2 Minuten lang anbraten. Dann 1 Glas trockenen Weißwein ohne Alkohol ←, 1 Glas Universalbrühe ←, 4 Servierlöffel *Soffritto all'italiana* ←, 200 g Kalbfleisch in kleinen Stücken und 2 Lorbeerblätter hinzufügen. 1 Stunde zugedeckt garen, dabei ein wenig Brühe nachgießen, wenn die Flüssigkeit verdampft sein sollte. Die Lorbeerblätter entfernen, mit Salz und Pfeffer abschmecken und mit geriebenem Parmesan überstreut servieren.

Besondere Leidenschaft des Autors Nr. 21:

Rinderbacke

Auch wieder eine wirklich große Leidenschaft von mir. Ich habe zwar nie so richtig verstanden, ob die Rinderbacke nun zu den Innereien oder zu den Teilen der Karkasse gezählt wird. In allen Skizzen, die ich mir angesehen habe, ist vom Hals (übrigens auch ein saftiges Stück) an aufwärts gar nichts mehr angegeben. Aber das ist natürlich eine rein akademische Frage. Was wirklich zählt, ist nur der Geschmack. Wie sagten doch die alten Römer: *Primum vivere deinde philosophari.*

Die Backe ist der typischste Rindermuskel, den man sich vorstellen kann. Wiederkäuer kauen ihre Nahrung bekanntlich zweimal. Nach einem ersten Gang durch den Pansen, die erste Magenabteilung, wird sie wieder in den Mund zurückgespült. Das sorgt dafür, dass der Kiefer des Rindes unablässig in Bewegung ist. Das Fleisch ist daher fest und reich an Bindegewebsplättchen, jenen weiß schimmernden Streifen, die fälschlicherweise von jedem Fett genannt werden. Wenn sich die Plättchen jedoch aufgelöst haben, und beim Garen lösen sie sich früher oder später auf, ist das Fleisch wunderbar und ein echter Genuss. Es schmeckt sogar noch leckerer als der Schwanz, dem es sogar in gewisser Hinsicht ähnelt, und es ist schon witzig, dass die schmackhaftesten Teile des Tieres an den entgegengesetzten Enden zu finden sind.

Es ist fast unmöglich, dieses Fleisch aufzutreiben, es sei denn in wenigen ausgesuchten Metzgereien. Ich habe mich immer schon gefragt, wo es eigentlich landet, angesichts der Tatsache, dass jedes Rind nun mal zwei ordentliche Backen hat. Und irgendwas muss ja damit geschehen.

Gekochte Rinderbacke

Für 4 Personen: 1 Karotte, 1 Selleriestange, 1 mit 2 Gewürznelken gespickte Zwiebel, 1 Bund Petersilienstängel, 2 Lorbeerblätter sowie Pfefferkörner in einen mit Wasser gefüllten Topf geben. Zum Kochen bringen, 1 kg Rinderbacke hineingeben und 2 Stunden lang darin garen, dabei immer wieder Fett und Schaum abschöpfen. Mit grobkörnigem Salz und nichts weiter garniert servieren.

Rinderbacken-*Ragù*

Für 4 Personen: 500 g Rinderbacke mit einem schweren Messer in möglichst kleine Würfelchen schneiden. In 1 Stück Butter 1 Minute lang anbraten, dann 250 g *Soffritto all'italiana* mit Bauchspeck ←, 1 Messerspitze Tomatenmark und 1 Gläschen trockenen Weißwein ohne Alkohol ← hinzufügen. Bei schwacher Hitze 20 Minuten lang sanft garen, dabei Wasser nachgießen, falls die Flüssigkeit zu stark einkochen sollte. Mit 1 Hand voll fein gehackter Petersilie überstreuen und mit Salz und Pfeffer abschmecken. Wer mag, gibt zu Beginn noch 100 g getrocknete Pilze (20 Minuten in Wasser eingeweicht, ausgedrückt und klein gehackt) hinzu.

Geschmorte Rinderbacke in *Barbera*

Für 4 Personen: 1 kg Rinderbacke am Stück in Öl und Butter 10 Minuten lang anbraten. 0,2 l Barberawein ohne Alkohol ←, 0,1 l Universalbrühe ←, 4 Servierlöffel Schalotten-*Soffritto* ←, 1 Esslöffel Tomatenmark, 1 Esslöffel Zucker und 1 Kräuterbund ← hinzugeben und zugedeckt 1 1/2 Stunden garen (wenn es sich um Kalbsbacke handelt), 2 Stunden, wenn sie vom Rind stammt; dabei ein wenig Brühe nachgießen, falls die Flüssigkeit zu stark einkochen sollte. Anschließend das Kräuterbund entfernen, mit Salz und Pfeffer abschmecken und das Fleisch in Scheiben geschnitten und mit dem gut aufgeschlagenen Fond garniert servieren.

Geschmorte Rinderbacke mit Lauch und Rosinen

Für 4 Personen: 1 kg Rinderbacke am Stück in Öl und Butter 10 Minuten lang anbraten. 0,2 l Weißwein ohne Alkohol ←, 0,2 l Universalbrühe ←, 4 Servierlöffel *Soffritto all'italiana* ← und 4 in Ringe geschnittene Lauchstangen hinzugeben und zugedeckt 1 1/2 (bei Kalbsbacke) oder 2 Stunden (wenn es sich um Rinderbacke handelt) sanft schmoren lassen; dabei, wenn nötig, ein wenig Wasser nachgießen. Mit Salz und Pfeffer abschmecken. Dann das Fleisch herausnehmen. Den Fond pürieren, mit ein wenig Butter aufschlagen und 1 Hand voll Rosinen, die 30 Minuten lang eingeweicht, ausgedrückt und 5 Minuten lang angebräunt wurden, hineingeben. Das Fleisch mit dieser Sauce garniert servieren.

Besondere Leidenschaft des Autors Nr. 22:

Die unvergleichliche Kalbshaxe (Ossobuco)

Eine Leidenschaft, die ich mit vielen, vielen Italienern teile. Damit dieses Gericht aber wirklich ein Hochgenuss wird, muss das Fleisch unbedingt, ebenso wie beim Kotelett Mailänder Art ←, von einem vier bis fünf Monate alten Milchkalb stammen. Das heißt, Ihr Metzger muss Ihnen für das Alter des Tieres garantieren können. Andernfalls sollten Sie sich für ein anderes Gericht entscheiden. Ein *ossobuco* von einem jungen Rind ist eine der schlimmsten Strafen, die einem widerfahren können.

Kalbshaxe nach Mailänder Art

Für 4 Personen: Die Ränder von 4 Scheiben Kalbshaxe (es muss die Hinterhaxe sein) von ca. 4 cm Durchmesser an 3 Stellen ein wenig einschneiden, damit sich das Fleisch beim Garen nicht zusammenrollt. Die Scheiben in Mehl wenden und gut schütteln, um überschüssiges Mehl zu entfernen, und dann in einer großen Pfanne 5 Minuten auf jeder Seite anbraten. Anschließend aus der Pfanne nehmen und stattdessen 6 Servierlöffel Zwiebel-*Soffritto* ←, 1 Knoblauchzehe und 1 Glas trockenen Weißwein ohne Alkohol ← hineingeben, mit einem Holzlöffel umrühren und dabei den Fond vom Pfannenboden lösen. 2 Tomaten (blanchiert, geschält, entkernt und in grobe Stücke geschnitten) hinzugeben und das Ganze 5 Minuten aufkochen lassen. Das Fleisch wieder in die Pfanne legen und bei schwacher Hitze zugedeckt 80 Minuten lang garen, dabei die Scheiben hin und wieder mit einigen Servierlöffeln kochender Kalbsbrühe ← übergießen und wenden. Zum Schluss mit Salz und Pfeffer abschmecken. Während das Fleisch gart, bereiten Sie die so genannte *gremolada*, die traditionelle Würzmischung für dieses Gericht, zu. Dazu 1 Knoblauchzehe und die Schale von 1/2 Zitrone (nur das Gelbe) fein hacken und mit reichlich gehackter Petersilie verrühren. Den Fond pürieren, mit ein wenig Butter aufschlagen und die *gremolada* darunter geben. Die Fleischscheiben auf Tellern anrichten, mit der Sauce übergießen und mit einem leckeren Risotto *alla milanese* ← als Beilage servieren.

Kalbshaxenfrikassee mit Steinpilzen

Wenn Sie nicht ganz sicher sind, ob die Haxe wirklich von einem Milchkalb stammt, machen Sie lieber ein Frikassee daraus.

Für 4 Personen: Bei 4 Scheiben Kalbshaxe von 3 cm Dicke das Fleisch von den Knochen schneiden und jeweils vierteln. Dann leicht mit Mehl bestäuben und mit den Knochen zusammen in 1 Stück Butter und mit 2 Knoblauchzehen 5 Minuten lang anbraten. Knapp mit Kalbsbrühe ← bedecken und 4 Servierlöffel *Soffritto all'italiana* mit Bauchspeck ← und 2 Salbeiblätter hinzugeben. Den Deckel auflegen und 1 Stunde bei schwacher Hitze garen, dabei ein wenig Brühe nachgießen, wenn die Flüssigkeit zu stark einkochen sollte. Zum Schluss 16 glasierte Zwiebelchen ← und 200 g fein geschnittene Steinpilze hinzugeben und noch einmal 5 Minuten lang kochen lassen. Mit Salz und Pfeffer abschmecken, mit reichlich gehackter Petersilie überstreuen und servieren. Nicht vergessen: auch vom Mark kosten!

Das verkannte Schwein

Mir tun Menschen Leid, die aus religiösen Gründen kein Schweinefleisch verzehren dürfen, wobei ich allerdings auch nicht verstehe, wie ein solches Gebot mit der Gnade eines Glaubens zu vereinbaren sein soll.

Bei Schweinefleisch gibt es unzählige Rezepte für die verschiedensten Teile des Tieres: Bekanntermaßen wird vom Schwein noch alles verwertet. Aus der immensen Fülle hier eine kleine Auswahl der beliebtesten Gerichte.

Schweinelende süßsauer

Für 8 Personen: 1 Schweinelende von 2 kg Gewicht in einer Kasserolle in Butter, Öl oder Schmalz (Letzteres ist am geeignetsten) 10 Minuten lang anbraten. Dann 2 Knoblauchzehen, Rosmarin in beliebiger Menge und einige Blätter Minze hinzugeben und den Braten zugedeckt im Backofen bei 180 °C 40 Minuten lang garen. Hin und wieder wenden. Anschließend ohne Deckel im Ofen 10 Minuten lang ruhen lassen. Kurz vor dem Servieren das Fleisch in hauchdünne Scheiben schneiden und mit dem Bratenfond, den Sie geklärt, mit Salz abgeschmeckt und mit 200 g süßsaurer Sauce ← aufgeschlagen haben, servieren. Dazu gekochte schwarze oder rote Bohnen reichen.

Schweinekotelett mit Äpfeln

Für 4 Personen: 4 Äpfel (Sorte Renette) schälen und das Kerngehäuse entfernen. Dann in Scheiben schneiden und mit 1 Stück Butter in einer beschichteten Pfanne 3 Minuten lang schwenken, bis sie al dente sind. Vom Herd nehmen und warm stellen. In einer anderen Pfanne reichlich Butter zerlassen und 4 leicht geklopfte Schweinekoteletts von je 150 g Gewicht 3 Minuten pro Seite bei starker Hitze goldgelb braten. Das Fleisch aus der Pfanne nehmen, ein wenig salzen und warm stellen. Ebenfalls bei starker Hitze 1 Gläschen Grappa zum Fond geben, flambieren ← und dann mit ein wenig Wasser ablöschen ←. Auf kleine Flamme schalten, die Äpfel hinzugeben und 2 Minuten unterrühren. Die Koteletts auf einer vorgewärmten Servierplatte anrichten, mit Äpfeln bedecken, nach Belieben pfeffern und mit Brat- oder Salzkartoffeln servieren.

Garnierte Kochwurst (*cotechino*)

Für dieses Rezept brauchen Sie eine nicht vorgegarte Kochwurst (*cotechino*). Ich weiß nicht, ob man die überhaupt noch kriegt, wenn dieses Buch gedruckt ist.

Für 4 Personen: 1 Kochwurst von 1 kg Gewicht 2 Stunden lang in Wasser legen. Anschließend mit einem Dorn ungefähr 20 Löcher in regelmäßigen Abständen hineinstechen und im Wasserdampf 4 Stunden lang garen – achten Sie darauf, dass das Wasser nicht vollständig verdampft. 1 Stunde vor Beendigung der Garzeit 300 g abgespülte Linsen mit 4 Servierlöffeln *Soffritto all'italiana* mit Bauchspeck ←, 1 Messerspitze Tomatenmark und 4 Salbeiblättern in einen Topf geben. Das Ganze knapp mit Wasser bedecken und 1 Stunde lang kochen – aber die Garzeit hängt von der Größe und dem Alter der Linsen ab, das heißt, auch 40 oder 80 Minuten können richtig sein. Dann die Linsen mit einigen Servierlöffeln der verbliebenen Brühe aus dem Topf, in dem die Kochwurst gedämpft wurde, anmachen, eventuell etwas salzen und mit dem in Scheiben geschnittenen *cotechino* servieren.

- Haben Sie nur einen vorgekochten *cotechino* bekommen, so garen Sie ihn nach den Anweisungen, verwenden aber nicht den Fond, um die Linsen anzumachen.

Schwein in scharfer Sauce

Ein klassisches chinesisches Gericht, das ich hier ein wenig an unsere Geschmäcker angepasst habe.

Für 4 Personen: 1 kg Schweinefleisch in 1 cm große Würfel schneiden. 1 Eiweiß zu Eischnee schlagen und mit 1 Esslöffel Kartoffelmehl und 1 Esslöffel süßem Wein ohne Alkohol ← verrühren. Dann die Fleischwürfel hinzugeben und 30 Minuten ruhen lassen. Dann eine große Pfanne, möglichst einen Wok, mit ganz wenig Pflanzenöl einfetten, auf die größte Flamme stellen, über die Sie verfügen, und ganz aufdrehen. Nun 1 Esslöffel Pflanzenöl hineingeben. Wenn Öl und Pfanne sehr, sehr heiß sind, die Fleischwürfel hineinlegen und 5 Minuten unter ständigem Rühren mit einem Holzlöffel garen. Das Fleisch herausnehmen und warm stellen; das Öl aus der Pfanne entfernen. 2 frische Esslöffel Pflanzenöl hineingeben und 40 g geschälten und in dünne Scheiben geschnittenen Ingwer, 1 Scheibe Ananas aus der Dose (gewürfelt) und 4 in Scheibchen geschnittene Frühlingszwiebeln hinzufügen und das Ganze 2 Minuten unter ständigem Rühren garen. 2 Esslöffel Sojasauce, 2 Chilischoten (oder auch mehr; das kommt auf Ihren Geschmack und die Schärfe der Schoten an), 1 Esslöffel von dem Ananassaft aus der Dose, 1 Esslöffel Essig, 1 Esslöffel Kartoffelmehl und schließlich das Schweinefleisch hinzugeben. Unter Rühren weiter garen, bis die Flüssigkeit fast ganz eingekocht ist. Das Schweinefleisch können Sie jetzt noch mit vielerlei Zutaten garnieren.

- Es hilft alles nichts: Damit dieses Gericht wirklich gelingt, brauchen Sie einen Wok, der traditionell aus Eisen gefertigt ist, heutzutage aber auch aus einem anderen Metall, das leichter zu reinigen ist, bestehen kann. Die spezielle gerundete Form, verbunden mit dem ständigen Rühren, sorgt dafür, dass die Zutaten durch das wenige Öl am Pfannenboden eingefettet werden und allein durch das Fett garen, das an ihnen haftet: Dadurch benötigt man tatsächlich nur ganz wenig Öl. Für Liebhaber einer leichten Küche ist der Wok also eine Investition, die Sie nicht hinausschieben sollten.

- Chinesische Schweine sind kleiner als die unsrigen und magerer; aus diesem Grund wird ihr Fleisch vor dem Braten immer mariniert. Und angesichts der Tatsache, dass auch bei uns die Schweine immer magerer werden, kann es auf keinen Fall schaden, Schweinefleischstücke vor dem Garen immer in eine Marinade ← einzulegen.

Schweinerouladen

Für 4 Personen: 500 g Schweinelende in Scheiben schneiden, mit dem Fleischklopfer flach klopfen und auf jede Scheibe 1 Scheibe Bauchspeck legen. Nun ein Füllung herstellen, indem Sie insgesamt 300 g Fleisch durch den Fleischwolf drehen: Reste vom Schwein oder Kalb, auch gekocht, gekochter oder roher Schinken, Salami, Mortadella, Kochwurst, Hühnerleber und was Sie sonst noch an Fleischresten greifbar haben. Diese Masse mit 1 Ei, 2 Esslöffeln geriebenem Parmesan, 2 Scheiben Toastbrot ohne Rand (in Milch eingeweicht und ausgedrückt), 1 großen Hand voll gehackter Petersilie und Muskatnuss binden. Nach Belieben pfeffern. Diese Füllung auf die Schweinelendenscheiben streichen, zusammenrollen, mit einem Zahnstocher verschließen und in Mehl wenden. In einer Kasserolle ein wenig Butter und Öl erwärmen, 2 Knoblauchzehen und einige Salbeiblätter hineingeben, die Rouladen hineinlegen und 5 Minuten anbraten. 1 Glas trockenen Weißwein ohne Alkohol ← angießen und verdampfen lassen. Die Rouladen mit Brühe knapp bedecken und bei ganz schwacher Hitze zugedeckt 30 Minuten sanft garen. Zum Schluss mit Salz und Pfeffer abschmecken. Noch schön heiß mit Kartoffelpüree ← servieren. Nicht vergessen, vor dem Servieren die Zahnstocher herauszunehmen. Variante: Weiße Bohnen (*fagioli bianchi di Spagna*), die zuvor bissfest gegart wurden, mit den Rouladen in der Brühe weitergaren – dadurch wird das Gericht noch herzhafter und sättigender.

New England baked pork and beans

Ein Klassiker der amerikanischen Küche. Ein Gericht, dessen Wurzeln wohl bis ins Dunkel der Zeit der ersten Siedler zurückreichen. Manche halten es für eine vereinfachte Abwandlung des berühmten *cassoulet* aus dem Languedoc. Die Garzeit beträgt sechs Stunden, aber Sie können den Bohnentopf auch noch länger schmoren lassen – eigentlich so lange Sie wollen: Viele fromme »Pilgerväter« stellten ihn schon am Vortag in den Ofen und ließen ihn die ganze Nacht durchgaren.

Für 8 Personen: 2 kg rote Bohnen eine Nacht lang in lauwarmem Wasser einweichen. Am nächsten Tag abgießen, waschen und in einen Topf mit kaltem Wasser geben. Zum Sieden bringen und die Bohnen auf großer Flamme 20 Minuten lang kochen. Dann abgießen und das Kochwasser aufheben. 2 kg Bacon würfeln und in einem großen gusseisernen oder tönernen Schmortopf 10 Minuten auf kleinster Flamme anbräunen; die Bohnen und 8 Servierlöffel Zwiebel-*Soffritto* ← hinzugeben und 5 Minuten kochen. 2 Gläser Rohrzuckersirup, verrührt mit 2 Esslöffeln Apfelessig und Senf nach Belieben, hineingeben. Dann noch 4 Lorbeerblätter darauf legen und das Ganze knapp mit dem Kochwasser der Bohnen bedecken. Den Topf schließen und im Backofen bei 200 °C 6 Stunden lang garen; dabei ein wenig Bohnenbrühe nachgießen, falls die Flüssigkeit zu stark einkochen sollte. Mit Salz abschmecken. Servieren Sie, wie es die Tradition verlangt, Roggenbrot dazu. Selbstverständlich können Sie dieses Gericht so oft aufwärmen, wie Sie möchten.

Wenn Sie keinen Rohrzuckersirup bekommen, können Sie auch 1 Glas flüssigen Honig verwenden.

Schweinerippchen nach Mailänder Art

Für 4 Personen: 16 Schweinerippchen in Wasser, das mit 1 Karotte, 1 Zwiebel (mit 2 Gewürznelken gespickt) und 1 Stange Sellerie aromatisiert wurde, 1 Stunde lang sanft köchelnd garen. Abkühlen lassen. Dann in Mehl, leicht geschlagenem Ei und schließlich Semmelbröseln wenden, in geklärter Butter ← 5 Minuten lang braten und mit wenig Salz bestreut servieren.

Rosticciata

Für 4 Personen: 600 g weiße, in nicht allzu dünne Scheiben geschnittene Zwiebeln in reichlich Butter 30 Minuten lang auf sehr kleiner Flamme anschwitzen. Aus der Pfanne nehmen und warm stellen. 400 g Schweinelende in Scheiben schneiden, flach klopfen und in wenig Mehl wenden. In der Pfanne mit wenig Butter 1 Minute lang kräftig anbraten und dann 400 g in Häppchen geschnittene Bratwurst und 1 reichliche Messerspitze Tomatenmark (in wenig Wasser aufgelöst) hinzugeben. 5 Minuten lang unter Rühren garen, die Zwiebeln hinzufügen, wenn nötig, etwas salzen, reichlich Pfeffer darüber geben und 2 Minuten lang weitergaren. Dazu Polenta ← als Beilage reichen.

Schweinshaxen in Bier

Für 4 Personen: 4 Schweinshaxen mit Öl oder Butter 10 Minuten lang in einer Kasserolle anbraten, 1 kleine Flasche dunkles Bier (0,33 l) angießen und 4 Servierlöffel Zwiebel-*Soffritto* ←, 2 Knoblauchzehen, die Nadeln von 1 Rosmarinzweig und einige Salbeiblätter hinzugeben. Zugedeckt bei schwächster Hitze 1 1/2 Stunden garen, dabei ein wenig Wasser nachgießen, falls die Flüssigkeit zu stark einkochen sollte. Zum Schluss mit Salz und Pfeffer abschmecken und mit Salzkartoffeln als Beilage servieren.

Besondere Leidenschaft des Autors Nr. 23:

Casoeûla und Choucroute

Casoeûla

Es gibt Gerichte, an denen sich die Geister scheiden: Entweder liebt man sie mit bedingungsloser Hingabe oder man flieht sie wie den Teufel. Unter Gerichten dieser Art ragt eines noch besonders heraus: *Casoeûla*. Es versteht sich von selbst, dass ich es von ganzem Herzen liebe.

Was ist eine *Casoeûla*? Es handelt sich um ein Ragout aus frischem Schweinefleisch »zweiter Wahl« mit Wirsing. »Zweite Wahl« habe ich in Anführungszeichen gesetzt, weil ich Teilen davon ohne Zögern gegenüber manchen »erster Wahl«, worunter man im Grunde nur Schweinelende versteht, den Vorzug gebe. *Casoeûla* wird überall in der Lombardei und in Teilen Piemonts zubereitet. In Frankreich und Deutschland gibt es bekannte Verwandte, nämlich *choucroute* und die deutschen Sauerkrautgerichte, die sich aber in einem kleinen, doch entscheidenen Punkt von der italienischen Version unterscheiden: Sie werden nicht mit frischen, sondern konservierten Zutaten gekocht. Häufig wird *Casoeûla* schon am Vortag zubereitet und dann kurz vor dem Servieren noch einmal aufgewärmt. Das entspricht der Tradition und ist sinnvoll. Manch einer macht sich aber auch daran, das Gericht gründlich zu entfetten. Aber hier erhebe ich Einspruch. *Casoeûla* entstammt einer deftigen, fetten Küche und ist ein Fleischtopf, den man nicht unbedingt häufig zubereitet. Und so sollte er bei den wenigen Malen, wenn wir ihn uns gönnen, auch wirklich gehaltvoll und schwer sein, so wie es die Tradition verlangt. Man braucht sich ja nur den nächsten Morgen von wichtigen Terminen freizuhalten und darauf zu verzichten, nach dem Essen noch jemanden verführen zu wollen.

Für 8 Personen: 2 vorbereitete und halbierte Schweinefüße, 2 vorbereitete Schweineohren, 200 g Speckschwarte, 1 kg Schweinerippchen, 400 g Luganega-*Wurst, 400 g kleine* Verzini-*Salamis, 2 kg Wirsing,* Soffritto all'italiana ←, *1 Glas Weißwein, Olivenöl, Salz, Pfeffer*

Die Schweinefüße in siedendem, leicht gesalzenem Wasser 1 Stunde lang garen und abgießen. Die *Luganega*-Wurst in 8 cm große Stücke schneiden und genau wie die kleinen Salamis mit einem Dorn an mehreren Stellen einstechen. Den Wirsing putzen und alle Blätter voneinander lösen. Diese mit viel Wasser abspülen, 2 Minuten lang blanchieren und, ohne sie abzutrocknen, in eine beschichtete Kasserolle geben, wo sie ohne weitere Zugabe von Wasser bei schwächster Hitze so lange gegart werden, bis sie zusammenfallen. In einer großen Kasserolle die Rippchen, die *Luganega*-Wurst und die Minisalamis anbraten, den Wein angießen (bei dem vielen Schweinefett kann uns sein Alkohol gerade recht sein…) und 6 Servierlöffel *Soffritto*, den Wirsing, die Schweinefüße, die Schweineohren, die Schwarten (5 Minuten lang blanchiert) und 1 Hand voll Wacholderbeeren hinzugeben. Das Ganze zugedeckt 2 Stunden lang garen; nur ein wenig Wasser nachgießen, falls die Flüssigkeit zu schnell einkochen sollte. Mit Salz und Pfeffer abschmecken. Dazu Polenta ← aus gelbem Maismehl reichen.

Choucroute

Für 8 Personen: 800 g geräucherte Schweinelende, 2 kg Sauerkraut, 800 g geräucherter Bauchspeck, 8 Würstchen, aromatischer Weißwein, Soffritto all'italiana ←, *Lorbeerblätter, 1 Apfel, Wacholderbeeren, Universalbrühe ←, Butter oder Schmalz, Zucker, Salz, Pfeffer*

In einer großen Kasserolle das gut abgetropfte Sauerkraut 10 Minuten lang in wenig Butter oder Schmalz anschmoren, 2 Gläser Wein angießen und 8 Servierlöffel *Soffritto*, den gewürfelten Apfel, 1 Hand voll Wacholderbeeren, 4 Lorbeerblätter und 2 Servierlöffel Zucker hinzugeben. Knapp mit Brühe bedecken, den Deckel auflegen und im Backofen bei 200 °C 3 Stunden lang garen. Ein wenig Brühe nachgießen, falls die Flüssigkeit zu rasch verkochen sollte. 1 Stunde vor Beendigung der Garzeit den in Scheibchen geschnittenen Bauchspeck hinzufügen. Und erst kurz vorher die 5 Minuten lang angebratenen Würstchen sowie die 1 Stunde lang gekochte und in dünne Scheiben geschnittene Schweinelende. Zum Schluss die Lorbeerblätter herausnehmen, eventuell mit Salz und Pfeffer abschmecken und servieren. Dazu Kartoffeln (Salzkartoffeln) reichen, die geschält 30 Minuten lang mit dem *Choucroute* mitgegart haben können.

Variante: Sie können auch geräucherte Schweinekoteletts hinzugeben, die 1 1/2 Stunden im Sauerkraut gegart wurden, oder aber eine Schweinshaxe (ebenfalls geräuchert), die gleich von Beginn an mitgegart wurde – aber dann müssen Sie noch mehr Freunde einladen.

Lamm – nicht nur zur Osterzeit

Um als Lamm zu gelten, darf so ein Tier nicht mehr (oder nur wenig mehr) als zwölf Kilogramm wiegen. Man unterscheidet Milchlämmer, die ausschließlich mit Muttermilch ernährt wurden, und andere, die auch normales Tierfutter bekommen haben. In Italien wird Lamm der Tradition gemäß an Ostern gegessen, um dann das ganze restliche Jahr über in Vergessenheit zu geraten, obwohl es eigentlich stets auf dem Markt ist. Die teuersten Lämmer sind die so genannten *prés-salés,* die an der bretonischen oder normannischen Atlantikküste aufgewachsen sind und deren Fleisch ganz besonders aromatisch ist. Hervorragend ist auch das Angebot aus Neuseeland. Lammfleisch ist zart, wohlschmeckend, delikat, leicht und nahrhaft – und daher ganz besonders empfehlenswert. Es gibt auch einen großen Bruder, den Hammel, dessen Fleisch noch herzhafter ist – aber in Italien ist er ein illustrer Unbekannter.

Die Garzeiten für Lamm variieren je nach dem Alter des Tieres. Deswegen gebe ich hier auch nur ungefähre Zeiten an.

Lammfleisch gedämpft

Vielleicht das einfachste Gericht der Welt. Auf alle Fälle ist es sehr lecker und delikat.

Für 4 Personen: Das Fleisch einer 1 kg schweren Lammkeule in 2 cm große Würfel schneiden. Mit zerstoßenem Pfeffer einreiben und 2 Stunden lang gardämpfen. Salzen und mit Tomatensauce ← oder einer anderen Sauce nach Ihrem Geschmack anrichten und mit Couscous ← als Beilage servieren.

Lamm in Zitronensauce

Für 4 Personen: 1 kg Lammschulter ohne Knochen in 3 cm große Würfel schneiden. 2 Esslöffel Pflanzenöl und 1 Stück Butter in einer Kasserolle gut erhitzen. Dann das Fleisch hineingeben und 2 Minuten lang unter Wenden mit einem Holzlöffel anbraten. 4 Servierlöffel *Soffritto all'italiana* ← und 1 Teelöffel Pfefferkörner hinzugeben und unter weiterem Rühren 6 Minuten garen. Dann knapp mit kochendem Wasser bedecken und ca. 1 Stunde ohne Deckel weitergaren; dabei Flüssigkeit nachgießen, falls die Zutaten zu trocken werden sollten. Zum Schluss mit Salz abschmecken. 30 g Roux ← und 4 Scheiben Zitrone ohne Schale und Kerne hinzugeben und weitere 5 Minuten oder wenig mehr kochen lassen, bis die Sauce weich und sämig ist. Mit Kartoffelpüree ← servieren.

Lamm mit Aprikosen

Dies ist die italienische Version eines bekannten afghanischen Gerichts. Die getrockneten Aprikosen, die in der arabisch-islamischen Welt so beliebt sind, müssen hierfür wirklich erstklassig sein.

Für 4 Personen: 12 getrocknete Aprikosen 1 Stunde lang in lauwarmem Tee einweichen, ausdrücken und in Stückchen schneiden. 1 kg entbeinte und in 3 cm große Würfel geschnittene Lammkeule in 1 Stück Butter 5 Minuten lang anbräunen. Dann mit ein wenig gesiebtem Mehl bestäuben und die Aprikosen, 2 Gläser Gemüsebrühe ←, 4 Servierlöffel *Soffritto all'italiana* ←, Kurkuma, Ingwer, Koriander, Zimt und zerstoßene Gewürznelken hinzufügen – bei diesem Rezept gibt jeder die Gewürze, die er mag, in der gewünschten Menge hinzu. 1 Stunde ohne Deckel garen; dabei ein wenig Brühe nachgießen, falls die Flüssigkeit zu stark eingekocht sein sollte. Zum Schluss mit Salz abschmecken und mit *Pilaf*-Reis ← servieren.

Paprikalamm

Für 4 Personen: 1 kg Lammbrust in 3 cm große Würfel schneiden und in Olivenöl 5 Minuten lang anbräunen. Mit ein wenig gesiebtem Mehl bestäuben und 1 Glas trockenen Weißwein ohne Alkohol ← angießen. 4 Servierlöffel *Soffritto all'italiana* mit Bauchspeck ←, 1 grüne, 1 rote und 1 gelbe Paprika (alle in Julienne-Streifen geschnitten), 4 Servierlöffel Tomatensauce ← und Paprikapulver nach Belieben (aber es muss schon viel sein) hinzugeben und ungefähr 1 Stunde garen; dabei, wenn nötig, Flüssigkeit nachgießen. Zum Schluss mit Salz abschmecken und etwas Crème fraîche unterrühren.

Lamm mit Joghurt

Für 4 Personen: 1 kg entbeinte und in 2 cm große Würfel geschnittene Lammkeule in 500 g griechischem Joghurt mindestens 4 Stunden lang marinieren lassen. Das Fleisch herausnehmen und mit Küchenkrepp trockentupfen. Den Joghurt aufschlagen und leicht salzen. 4 Scheiben Toastbrot toasten und in Würfel schneiden. Das Fleisch in ein wenig Olivenöl 7 bis 10 Minuten schwenken und dann mit dem Joghurt und den Brotwürfeln verrühren. Mit Salz abschmecken und mit warmer Tomatensauce ←, die mit etwas Paprikapulver gewürzt wurde, anmachen.

Kebabspieß

Für dieses Gericht braucht man Zwiebelsaft. Um ihn zu gewinnen, wäre ein Zentrifuge optimal – sonst können Sie die Zwiebeln auch in dünne Scheiben schneiden und ausdrücken.

Für 4 Personen: Mit 2 Gläsern Pflanzenöl, dem gefilterten Saft von 1 Zitrone, dem Saft von 2 Zwiebeln, Oregano und zerstoßenem Pfeffer eine Marinade herstellen. 1 entbeinte Lammkeule von 1 kg Gewicht in 2 cm große Würfel schneiden und 4 Stunden lang in die Marinade einlegen. Herausnehmen und gut trockentupfen. Nun die Würfel abwechselnd mit Tomaten, Zwiebelscheiben, Paprikascheiben und Lorbeerblättern zu

Fleischspießen anrichten. Auf einen angeheizten Grill legen und 5 bis 7 Minuten lang garen, dabei immer wieder mit der Marinade bepinseln. Zum Schluss salzen und servieren. Einen Kebab oder irgendeinen anderen Spieß ohne vorheriges Marinieren zuzubereiten, hat keinen Sinn.

Das gute Huhn

Es versteht sich von selbst, dass all die im Folgenden vorgestellten Gerichte nur mit einem guten Huhn, das im Leben frei herumlaufen und nach Lust und Laune scharren durfte, gelingen können. Und damit beginnt die Misere, denn solch ein Huhn aufzutreiben, ist heute schon wie ein Sechser im Lotto. Wenn Sie sich über die Qualität des Tieres nicht ganz sicher sind, sollten Sie es lieber nicht als Brathuhn oder in Sahne garen (diese Art der Zubereitung verzeiht Mittelmäßigkeit nicht), sondern in Wein, mit Paprika, vielen Kräutern und anderen Aromastoffen, die die Qualität – vielleicht – vergessen lassen. Dennoch ist es besser, sich auf die Jagd nach einem guten Huhn zu machen.

Brathuhn

Wie bereitet man ein leckeres Brathuhn zu? 1 wirklich erstklassiges Huhn ausnehmen, abspülen, trockentupfen und leicht zusammendrücken. Dann außen und innen mit Salz und Pfeffer einreiben. In einer Kasserolle Fett, halb Butter (am besten geklärt ←), halb Olivenöl (aber nicht *extravergine*), gut erhitzen und das Huhn 4 Minuten von allen Seiten anbraten. Dann 2 Knoblauchzehen, 1 Rosmarinzweig und 2 Salbeiblätter hinzugeben. Außerdem 1 zerkleinerte Hühnerkarkasse, und zwar aus folgendem Grund: Beim Schmorhuhn taucht zum Schluss immer das Problem auf, dass zu wenig Fond im Topf ist, um das Huhn damit anzumachen, zumal heutzutage eine schöne fette Hühnerhaut nur noch eine vage Erinnerung an vergangene Zeiten ist. Das Mitgaren der Karkasse sorgt dafür, dass sich ein gehaltvollerer Fond bilden kann.

Die Kasserolle nun in den Backofen stellen und bei 200 °C fertig garen, was ungefähr 1 Stunde dauern wird, aber das hängt auch davon ab, ob das Huhn in seinem Leben ausgiebig scharren durfte. Den Braten hin und wieder wenden und mit dem Fond übergießen. Zum Schluss das Huhn aus dem Ofen nehmen und warm stellen. Den Fond durch ein Sieb passieren, wieder in die Pfanne geben und mit 1 Glas Weißwein ablöschen ←, dabei möglichst viel von der Kruste abschaben und die Sauce gut aufschlagen. Das Huhn halbieren, mit der Sauce anmachen, noch 1 Schuss Olivenöl darüber geben und servieren. 1 Poularde von 1 kg Gewicht reicht für 2 Personen.

Essen Sie das Huhn mit den Fingern. Bei einem Brathuhn Besteck zu benützen, wäre völlig verfehlt. Und essen Sie nicht nur das helle Fleisch, sondern auch die Haut, die am allerschmackhaftesten ist, und lecken Sie auch mal an den Knochen – die haben nämlich sehr viel Geschmack.

Schmorhuhn

Wie man sich denken kann, bin ich auch beim Huhn ganz versessen auf Schmorbraten.

Grundrezept: Das Huhn ausnehmen, abspülen und zerteilen, dabei unbedingt die Haut dranlassen. Die Stücke mit Mehl bestäuben und ein wenig schütteln, damit überschüssiges Mehl abfällt. In einer Kasserolle Fett (halb Butter, halb Olivenöl, nicht *extravergine*) erhitzen (reichlich, wenn das Huhn mager, etwas weniger, wenn das Huhn fett ist) und die Teile bei starker Hitze 3 Minuten lang anbraten. Dann 1 Glas trockenen Weißwein ohne Alkohol ← angießen, den Deckel auflegen und bei ganz schwacher Hitze 45 Minuten garen; dabei Hühnerbrühe ← dazugeben, wenn die Flüssigkeit zu stark einkochen sollte. Das Fleisch aus der Pfanne nehmen und warm stellen. Gemüse oder andere Zutaten Ihrer Wahl in die Kasserolle geben, wenn nötig, noch ein wenig Brühe hinzufügen und sanft einkochen lassen. Wenn alles gar und die Konsistenz sämig ist, die Hühnerteile wieder in den Topf geben und 2 Minuten darin ziehen lassen. Alternativ können Sie auch bereits separat gegarte Zutaten zu den Hühnerteilen geben. Salzen, pfeffern und servieren.

Schmorhuhn mit Artischocken

Für 4 Personen: Eine ungefähr 1,2 kg schwere Poularde ausnehmen, gut abspülen und nach Grundrezept ← zubereiten. 4 Artischocken putzen (die harten Teile entfernen), zerteilen und die Stückchen nach und nach in eine Schüssel mit Zitronenwassser geben. Dann gut abtropfen lassen, in Mehl wenden und in einer Pfanne mit 4 Esslöffeln Olivenöl 3 Minuten lang anbräunen. 4 Servierlöffel *Soffritto all'italiana* ←, 2 Knoblauchzehen und 1 Gläschen Hühnerbrühe ← hinzugeben und 15 Minuten lang garen lassen. Dann die fertig gegarten Hühnerteile zu den Artischockenstückchen in die Pfanne geben (oder auch umgekehrt); wenn nötig, noch ein wenig Brühe angießen und 2 Minuten lang kochen, mit Salz und Pfeffer abschmecken und servieren.

Hühnerfrikassee

Für 4 Personen: 1 Poularde von 1,2 kg Gewicht vorbereiten und nach dem Grundrezept für Schmorhuhn ← garen. Dann das Fleisch aus der Kasserolle nehmen und 16 glasierte Zwiebelchen ← hineingeben, ebenso 100 g getrocknete Pilze (in lauwarmem Wasser 20 Minuten lang eingeweicht und in der Pfanne 10 Minuten lang angebräunt), 100 g Bohnen (1 Minute lang blanchiert), 1 Hand voll klein gehackte Minze, den gefilterten Saft von 1 Zitrone und 1 Glas Sahne. 2 Minuten lang aufkochen lassen. Das Fleisch nun wieder hinzufügen und weitere 2 Minuten garen, dabei, falls nötig, ein wenig Hühnerbrühe ← angießen; mit Salz und Pfeffer abschmecken. Vom Feuer nehmen, mit 2 Eigelb legieren und servieren.

Hühnerfrikassee mit Garnelen

Für 4 Personen: 1 Poularde von 1,2 kg Gewicht ausnehmen, abspülen und nach dem Grundrezept für Schmorhuhn ← zubereiten. Wenn das Fleisch gar ist, 8 Garnelenschwänze ohne Darm, 100 g gekochte Kalbszunge (in Julienne-Streifen geschnitten), 4 zerkleinerte Anchovisfilets, 100 g Kalbsbries (30 Sekunden lang blanchiert, enthäutet und 10 Minuten lang angebräunt), 100 g Champignons (halbiert und 10 Minuten lang in heißem Fett geschwenkt), 8 glasierte Zwiebelchen ←, den gefilterten Saft von 1/2 Zitrone und 1 Hand voll Kapern hinzufügen. 2 Minuten lang kochen und dabei, falls nötig, ein wenig Hühnerbrühe ← angießen. Mit Salz und Pfeffer abschmecken. Die Kasserolle vom Herd nehmen, die Zutaten mit 2 Eigelb legieren und servieren.

Curryhuhn

Für 4 Personen: 500 g Currygemüse ← zubereiten. 1 Poularde von 1,2 kg Gewicht ausnehmen, abspülen und nach dem Grundrezept für Schmorhuhn ← zubereiten. Wenn das Fleisch gar ist, das Currygemüse hinzugeben, und das Ganze 2 Minuten lang kochen; dabei, falls nötig, ein wenig Hühnerbrühe angießen. Mit Salz und Pfeffer abschmecken und mit 2 Servierlöffeln Joghurt oder Crème fraîche angemacht servieren.

Huhn im Backofen

Grundrezept: Das Huhn ausnehmen und zerteilen, dabei die Haut auf keinen Fall wegschneiden. In einer Kasserolle Fett (halb Olivenöl – aber nicht *extravergine* –, halb Butter) erhitzen (reichlich, wenn die Haut mager, etwas weniger, wenn die Haut fett ist) und die Teile 3 Minuten lang bei starker Hitze anbraten. Den Deckel auflegen und das Fleisch im Backofen bei 180 °C ca. 45 Minuten weitergaren, dabei hin und wieder wenden. Dann das Fleisch aus der Kasserolle nehmen, warm stellen und den Fond mit 1 Glas Weißwein ablöschen. Die gewählten Zutaten, Gemüse oder was auch immer, hinzufügen und, wenn es sich um rohe Zutaten handelt, fertig garen. Dann das Fleisch wieder in die Kasserolle geben, mit Salz und Pfeffer abschmecken und servieren. Dieses Gericht unterscheidet sich nun nicht so sehr vom Schmorhuhn, auch wenn es insgesamt wohl etwas »trockener« wird.

Huhn im Backofen mit Artischocken-*Caponata*

Für 4 Personen: 1 Poularde von 1,2 kg Gewicht säubern, ausnehmen und nach Grundrezept ← zubereiten. Nach dem Ablöschen des Fonds mit 1 Glas Weißwein 400 g *Caponata* ← mit Artischocken hinzufügen und 2 Minuten garen. Das Fleisch wieder in die Pfanne geben und weitere 2 Minuten garen. Mit Salz und Pfeffer abschmecken und servieren.

Zum Schluss noch drei superklassische und superleckere Rezepte.

Huhn in Wein

Für 4 Personen: 1 ausgenommene und vorbereitete Poularde von 1,2 kg Gewicht in 8 Teile zerlegen und in 1 Stück Butter bei stärkerer Hitze in einer Schmorpfanne 3 Minuten lang anbraten. Mit 1 Glas Brandy oder Cognac flambieren und 0,3 l Rotwein *Pinot nero* ohne Alkohol ←, 0,2 l Hühnerbrühe ←, 1 Esslöffel Rohrzucker, 16 Zwiebelchen (*cipolline borettane*), 100 g gewürfelten Bauchspeck, 2 Knoblauchzehen, 1 Kräuterbund ← und 20 halbierte Champignons hinzufügen. Den Deckel auflegen und bei schwächster Hitze ungefähr 1 Stunde lang (die Garzeit hängt davon ab, ob es ein freilaufendes Huhn war) garen. Zum Schluss das Kräuterbund entfernen, 30 g Roux ← hinzugeben und 3 Minuten aufkochen. Mit Salz und Pfeffer abschmecken.

- Die Hühnerteile können vor dem Anbräunen leicht mit Mehl bestäubt werden. In diesem Fall sollte etwas mehr Hühnerbrühe angegossen werden. Das Andicken mit Roux zum Schluss ist dann nicht mehr notwendig.

Huhn in Sahnesauce

Für 4 Personen: 1 Poularde von 1,2 kg Gewicht in einem Topf mit kochendem Wasser, das mit 1 Karotte, 1 Stange Sellerie, 2 Lorbeerblättern, 1 Zwiebel (mit 2 Gewürznelken gespickt) und 1 Hand voll Pfefferkörnern aromatisiert wurde, 80 Minuten lang garen. Das Huhn herausnehmen und aus der Hühnerbrühe 0,3 l Cremesuppe ← oder Béchamelsauce ← zubereiten. Diese mit 0,2 l Sahne legieren und mit Salz, Pfeffer und Muskatnuss abschmecken. Die Hühnerteile in der Sauce servieren und dazu Risotto *alla piemontese* ← als Beilage reichen. Für diese Zubereitung muss das Huhn wirklich super sein.

Suppenhuhn mit Austernsauce

Für 4 Personen: 1 ausgenommenes und vorbereitetes Suppenhuhn von 1,5 kg Gewicht in einem mit Wasser gefüllten Topf mit 1 Karotte, 1 Selleriestange, 1 Zwiebel (mit 2 Gewürznelken gespickt) und 2 Lorbeerblättern ungefähr 2 Stunden lang gar kochen (die exakte Garzeit hängt vom Alter des Tieres ab). Dann das Suppenhuhn herausheben und warm stellen. 16 rohe Austern öffnen, ihr Wasser filtern und aufheben. 0,2 l von der Hühnerbrühe mit Austernwasser erhitzen, 1 Glas Sahne und 30 g Roux ← hinzugeben und zugedeckt unter Rühren einkochen lassen, bis eine sämige Sauce entstanden ist. Die zerkleinerten Austern hinzufügen und 1 Minute lang kochen lassen. Eventuell mit Salz und Pfeffer abschmecken. Das Suppenhuhn zerteilt in der Sauce servieren. Auf diese Art lässt sich auch ein Kapaun oder eine *pollanca*, das heißt, ein wie ein Kapaun ernährtes Huhn, zubereiten – aber ist jemand schon mal auf solch ein Tier gestoßen?

Ente und Gans, die illustren Verschwundenen

Zwei Schwimmvögel, die sehr, sehr lecker sein können. Aber leider sind sie in der gastronomischen Kultur Italiens nahezu ausgestorben. Bis auf ein Teil, das heutzutage sogar groß in Mode ist und um das sich alle Restaurants reißen – die Entenbrust. Aber für den Rest sieht es finster aus. Sehr schade.

Ente mit Orange

Ente mit Orange ist das berühmteste Gericht unter den Klassikern der französischen Küche, aber leider auch das am häufigsten schlecht nachgekochte. Ein Rezept, von dem in Feinschmeckerkreisen immer wieder die Rede ist und das nur von wenigen Köchen wirklich beherrscht wird. Im Folgenden nun meine Version. Es handelt sich nicht um »das«, sondern um »ein« Rezept für Ente mit Orange. In der guten Küche gibt es gottlob keine perfekten Rezepte, dafür aber unzählige Neuschöpfungen. Auch dies hier ist meine persönliche Neuschöpfung. Die Zubereitung ist etwas langwierig, aber nicht allzu schwer.

Für 6 Personen: 1 Ente von 2 kg Gewicht ohne Innereien, Kopf, Hals, Füße und Federn, bei der innen sorgfältig alles Fett entfernt wurde, außen und innen salzen und pfeffern. 100 g Butter in einem ovalen Schmortopf zerlassen und die Ente darin 6 Minuten lang auf allen Seiten goldgelb anbraten. 1 Glas Grand Manier angießen und flambieren ←. Den Deckel auflegen, die Flamme auf die kleinste Stufe zurückdrehen und die Ente unter mehrmaligem Wenden 1 Stunde lang garen. Dann aus dem Topf heben, zerteilen und das Fleisch warm stellen. 2 Bitterorangen schälen und in Scheiben schneiden, in eine beschichtete Pfanne geben und mit ein wenig Fleischfond ← 5 Minuten lang kochen lassen. Die Orangenschalen (ohne das Weiße) in schmale Julienne-Streifen schneiden und 3 Minuten lang blanchieren ←. Für die Sauce den gefilterten Saft von 3 Bitterorangen, 2 Esslöffel Essig, 2 Esslöffel Zucker, 1 Glas Fleischfond ← und 30 g Roux ← in den Fond geben und 10 Minuten leicht köcheln lassen. Mit Salz abschmecken und die blanchierten Orangenschalenstreifen unterrühren. Die Ententeile auf einer gut vorgewärmten Servierplatte anrichten, mit geschmorten Orangenscheiben garnieren und mit der Sauce beträufeln.

Entenkeulen

Unkomplizierter und leckerer geht es nicht mehr. Wie schon erwähnt, ist Entenbrust zur Zeit groß in Mode. Nun ist aber jede Entenbrust unvermeidlich auch mit zwei Keulen verbunden, die allgemein ignoriert werden, obwohl sie eigentlich noch köstlicher sind. Und so sind Entenbrüste sehr teuer, während man Entenkeulen schon relativ preiswert bekommt – aber es ist eben schwer heranzukommen, man muss sie beim Metzger bestellen. Kuriose Folgen kulinarischer Modeerscheinungen.

Für 4 Personen: 8 Entenkeulen in 1 Stück Butter 8 Minuten lang anbraten. Dann vom Feuer nehmen und mit einer Spritze Grand Manier ins Fleisch injizieren. Die Menge hängt von Ihrem Geschmack ab, aber übertreiben sollten Sie nicht. Dann wieder aufs Feuer stellen und bei schwacher Hitze zugedeckt fertig garen (falls nötig, ein wenig Universalbrühe ← angießen). Das wird so zwischen 30 und 40 Minuten dauern. Zum Schluss mit Salz abschmecken. Das ist schon alles, aber es ist wirklich ein Hochgenuss.

Entenragout mit Rotwein

Für 6 Personen: 1 Ente von 2 kg Gewicht ohne Innereien, Kopf, Hals, Füße und Federn, außen und innen sorgfältig von allem Fett gesäubert, in Stücke zerlegen und diese mit Butter oder

Olivenöl 6 Minuten lang anbräunen. Dann 1 Glas Rotwein ohne Alkohol ←, 6 Servierlöffel Schalotten-*Soffritto* ←, 300 g halbierte Champignons und 24 Zwiebelchen (*cipolline borettane*) hinzugeben. Den Deckel auflegen und 30 Minuten lang bei sehr schwacher Hitze garen; dabei ein wenig Universalbrühe ← angießen, falls die Flüssigkeit zu stark einkochen sollte. Anschließend 0,2 l Sahne hineingießen, verrühren, 3 Minuten köcheln lassen, mit Salz und Pfeffer abschmecken und mit gehackter Petersilie bestreuen. Dazu *Pilaf*-Reis ← als Beilage reichen.

- Ich weiß schon, die Zutaten Zwiebelchen und Champignons tauchen in unheimlich vielen meiner Rezepte auf. Aber sie schmecken einfach so gut!

Gans mit Äpfeln

Für 8 Personen: 1 Gans von 3 kg Gewicht sorgfältig vorbereiten. 1 kg Äpfel in Scheibchen schneiden, die Gans damit füllen und mit Küchengarn gut zusammenbinden. Dann in wenig Öl bei starker Hitze 8 Minuten von allen Seiten anbraten. Danach das Fett abgießen und dafür einen aromatischen Weißwein ohne Alkohol ← angießen, die Flamme herunterdrehen und bei ganz schwacher Hitze zugedeckt 1 Stunde und 30 Minuten lang garen, dabei ein wenig Universalbrühe ← angießen, falls die Flüssigkeit zu rasch einkochen sollte. Mit Salz und Pfeffer abschmecken und das Küchengarn entfernen. Die Gans mit Apfelsauce ← servieren.

Gans mit Bohnen

Für 8 Personen: 1 Gans von 3 kg Gewicht in Stücke teilen und diese in Olivenöl und Butter 8 Minuten lang anbraten. Das Fett abgießen, 1 Glas aromatischen Weißwein ohne Alkohol ← hinzufügen und zugedeckt bei schwacher Hitze garen, dabei ein wenig Universalbrühe ← angießen, falls die Flüssigkeit zu stark einkochen sollte. Das Fleisch herausnehmen und dafür 800 g bissfest gekochte Cannellini-Bohnen in die Schmorpfanne geben, dazu 1 Glas Brühe, 4 Servierlöffel Zwiebel-*Sof-*

fritto ←, 1 gute Messerspitze Tomatenmark, Chilischoten, Zimt und Muskatnuss nach Ihrem Geschmack. 10 Minuten lang kochen lassen, das Gänsefleisch dazugeben, mit Salz abschmecken und servieren.

Besondere Leidenschaft des Autors Nr. 24:

Gänseleber

Unter *foie gras* versteht man die vergrößerte Leber von Gänsen (und auch Enten), die mit Mais gemästet wurden, wobei manch einer auch immer noch auf getrocknete Feigen schwört. Das grausame, gewaltsame Stopfen von Gänsen, *gavage* genannt, gibt es nicht mehr. Frische Gänseleber, in Scheiben geschnitten und zwei Minuten oder nur wenig länger in heißem Fett geschwenkt, schmeckt zwar auch köstlich, aber hauptsächlich wird sie als Gänseleber-Terrine angeboten, wobei es sich um ein handwerkliches oder halbindustrielles Produkt handeln kann. Besonders passend dazu ist ein süßer Likörwein.

Gänseleber-Terrine

Für 2 Personen: Je 1 Portion Gänseleber aus der Terrine auf 2 Teller geben und dann diesen Gaumenschmaus auf gutem geröstetem Brot mit einem lieben Menschen in Ruhe und Frieden teilen. Trinken Sie dazu einen *Passito* (Likörwein) oder einen *Sauternes*.

Gebratene Gänseleber

Für 2 Personen: 200 g frische Gänseleber in Scheiben schneiden. Eine beschichtete Pfanne erhitzen und die Scheiben darin 3 Minuten auf jeder Seite anbraten. Herausnehmen und warm stellen. Den Fond mit 1 Gläschen Portwein ablöschen, 0,1 l Universalbrühe ← angießen, 20 g Roux ← und 40 g schwarze Trüffel, in Julienne-Streifen geschnitten, hinzufügen und 5 Minuten lang kochen lassen. Mit Salz und Pfeffer abschmecken. Die Gänseleber mit dieser Sauce garniert servieren und dazu je

1 Glas *Passito* oder *Sauternes* reichen. Wer will, gibt die Gänseleber auf 1 Scheibe in Butter gebackenem oder getoastetem Brot. Den Portwein können Sie durch jeden süßen Likörwein ersetzen.

Die Gartechniken für Ei

Das Ei ist eine der vielseitigsten Zutaten in der Küche. In der klassischen französische Küche, wo Ei sehr beliebt war, sollen mehr als 1000 Eirezepte bekannt gewesen sein; und in der Tat wimmelt es auf diesem Gebiet von französischen Begriffen – unglaublich eigentlich, wenn man bedenkt, dass Eier schon seit Menschengedenken zubereitet und gegessen wurden. Heutzutage sind sie ein wenig in Verruf geraten, weil sie zu »schwer« seien. Das ist natürlich nicht wahr, sie sind einfach nur nahrhaft, leicht und lecker. Schwer sind sie nie, auch wenn man bei der Zubereitung Fehler macht.

- Es ist von grundlegender Bedeutung, dass die Eier zwei Stunden vor dem Garen auf Zimmertemperatur gebracht werden. Man sollte sie niemals aus dem Kühlschrank heraus sofort in die Pfanne geben.

Zubereitung mit Schale

À la coque oder »in der Schale«

Durch die kurze Garzeit wird das Eiweiß weich, das Eigelb bleibt flüssig und ist gerade mal so lauwarm.

Auf mittlerer Flamme reichlich Wasser in einem Topf erhitzen; kurz bevor der Siedepunkt erreicht ist (das Wasser darf sich nur leicht bewegen) behutsam die Eier hineintauchen. Die Flamme auf die kleinste Stufe stellen und die Eier 3 Minuten lang köchelnd garen. Dann abgießen und in Eierbecher geben. Sogleich die Spitze pellen, sonst kocht es noch weiter. Das

Ei ein wenig salzen und mit einem Eierlöffel oder auch, indem Sie *crostini* oder gekochte Gemüsestücke hineintunken, verzehren.

Mollets oder weiche Eier

Ein Mittelding zwischen den Eiern *à la coque* und harten Eiern. Hierbei sollte sich das Eiweiß verfestigt haben, aber immer noch ein wenig weich sein. Das Eigelb ist cremig. Die Eier in einen kleinen Topf geben und mit kaltem Wasser bedecken. Langsam zum Kochen bringen, die Flamme herunterdrehen und die Eier nur leicht sprudelnd 5 Minuten kochen. Werden sie in bereits kochendes Wasser gegeben, brauchen sie 1 Minute länger. Dann gleich unter laufendem kaltem Wasser abschrecken, behutsam pellen, damit sie nicht einreißen, und vor dem Servieren einige Augenblicke lang in heißes Salzwasser geben.

Harte Eier

Die klassischste Zubereitungsart. Sowohl Eiweiß als auch Eigelb müssen durch und durch fest sein.

Einen kleinen Topf Wasser zum Kochen bringen, 1 Esslöffel Essig hinzufügen, damit die Schale nicht reißt, die Eier hineinlegen und leicht sprudelnd 8 Minuten (wenn der Dotter noch ein klein wenig weich sein soll) und 10 Minuten (wenn er hart und blassgelb sein soll) kochen. Unter laufendem kaltem Wasser abschrecken und pellen; dabei auch die dünne Membran entfernen.

Harte Eier können Sie auch kochen, indem Sie die rohen Eier in kaltes Wasser geben (der Wasserspiegel muss mindestens 3 cm höher sein) und sie bei mittlerer Hitze zum Kochen bringen. Ist der Siedepunkt erreicht, müssen die Eier noch 8 Minuten garen.

Kochen Eier länger als 10 Minuten, bildet sich um den Dotter eine grünliche, unschöne und schwer verdauliche Patina. Das Gleiche geschieht, wenn Sie die Eier nicht sofort abschrecken, sondern den schwefeligen Substanzen des Eiweißes Zeit lassen, sich mit dem Eisen des Dotters zu verbinden, was eine Färbung zur Folge hat.

Garen ohne Schale

Brouillés oder Rührei

Eine etwas heikle Zubereitungsart. Die Eier dürfen nicht zu flüssig, aber auch nicht zu fest sein, sondern weich, homogen und cremig. Leichter gesagt als getan.

2 Eier pro Person aufschlagen und in eine Schüssel geben, salzen, pfeffern und kurz mit der Gabel durchschlagen. 1 Stück Butter bei schwacher Hitze in einer Pfanne zerlassen, die geschlagenen Eier hineingeben und unter ständigem Rühren mit der Gabel oder einem Holzlöffel auf kleiner Flamme braten: Die Masse muss gleichmäßig fest werden, ohne zu sehr auszutrocknen, das heißt, die Konsistenz einer dickeren Creme annehmen. Dann die Pfanne vom Herd nehmen und unter weiterem Rühren ein wenig kalte Butter in Flocken unterziehen – oder auch einen Esslöffel Sahne oder Milch. Damit wird der Kochvorgang unterbrochen, und das Rührei bleibt weich. Rührei kann man auch im Wasserbad garen, das ist noch schonender. Schon bevor das Wasser kocht, gibt man die geschlagenen Eier in den Wasserbadtopf und fügt zum Schluss, wiederum abseits des Herdes, Butter, Sahne oder Milch hinzu.

Omelett

Ein Omelett muss außen goldgelb und innen weich sein.

2 Eier pro Person mit 1 Prise Salz in einer Schüssel mit der Gabel (nicht mit dem Schneebesen, weil dadurch zu viel Luft untergemengt würde) so lange schlagen, bis sich Dotter und Eiweiß zu einer homogenen Masse verbunden haben. Es stimmt nicht, dass das Omelett lockerer und leichter wird, wenn man die Eier lange schlägt. Im Gegenteil macht der Schaum, der sich dadurch bildet, die Eier schwerer, die Verbindung zerfasert, das

Omelett kann sich nicht so schnell verfestigen und wird im Endergebnis weniger weich sein.

Ein wenig Olivenöl (oder ein wenig Olivenöl und ein wenig Butter) in einer Pfanne erhitzen und die Eier in das heiße Fett geben (es versteht sich von selbst: Je größer die Pfanne, desto dünner können Sie das Omelett zubereiten). Nach einigen Augenblicken rasch mit der Gabel zu rühren beginnen und dadurch die Ränder, die sich sofort verfestigen, zur Mitte bewegen: Wenige Sekunden reichen, damit die Eier zu einer weichen Masse eindicken, die aber ganz in der Mitte noch etwas flüssig sein soll. Die Flamme auf mittlere Stärke herunterdrehen und das Omelett weitergaren, sodass sich unten eine leichte Kruste bildet, während die Oberfläche noch cremig bleibt. Um das Omelett zu wenden, halten Sie einen Deckel oder einen flachen Teller (er muss größer sein als die Pfanne und am besten zuvor in heißes Wasser getaucht werden) auf die Pfanne und drehen sie mit einer kurzen Bewegung. Die Pfanne auf dic jctzt wieder größere Flamme zurückstellen, noch ein wenig Öl hineingeben, und wenn es heiß ist, das Omelett behutsam vom Teller hineingleiten lassen. Die Flamme wieder kleiner stellen und das Omelett 2 Minuten weiter garen, sodass es trockener wird, innen aber noch weich bleibt. Das Wenden können Sie sich auch sparen, indem Sie die Pfanne mit dem Deckel schließen, den Herd auf die niedrigste Temperatur stellen und das Omelett auf diese Weise auch an der Oberfläche fest werden lassen. Wollen Sie Ihr Omelett hingegen im Backofen garen, geben Sie das geschlagene Ei in eine mit ein wenig Öl eingefettete beschichtete Form und stellen diese 15 Minuten lang bei 170 °C in den Ofen, bis das Ei fest geworden ist.

Französisches Omelett

Dieses *omelette platte* ist unserem Omelett sehr ähnlich, nur ist es flacher und wird lediglich auf einer Seite in Butter gebraten, bis sich eine feine Kruste gebildet hat, und dann zusammengefaltet. Dem geschlagenen Ei kann man ein wenig Milch oder einige

Flöckchen Butter hinzufügen. Das Innere des *omelette platte* muss noch – ein herrlicher Ausdruck – »*baveuse*«, das heißt ein wenig flüssig und weich sein. Die Füllung wird vor dem Zusammenfalten in die Mitte des Omeletts gegeben, und kurz vor dem Servieren kommt noch ein Flöckchen frische Butter obendrauf.

Spiegelei

Das Eiweiß darf nicht mehr flüssig, muss aber noch ein wenig weich sein, das Eigelb hingegen noch richtig flüssig, praktisch roh, aber warm: Das ist zwar nicht die Quadratur des Kreises, aber beinahe. Wie beim Kochen in der Schale ist es auch hier wichtig, dass die Eier mindestens 2 Stunden vor der Zubereitung aus dem Kühlschrank genommen werden, sodass sie dann Zimmertemperatur haben; andernfalls kann sich das kalte Eigelb in der kurzen Garzeit nicht erwärmen.

1 Stück Butter mit 1 Prise Salz bei niedriger Temperatur in einer beschichteten Pfanne zerlassen, bis sie sich hellbraun verfärbt hat. Öl sollte man bei diesem Rezept nicht verwenden!

Die Eier aufschlagen, auf ein Tellerchen geben und behutsam in die Pfanne gleiten lassen. Die Flamme höher stellen und die Pfanne ein wenig schwenken, damit sich das Eiweiß gut auf dem Pfannenboden verteilt und fest zu werden beginnt. Damit es schneller und gleichmäßiger gart, können Sie es mit der Gabel vom Rand des Dotters lösen und ein wenig wegziehen. Ist das Eiweiß fest, das Spiegelei sofort salzen und pfeffern (aber nur das Eiweiß) und servieren. Der Dotter darf sich keinesfalls verfestigen.

Es gibt noch eine andere Methode, damit das Eigelb schön flüssig bleibt: Und zwar kann man zunächst das Eiweiß garen. Dazu trennen Sie nach dem Aufschlagen den Dotter vom Eiweiß, das Sie in eine Pfanne mit zerlassener Butter geben und fest werden lassen. Nur an der Oberfläche sollte es noch ein wenig milchig sein. In der Mitte des Eiweißes nun ein Loch formen, ohne es zu zerreißen, indem Sie mit der Rückseite eines Esslöffels leicht darauf drücken und den Dotter hineingleiten lassen. Bei starker Hitze 1 Minute garen und anschließend nur das Eiweiß salzen und pfeffern. Den Dotter können Sie mit ein wenig Butter aus der Pfanne würzen.

Spiegelei im Backofen

Eine Variante des Spiegeleis. Die Eier einzeln in mit Butter oder Öl ausgestrichene Backförmchen geben und dabei aufpassen, dass die Dotter heil bleiben. Das Eiweiß ein wenig salzen, auf jedes Ei 1 Esslöffel zerlassene Butter geben und im Backofen bei 200 °C 5 Minuten lang garen.

Pochierte oder verlorene Eier

Das sind jene Eier, die nie gelingen wollen – ein wahrer Alptraum für Heerscharen von Köchen. Auch für mich. Das Eiweiß muss im heißen Wasser garen und fest werden, der Dotter aber flüssig bleiben! Im Folgenden meine etwas unorthodoxe Methode, die aber funktioniert. Hin und wieder wenigstens ...

Der Schlüssel zum Erfolg ist, ein Übermaß an Wasser und zu starke Hitze zu vermeiden. Sie nehmen also einen hohen Topf von 25 cm Durchmesser mit Deckel, füllen ihn 6 cm hoch mit Wasser und bringen es bei starker Hitze zum Kochen. Unterdessen schlagen Sie die Eier, die Sie unbedingt wieder 2 Stunden zuvor aus dem Kühlschrank genommen haben müssen, vorsichtig in Espressotassen auf, und zwar 1 Ei pro Tasse. Wenn das Wasser kocht, die Temperatur auf die kleinste Stufe stellen und ein wenig Salz und 2 Esslöffel Essig hineingeben. Die erste Espressotasse nun ins Wasser halten, die Oberkante 1 cm tief eintauchen und das Ei überaus behutsam ins heiße Wasser gleiten lassen. Wenn alle Eier im Wasser sind, den Topf schließen und die Herdplatte ganz ausstellen. Nun die Eier 3 Minuten lang (ziemlich genau auf die Sekunde) garen, dann mit einem Schaumlöffel herausheben und die Ausfransungen des Eiweißes entfernen. Solche verlorenen Eier können auch auf Vorrat zubereitet werden. Sie nehmen sie sozusagen al dente aus dem Wasser, stoppen den Garvorgang, indem Sie sie ins kalte

Wasser geben, und können sie dann im Kühlschrank bis zu 3 Tage lang aufheben. Wenn Sie sie dann servieren wollen, brauchen Sie sie nur noch kurz im Wasserbad 1 Minute lang zu garen.

Verlorene Eier im Wasserbad

Bei dieser Zubereitung im Wasserbad muss zum Schluss das Eiweiß fest, der Dotter aber noch weich sein.

Einige feuerfeste Tässchen mit Butter ausstreichen, in jedes 1 Esslöffel Sahne geben und 1 Ei hineinschlagen. Mit Salz, Pfeffer und Butterflöckchen anmachen, die Tässchen bis auf halbe Höhe in ein Gefäß mit kochendem Wasser geben und im Backofen bei 200 °C oder auf dem Herd ungefähr 5 Minuten lang garen. Wenn Sie möchten, können Sie die Sahne auch weglassen.

Die leckersten Eiergerichte

Hier nur einige wenige, aber schmackhafte und beliebte Eiergerichte.

Rührei mit Garnelen

Für 2 Personen: 30 g Butter in einer Pfanne zerlassen, und wenn sie schäumt, 100 g Garnelen, 0,1 l Milch, Salz und Pfeffer hineingeben und alles 2 Minuten erhitzen. 4 Eier aufschlagen und in einer Schüssel mit Salz und Pfeffer verrühren, in die Pfanne geben und bei schwacher Hitze garen, dabei ständig rühren (siehe Rührei), bis die Eier locker und cremig sind. Dann vom Feuer nehmen, unter weiterem Rühren 10 g Butter unterziehen und mit ein wenig Dill oder fein gehackter Petersilie würzen.

Rührei mit Pilzen

Für 2 Personen: 150 g Champignons putzen und in Würfelchen schneiden. 2 Knoblauchzehen in einer Pfanne in 20 g Butter oder 2 Esslöffeln Olivenöl goldgelb andünsten. Den Knoblauch herausnehmen, die Pilze hinzufügen, salzen, pfeffern und bei stärkerer Hitze 15 Minuten lang garen, bis alles Pilzwasser verdampft ist. Dann mit fein gehackter Petersilie verfeinern. Nun 4 Eier mit ein wenig Zitronensaft, Salz und Pfeffer in einer Schüssel schlagen, über die Pilze gießen und bei schwacher Hitze garen, dabei ständig rühren, damit die Eier locker und cremig werden. Vom Feuer nehmen und unter weiterem Rühren 10 g Butter unterziehen.

Omelett mit Artischocken

Für 4 Personen: 4 Artischocken putzen und dabei die härteren äußeren Blätter und den unteren Teil des Stiels entfernen, dann in kleine Stückchen schneiden und in Zitronenwasser geben. In einer Pfanne 4 Esslöffel Olivenöl mit 1 Stück Butter und 1 fein gehackten Knoblauchzehe erhitzen. Die Artischockenstückchen (abgetropft, getrocknet und leicht mit Mehl bestäubt) hinzugeben, den Deckel auflegen und bei schwacher Hitze unter gelegentlichem Rühren garen, dabei ein wenig kochendes Wasser hinzugießen, falls die Artischocken anbrennen sollten. Es wird ca. 15 Minuten dauern, bis sie zart, aber noch bissfest sind. Salzen, pfeffern und die Flüssigkeit bei starker Hitze ganz einkochen. 6 Eier aufschlagen und mit 4 Esslöffeln geriebenem *pecorino* (Schafskäse) oder Parmesan, Salz, Pfeffer und 1 guten Esslöffel fein gehacktem Oregano oder Majoran verquirlen. Die lauwarmen Artischocken darunter mischen, 5 Minuten lang ziehen lassen und dann nach dem Rezept für Omelett ← garen.

Omelett mit schwarzen Trüffeln

Für 4 Personen: 80 g schwarze Trüffel mit einem feuchten Tuch säubern und sorgfältig abbürsten. 6 Eier aufschlagen und mit 4 Esslöffeln Milch oder Sahne, 3 Esslöffeln Parmesan, 1 Prise Salz und 1 guten Portion Pfeffer aus der Mühle verquirlen. Die geriebenen oder in Scheibchen gehobelten Trüffel darunter rühren und 5 Minuten lang ziehen lassen. Dann alles mit 4 Esslöffeln heißem Olivenöl in eine große Pfanne geben und nach dem Rezept für Omelett ← zubereiten.

Froschomelett

Für 4 Personen: 400 g gesäuberte Froschschenkel waschen, trockentupfen und die Knöchelchen entfernen. Dann mit 1 Knoblauchzehe, die danach wieder entfernt wird, in Butter und 3 Esslöffeln Olivenöl anbraten; 1 Glas Weißwein ohne Alkohol ← angießen und einkochen lassen. 1 kleine Kelle heiße Universalbrühe ←, in der Sie 1 Tütchen Safran aufgelöst haben, angießen und 10 Minuten garen; salzen, pfeffern und mit fein gehackter Petersilie würzen. 6 aufgeschlagene Eier mit 3 Esslöffeln Milch und 4 Esslöffeln Parmesan sowie Salz und Pfeffer verquirlen. Die lauwarmen, abgetropften Froschschenkel darunter geben und 5 Minuten ziehen lassen. 4 Esslöffel Olivenöl in einer Pfanne erhitzen und nach dem Rezept für Omelett ← fertig zubereiten.

Spanische *Tortilla*

Für 4 Personen: 600 g Kartoffeln schälen, waschen, abtrocknen und in dünne Scheiben schneiden. 2 gelbe Zwiebeln schälen und fein hacken. Kartoffeln und Zwiebeln in einer Pfanne mit reichlich Öl und 1 guten Prise Salz bei schwacher Hitze unter gelegentlichem Rühren mit einem Holzlöffel garen, bis sie weich sind, aber noch keine Farbe angenommen haben. Dann in ein Sieb geben, in dem das Öl abtropfen kann, und abkühlen lassen. 6 Eier mit 1 Prise Salz durchschlagen und dann mit den Zwiebeln und Kartoffeln verrühren. 4 Esslöffel Olivenöl in der Pfanne erhitzen, die Eimasse hineingeben und nach dem Omelettrezept ← fertig zubereiten. Die *Tortilla* schmeckt warm wie kalt. Manche bereiten sie auch im Backofen bei 160 °C (40 Minuten lang) in einer mit Butter eingefetteten Form zu.

Französisches Omelett mit Tomaten

Für 2 Personen: 4 Tomaten blanchieren, schälen, entkernen und in kleine Würfel schneiden. Dann in ein wenig Butter mit 3 Esslöffeln Zwiebel-*Soffritto* ←, 1 Messerspitze Kartoffelmehl, Salz und Pfeffer zu einer dickflüssigen, cremigen Sauce einkochen (wenn nötig, beim Garen ein wenig Wasser angießen). 5 Eier mit 6 Esslöffeln Milch, 1 Esslöffel fein gehackter Petersilie, Salz und Pfeffer durchschlagen, nach Rezept 2 französische Omeletts ← zubereiten und mit der Sauce füllen.

Französisches Omelett mit Käse

Für 2 Personen: 50 g Gruyère-Käse und 50 g Mozzarella oder Gorgonzola in Stückchen schneiden, in eine Pfanne geben, mit

Salz, Pfeffer und Muskatnuss würzen, 1 Esslöffel Sahne und 1 Stück Butter hinzufügen. Bei schwacher Hitze unter Rühren garen, bis die Butter zerlassen und eine Creme entstanden ist, in der aber immer noch Käsestückchen zu finden sind. 5 Eier in einer Schüssel mit 1 Prise Salz durchschlagen, nach Rezept 2 französische Omeletts ← zubereiten und mit der Käsecreme füllen.

Spiegeleier mit Speck

Für 2 Personen: 8 Scheiben Bauchspeck in einer beschichteten, mit ein wenig Butter eingefetteten Pfanne anbraten, zur Seite schieben, 4 Eier aufschlagen und in die Pfanne geben. Nur das Eiweiß ein wenig salzen und pfeffern und die Eier so lange braten, bis das Eigelb noch flüssig, das Eiweiß aber fest geworden ist. Wer will, kann mit fein gehacktem Majoran würzen. Für eine leichtere Version den Speck separat anbräunen und dann zu den in Butter gebratenen Spiegeleiern geben.

Spiegeleier im Backofen mit Trüffeln

Für 2 Personen: Den Boden von 2 kleinen Backformen mit 30 g Trüffelbutter, für die ein wenig geriebene Trüffel mit weicher Butter verrührt werden, einfetten. 2 aufgeschlagene Eier in jedes Förmchen geben und im Backofen bei 200 °C 5 Minuten lang garen. Herausnehmen, salzen, mit frischem Pfeffer aus der Mühle überstreuen und mit 10 g (oder mehr) fein gehobelten Trüffeln pro Person bedecken. Sofort servieren.

Pochierte Eier mit Curry

Für 2 Personen: 2 pochierte Eier ← pro Person zubereiten. Geröstete Brotscheiben auf 2 Tellern anrichten, die Eier darauf verteilen, über jede Portion 3 Esslöffel erwärmte Currysauce ← geben und mit fein gehackter Petersilie bestreuen. Statt der Currysauce können Sie auch jede beliebige Sauce der Welt nehmen.

Pochierte Eier mit Artischocken

Für 2 Personen: 4 Artischocken von allen harten Teilen (auch möglichem Heu im Inneren) befreien und in Zitronenwasser legen. Anschließend in reichlich Salzwasser, das ebenfalls mit ein wenig Zitronensaft aromatisiert wurde, 30 Minuten lang garen. Abgießen, in eine eingefettete feuerfeste Form legen, auf jede Artischocke 1 pochiertes Ei geben, mit einem Hauch Béchamelsauce ← bedecken und im Ofen 2 Minuten lang gratinieren ←.

Variante: Die Artischockenherzen auf Teller legen, die pochierten Eier darauf geben und mit grüner Mayonnaise ←, Tatar- ← oder Cocktailsauce ← servieren.

Besondere Leidenschaft des Autors Nr. 25:

Oeufs en meurette

In meinem ganzen Leben bin ich lediglich auf ein einziges Eiergericht gestoßen, das sich mit Macht und auf ewig einen Platz in meiner persönlichen *hall of fame* der Kochrezepte erobern konnte.

Oeufs en meurette

Für 1 Person: 1 Glas Rotwein mit 20 g klein geschnittenen Champignons und 2 klein geschnittenen Schalotten in eine Kasserolle geben. 30 Minuten lang garen, durch die Flotte Lotte drehen und warm stellen. 2 Gläser Rotwein, 1 Thymianzweiglein, 1 Lorbeerblatt und 2 Petersilienstängel 5 Minuten lang in einem anderen Topf aufkochen und dann durch ein Sieb passieren. Den aromatisierten Wein wieder aufs Feuer stellen (kleinste Stufe) und darin 3 sehr frische Eier nach Rezept pochieren ←. Anschließend mit einem Schaumlöffel herausheben, die Ausfransungen des Eiweißes entfernen und die Eier warm stellen. Den Kochwein noch einmal passieren, wieder in den Topf geben, die Pilz-Schalotten-Sauce mit 20 g Roux ← hinzufügen und mit dem Schneebesen bei schwacher Hitze zu einer cremigen Sauce aufschlagen. Vom Feuer nehmen, 2 Esslöffel Butter hinzugeben, noch einmal mit dem Schneebesen aufschlagen und mit Salz und Pfeffer abschmecken. In der Zwischenzeit haben Sie 1 dicke Scheibe Bauernbrot bei starker Hitze in Butter geschwenkt und 50 g in schmale Julienne-Streifen geschnittenen Bauchspeck angebräunt. Das Brot auf einen Teller legen, die Eier und den Speck darauf geben und mit der Sauce übergießen. Wenn Sie dieses Gericht etwas leichter mögen, können

Sie das Brot auch rösten. Wenn Sie aber Lust auf ein wirklich leichtes Gericht haben, sollten Sie sich diese Eier *en meurette* ein andermal zubereiten.

Gemüsegenüsse

Im Folgenden einige besonders leckere Gemüserezepte. Vier davon sind Superklassiker, aber auch bei den anderen lohnt es sich, sie einmal kennen zu lernen. Ein einziger allgemeiner Hinweis dazu: Garen Sie Gemüse nie zu lange; breiiges Gemüse verliert nicht nur an Nährstoffen, sondern auch an Geschmack.

Vier Superklassiker

Bagna càôda

Diese piemontesische »Sauce« ist eine Art Dip für rohes oder gegartes Gemüse und gleichzeitig ein deftiges Gericht, das man am besten an langen Herbst- oder Winterabenden mit engen Freunden und Knoblauchliebhabern teilt. Es wird zur fast vollständigen Mahlzeit, wenn man noch eine Tasse Rinderbrühe ← dazu reicht.

Für 6 Personen: Die Zehen von 4 Knoblauchknollen schälen und die grünen Sprosse entfernen. Dann mit 1 Stück Butter in einen Steinguttopf geben, knapp mit Milch bedecken und bei sehr schwacher Hitze köcheln lassen (und dabei immer wieder den Rahm abschöpfen), bis der Knoblauch breiig ist. 300 g in Salz eingelegte und gewässerte Anchovisfilets hinzufügen und unter Rühren auflösen. Mit dem Zauberstab pürieren, wieder aufs Feuer stellen und 0,3 l Olivenöl *extravergine* vom Gardasee oder aus Ligurien und 50 g Butter hinzugeben; das Ganze auf kleinster Flamme erwärmen, bis die Sauce flüssig und sehr heiß ist.

Wer will, gibt noch ein paar Walnusskerne hinzu. Den Steinguttopf auf den Tisch auf einen Rechaud stellen und mit rohen und gegarten, auf Platten hübsch angerichteten Gemüsen servieren, von denen sich Ihre Gäste nach Herzenslust zum Tunken bedienen.

Empfehlenswertes rohes Gemüse: Karden (geputzt, in Zitronenwasser eingelegt, dann abgetropft und in Stückchen geschnitten), Kohlblätter, Paprika in Streifen, geschälter Topinambur und Radieschen.

Zu empfehlende gegarte Gemüse: gedünstete Blumenkohlröschen, im Backofen geröstete, gehäutete und in Streifen geschnittene Paprika, gekochte Kartoffeln und Kohlrabi (geschält und in Stücke geschnitten), im Backofen gegarte Zwiebeln.

Caponata

Von dieser sizilianischen Spezialität gibt es unzählige Varianten, bei denen etwa noch Paprika, geröstete Mandeln oder geröstete Brotwürfel (ohne Rand) hinzugegeben werden. Die prachtvollsten und üppigsten werden aber mit Zwergpolypen, Schwertfisch, Langusten, Garnelen, Thunfisch, *bottarga* (getrockneter Meeräschenrogen), Petersilie, harten Eiern, *Caciocavallo*-Käse oder sogar geschmolzener Schokolade verfeinert.

Für 6 Personen: 800 g Auberginen putzen, in Würfel schneiden und schichtweise mit Salz bedeckt mindestens 30 Minuten lang in ein Sieb legen. Währenddessen 2 Zwiebeln in dünne Scheiben schneiden und in einer beschichteten Pfanne mit 2 Esslöffeln Öl und 1 Prise Salz so lange anschwitzen, bis sie sehr weich sind. Bei ausgedrehter Flamme die Zwiebeln 5 Minuten lang mit 150 g Kapern, 200 g entkernten und halbierten Oliven, 2 Esslöffeln Pinienkernen und 2 Esslöffeln Rosinen ziehen lassen; dann alles in eine Salatschüssel geben. 400 g Stangensellerie putzen, in Stücke schneiden und 3 Minuten in reichlich Salzwasser blanchieren. Dann in der Pfanne 3 Minuten lang in 1 Schuss Öl bei stärkerer Hitze schwenken und anschließend ebenfalls in die Salatschüssel geben. Die Auberginen rasch unter kaltem Wasser abspülen, um das Salz zu entfernen, mit Küchenkrepp trockentupfen und in der Pfanne mit 4 Esslöffeln Öl 4 Minuten lang anbräunen. Dann salzen und in die Salatschüssel geben. 250 g Tomaten blanchieren, entkernen, in Würfel schneiden und in ein Sieb geben. Leicht salzen und 20 Minuten darin ruhen lassen, um das Wasser herauszuziehen; dann zu den anderen Gemüsen geben. In einem Töpfchen 0,1 l Weißweinessig und 0,1 l Weißwein mit 40 g Zucker verrühren, bei starker Hitze ein wenig einkochen lassen und die süßsaure Sauce über die Gemüse gießen. Nun noch einige Basilikumblätter hinzufügen und die Gemüsemischung vor dem Servieren ein paar Stunden ruhen lassen. Im Kühlschrank hält sich *Caponata* 2 bis 3 Tage und wird auf diese Weise noch aromatischer.

Auberginenauflauf mit Parmesan

Für 6 Personen: 2 kg Auberginen waschen, den Stielansatz entfernen und längs in Scheiben von 1/2 cm Dicke schneiden, mit Salz überstreuen und 1 Stunde lang in ein Sieb legen, um das bittere Wasser herauszuziehen. 400 g Mozzarella in Scheibchen schneiden und ebenfalls 1 Stunde lang zum Abtropfen in ein Sieb legen. Dann in einer Kasserolle 1 l passierte Tomaten ← (möglichst hausgemacht), 6 Esslöffel Zwiebel-*Soffritto* ←, 1 Knoblauchzehe, 1 Prise Salz, 1 Prise Zucker und 1 Schuss Olivenöl 15 Minuten lang kochen lassen. Die Auberginenscheiben abspülen, trockentupfen, mit Mehl bestäuben und in reichlich heißem Olivenöl goldgelb anbraten. Dann auf Küchenkrepp legen, damit das Fett aufgesogen wird, und ein klein wenig salzen. 150 g Parmesan reiben. Ein wenig von der Tomatensauce in eine Auflaufform gießen, eine erste Schicht Auberginen, leicht überlappend, darauf ausbreiten, mit geriebenem Parmesan bestreuen, mit einigen klein gerupften Basilikumblättern belegen, weitere Tomatensauce darüber gießen und mit Mozzarellascheiben bedecken; dann mit weiteren Schichten fortfahren und schließlich mit 1 Schicht Auberginen, der Sauce und dem

Parmesan aufhören. Im Backofen bei 180 °C 45 Minuten lang backen und den Auflauf lauwarm oder auch kalt servieren.

Currygemüse

Für 4 Personen: 4 Esslöffel Zwiebel-*Soffritto* ← mit 2 Prisen Ingwerpulver und 2 Teelöffeln Currypulver 2 Minuten lang aufkochen. 800 g gemischtes Gemüse der Saison, etwa Karotten, Kartoffeln, Sellerie, Blumenkohl, Rosenkohl, Zucchini, Auberginen, Buschbohnen etc. klein geschnitten darunter rühren und 10 Minuten lang ziehen lassen. Dann 1 kleine Kelle heißes Wasser, in der 1 Teelöffel Tomatenmark aufgelöst wurde, angießen und bei mittlerer Hitze 15 Minuten lang garen – oder bis das Gemüse weich, aber nicht zerfallen ist. Danach erst salzen und 1 Becher Joghurt darunter rühren.

Weitere schmackhafte Vorschläge

Spargel mit Sauce hollandaise

Für 4 Personen: 1 kg grünen oder weißen Spargel putzen und waschen. Dann 20 Minuten lang dämpfen, bis er weich ist. Auf einem Servierteller anrichten und mit Sauce hollandaise anmachen. Eine Alternative dazu wäre zum Beispiel *Chantilly*-Sauce ←.

Gratinierte Karden

Für 4 Personen: 800 g Karden putzen, mit Zitronensaft einreiben und in 10 cm lange Stücke schneiden. In reichlich siedendem Salzwasser mit dem Saft von 1 Zitrone, der mit 1 Esslöffel Mehl verrührt wurde, bissfest garen. Das wird ungefähr 2 Stunden dauern, hängt aber vom Durchmesser der Karden ab. 2 Knoblauchzehen, 2 Esslöffel Petersilie, 3 Esslöffel Kapern und 4 Anchovisfilets (alles fein gehackt) mit gemahlenem Pfeffer, 1 Schuss Olivenöl, 80 g geriebenem Parmesan und 200 g Paniermehl (aus Bauernbrot ohne Rand) verrühren und zu einer

Masse verarbeiten. Die Kardenstücke in einer mit Öl eingefetteten Backform in Schichten auslegen, jede Schicht mit der Masse bestreichen. Mit ein wenig Olivenöl beträufeln und im Backofen bei 190 °C 20 Minuten lang gratinieren.

Kastanienpüree

Für 4 Personen: Mit einem Messerchen die Schale von 500 g Esskastanien einritzen und diese bei 150 °C 10 Minuten lang in den Backofen geben. Sofort – solange sie noch heiß sind – schälen und enthäuten und in 0,8 l kochender Milch mit 1 Teelöffel Salz und 1 Lorbeerblatt gar kochen. Herausnehmen und durch die Flotte Lotte drehen. Die passierten Kastanien wieder in den Topf geben und bei schwacher Hitze 0,1 l Sahne unterrühren, ohne sie aufkochen zu lassen. Dann noch 40 g Butterstückchen unterziehen und mit Salz und Pfeffer abschmecken.

Gurkencreme

Für 4 Personen: 800 g Gurken schälen und die Samen entfernen. In gleichmäßige Stücke schneiden, mit Salz bestreut für 1 Stunde in ein Sieb geben, dann abspülen und trockentupfen. In einer Kasserolle 1 Stück Butter zerlassen, die Gurken hinzugeben, salzen und pfeffern. 10 Minuten lang kochen lassen und dann mit 0,3 l Sahne legieren. Weitere 3 Minuten köcheln lassen und servieren.

Glasierte Zwiebelchen

Wie man als Leser dieses Buches längst bemerkt hat, sind auch glasierte Zwiebelchen eine besondere, kaum kontrollierbare Leidenschaft von mir. Ich kriege Probleme, wenn sich ihre Saison dem Ende zuneigt.

Für 4 Personen: 500 g Zwiebelchen (*cipolline borettane*) schälen und in einer Pfanne mit 4 Esslöffeln Olivenöl, 4 Stücken Butter und 2 Esslöffeln Zucker verrühren. Knapp mit Wasser bedecken und bei stärkerer Hitze so lange dünsten, bis die Flüssigkeit ganz eingekocht ist.

Glasierte Zwiebelchen, verfeinert

Für 4 Personen: 500 g Zwiebelchen (*cipolline borettane*) schälen und 3 Minuten lang blanchieren. In einer Pfanne 50 g Butter zerlassen. Wenn sie schaumig wird, die Zwiebelchen hineingeben und 5 Minuten lang mit 1 Esslöffel Zucker, 5 Pfefferkörnern, 1 Lorbeerblatt und 4 Gewürznelken anbräunen. Dann 0,1 l Universalbrühe ← angießen, den Deckel auflegen und bei ganz schwacher Hitze 20 Minuten lang unter gelegentlichem Rühren garen. Den Deckel abnehmen, den Lorbeer und die anderen Gewürze entfernen, mit ein wenig Zucker überstreuen, salzen und weitere 3 Minuten bei starker Hitze kochen lassen; dabei die Pfanne schwenken, damit sich die Zwiebelchen gleichmäßig mit dem eingedickten Fond überziehen.

Kartoffelpüree

Für 4 Personen: 600 g Kartoffeln mit weißem Fruchtfleisch kochen, schälen, noch warm durch die Kartoffelpresse drücken und in eine Kasserolle mit 40 g Butter in Stückchen zerfallen lassen. Bei schwacher Hitze unter ständigem Rühren kochen, bis die Butter ganz aufgelöst ist. Nach und nach 0,3 l heiße Milch angießen und dabei weiterrühren, bis ein glattes und homogenes Püree entstanden ist. Salzen und 2 Esslöffel geriebenen Parmesan darunter rühren. Kurz bevor es zu kochen beginnt den Topf vom Herd nehmen, und das Püree mit einer Gabel oder einem kleinen Schneebesen 5 Minuten lang aufschlagen, damit es locker und schaumig wird. Nach Belieben mit Pfeffer und Muskatnuss würzen.

Pommes frites

Erst durch zweifaches Garen werden Pommes frites richtig gut.

Für 4 Personen: 800 g Kartoffeln mit gelbem Fruchtfleisch schälen und zunächst in 1 cm dicke Scheiben und dann in 6 cm lange Stäbchen schneiden. Anschließend in ein Sieb geben und unter fließendem Wasser abspülen, um die Stärke zu entfernen, durch die die Pommes frites beim Frittieren aneinander kleben würden. Dann abtropfen lassen, auf einem Tuch ausbreiten und behutsam trockentupfen. Eine sehr große Menge Erdnussöl oder Frittieröl, das hohen Temperaturen standhält, ohne zu verbrennen, in einer Kasserolle erhitzen, zunächst aber nicht heißer als 150 °C. Die Kartoffeln hineingeben und unter Rühren 10 Minuten lang frittieren: Sie sollen weich werden, ohne Farbe anzunehmen. Dann mit einem Schaumlöffel herausheben. Das Öl nun noch stärker erhitzen, also auf 180 °C, bis es kocht, aber noch nicht verbrennt, das heißt, es darf keinesfalls rauchen. Die Kartoffeln nun erneut hineingeben, die Flamme noch höher stellen und die Pommes 2 bis 3 Minuten lang fertig frittieren, bis sie goldgelb und knusprig sind. Dann auf Küchenkrepp legen, salzen und heiß servieren. Den zweiten Frittiervorgang können Sie auch noch 4 Stunden nach dem ersten anschließen, wenn Sie die halbgegarten Kartoffeln mit Küchenkrepp bedeckt zur Seite stellen.

- Das Öl darf beim Frittieren wirklich niemals rauchen, also zu brennen beginnen: Für Erdnussöl und verschiedene andere Pflanzenölmischungen liegt dieser Punkt bei 190 °C. Um die Öltemperatur ohne geeignetes Thermometer zu messen, tauchen Sie vor dem ersten Frittiervorgang ein Pommes frites ins Öl: In ca. 20 Sekunden müsste es an die Oberfläche gekommen sein. Dann alle anderen Pommes ebenfalls ins Öl geben. Ebenso machen Sie es beim zweiten Frittiervorgang: 1 Stückchen Pommes müsste in 5 bis 6 Sekunden Farbe annehmen.

Paprikapfanne

Für 4 Personen: 1 kg gelbe, grüne und rote Paprika waschen, Stielansätze und Kerne entfernen und in schmale Streifen schneiden. Diese in einer großen Pfanne mit 6 Esslöffeln Öl 25 Minuten lang andünsten, dabei gelegentlich umrühren und ein klein wenig Wasser angießen, falls die Flüssigkeit zu stark einkochen sollte. Dann salzen, pfeffern und mit 200 g Semmelbröseln (aus nicht zu trockenem Bauernbrot ohne Rinde), 2 Esslöffeln Kapern und 1 Teelöffel Oregano überstreuen und weitere 5 Minuten garen, bis die Semmelbrösel goldgelb geworden sind.

Peperonata

Für 4 Personen: 700 g gelbe und rote Paprika putzen und in Stückchen schneiden. Bei stärkerer Hitze 10 Minuten lang mit 1 Schuss Olivenöl, 4 Servierlöffeln Zwiebel-*Soffritto* ← und 1 Knoblauchzehe unter Rühren anschwitzen. 300 g Tomaten (blanchiert, geschält, entkernt und in Stückchen geschnitten) hinzufügen, salzen, pfeffern, den Deckel auflegen und bei schwacher Hitze ca. 30 Minuten lang garen, bis die Paprikastückchen zart sind; dabei ein wenig Wasser nachgießen, falls die Zutaten zu stark einkochen sollten. Zum Schluss mit fein gehackter Petersilie und klein gezupften Basilikumblättern bestreuen.

Frittierte grüne Tomaten

Für 4 Personen: 4 grüne Tomaten waschen, trocknen und in 1 cm dicke Scheiben schneiden. Die Scheiben in eine Schüssel legen, mit ein wenig Olivenöl, 1 fein gehackten Knoblauchzehe und 1 Esslöffel gehackter Petersilie anmachen und 40 Minuten lang ziehen lassen. Die Tomaten aus der Marinade nehmen, in 2 geschlagenen Eiern (mit 1 Prise Salz), dann in Maismehl wenden und in reichlich Erdnussöl bei starker Hitze 4 Minuten lang braten. Auf Küchenkrepp legen, salzen, pfeffern und heiß servieren.

Karamellisierte Cocktailtomaten

Für 4 Personen: In einer breiten beschichteten Pfanne 40 g Butter oder 5 Esslöffel Olivenöl erhitzen, 500 g gewaschene Cocktailtomaten hinzugeben, mit 2 Esslöffeln Zucker überstreuen, salzen und pfeffern und bei stärkerer Hitze 5 Minuten lang garen. Mit 1 Hand voll Petersilie, 1 Zweiglein Majoran und 1 Zweiglein Thymian (alles fein gehackt) würzen.

Selleriepüree

Für 4 Personen: 500 g Knollensellerie schälen, in Würfel schneiden und in Salzwasser 10 Minuten lang garen. Dann abgießen, mit 0,3 l Universalbrühe ← in eine Kasserolle geben und 30 Minuten lang fertig garen. Durch die Flotte Lotte drehen und das Püree wieder in die Kasserolle geben. 100 g Kartoffelpüree ←, 40 g Butter in Stückchen und 0,1 l Sahne hinzufügen und 10 Minuten lang unter Rühren auf kleiner Flamme garen, mit Salz und Pfeffer abschmecken und servieren.

Saucen zu Käse

Käse sind köstlich. Punkt, aus. Genießen wir also auch die leckersten Saucen dazu.

Zwiebelkonfitüre
600 g rote Zwiebeln (*rosse di Tropea* oder *ramate di Milano*) schälen, in Scheiben schneiden und bei sehr schwacher Hitze mit 100 g Rohrzucker, 1 Teelöffel Salz, 1 Lorbeerblatt und dem gefilterten Saft von 1 Zitrone ca. 1 Stunde lang dünsten. Das Lorbeerblatt entfernen und die Konfitüre, wenn sie etwas abgekühlt ist, in ein Glas füllen, verschließen und im Kühlschrank aufbewahren.

Senfkonfitüre mit Feigen
700 g feste Feigen schälen, in Stücke schneiden und auf sehr kleiner Flamme mit 100 g Rohrzucker, 1 Teelöffel Salz und dem gefiltertem Saft von 1 Zitrone ungefähr 1 Stunde sanft schmoren lassen. Zum Schluss mit in wenig Wasser aufgelöstem Senfpulver (in einer Menge nach Ihrem Geschmack) würzen. Wenn sie etwas abgekühlt ist, die Konfitüre in ein Glas füllen, verschließen und im Kühlschrank aufbewahren.

Cognà
400 g Traubenmost mit 100 g Zucker, 1 Teelöffel Salz, 1 Birne (geschält und in Stückchen geschnitten), 2 Quitten (ebenfalls geschält und in kleine Stücke geschnitten), den zerstoßenen Kernen von 2 Walnüssen, 2 zerstoßenen Gewürznelken, 1 Teelöffel Zimt und dem gefilterten Saft von 1 Zitrone ca. 1 Stunde

lang (die Garzeit hängt davon ab, wie flüssig der Most ist) ohne Deckel bei sehr schwacher Hitze sanft einkochen lassen. Wenn sie etwas abgekühlt ist, die *Cognà* in ein Glas füllen, verschließen und im Kühlschrank aufbewahren.

Zum süßen Schluss:

Desserts

In den meisten Fällen sind hausgemachte, mit ein wenig Sachverstand, Liebe und guten Produkten zubereitete Gerichte leckerer als die, die man im normalen Restaurant serviert bekommt. In den meisten Fällen sind hausgemachte, mit ein wenig Sachverstand, Liebe und guten Produkten zubereitete Süßspeisen nicht so lecker wie die, die man in einer guten Konditorei kaufen kann. Denn so ein tüchtiger Konditormeister hat jede Menge Erfahrung, und die zählt beim Backen mehr als beim Kochen. Und vor allen Dingen hat er Profigeräte – Knetmaschinen, Ausrollmaschinen und dergleichen –, von denen ein Laie nur träumen kann. Aus diesem Grund sollte man Feingebäck in einer guten Konditorei kaufen.

So weit, so gut, aber was soll man kaufen? Solche süßen Nachspeisen sind natürlich reich an Zucker.

In Italien, wo wir zum Mittagessen nach der Vorspeise einen kohlenhydratreichen Pasta- oder Risotto-Gang und einen deftigen Hauptgang mit Beilage zu uns nehmen, ist ein sättigender Kuchen als Dessert einfach zu viel. Das ist sogar in Deutschland oder Österreich zu viel, wo üppige Torten und Süßspeisen äußerst beliebt sind. Aber dort nimmt man sie eben im Allgemeinen nicht als Abschluss eines Essens, sondern als eigenständige Mahlzeit, üblicherweise zum Nachmittagskaffee, zu sich. Und das ist auch sinnvoll.

Aus diesem Grund stelle ich Ihnen in diesem Kapitel auch nur einige wenige klassische Süßspeisen, die hier einfach nicht fehlen dürfen, sowie einige (ziemlich) leichte, überall beliebte und an unsere Essgewohnheiten angepasste Desserts vor. In den beiden folgenden Kapiteln komme ich dann noch auf Saucen zu sprechen, die den Genuss von Speiseeis sowie von *Panettone* und ähnlichem Kuchen noch weiter verfeinern können. Dieses traditionelle Weihnachtsgebäck sollten Sie übrigens immer fertig kaufen, egal, ob beim Bäcker oder im Supermarkt. Es gehört schon ein gewisse Portion Selbsthass dazu, sich daranzumachen, einen *Panettone* selbst zu backen.

Ein letzter (heimtückischer, aber Erfolg versprechender) Tipp: Wenn Sie Feingebäck selbst zubereiten, sollten Sie es nicht zu perfekt und »geleckt« machen. Schließlich haben Sie sich dafür mächtig schinden müssen, und deshalb sollte es stets gewisse Nuancen von Unvollkommenheit aufweisen, die in die Welt hinausschreien: Das hab ich selbst gemacht!

Grundcremes

Konditorcreme

Für 4 Personen: 0,5 l Milch mit der Schale von 1/2 Zitrone zum Kochen bringen. In einem anderen Topf 4 Eigelb mit 100 g Zucker in einem Topf schaumig schlagen. Dann 40 g Mais- oder Kartoffelmehl unterziehen und mit der heißen, passierten Milch, die nach und nach angegossen wird, auflösen. Den Topf aufs Feuer stellen und die Creme bei schwacher Hitze und unter ständigem Rühren mit einem Schneebesen oder einem Holzlöffel nicht kochen, sondern nur eindicken lassen. In eine Schüssel geben und dünn mit Puderzucker überstreuen, damit sich keine Haut auf der Oberfläche bildet. Abkühlen lassen.

Crema inglese

Die Zubereitung dieser Creme ist äußerst heikel, weil sich das Ei leicht von der Milch trennt und dann eine Art Eistich bildet. Um dies zu verhindern, sollte man sie im Wasserbad zubereiten und genau darauf achten, dass weder die Creme Blasen wirft noch das Wasser zum Sprudeln kommt.

Für 4 Personen: 0,5 l Milch mit 1 Vanilleschote in einem Töpfchen zum Kochen bringen. In einem anderen Töpfchen 4 Eigelb mit 80 g Zucker aufschlagen und dann unter stetigem, kräftigem Rühren nach und nach die passierte heiße Milch angießen. Das Töpfchen ins Wasserbad geben und unter Rühren mit einem Holzlöffel die Creme eindicken lassen, bis sie den Löffel überzieht. Dann in eine Schüssel geben und unter weiterem gelegentlichem Umrühren abkühlen lassen.

Früchtekompott

Bei Kompott handelt es sich um in Sirup gegarte Früchte. Das hier beschriebene Vorgehen mit Waldfrüchten ist auch für alle anderen Früchte geeignet, wobei die benötigte Zuckermenge davon abhängt, wie viel Wasser die verwendeten Früchte enthalten. Ist das Kompott nicht zu süß, schmeckt es auch phantastisch zu gebratenem Fleisch.

Waldfrüchtekompott

Für 600 g: 0,4 l Wasser mit 300 g Zucker und der abgeriebenen Schale von 1/2 Orange (oder Zitrone) unter Rühren 5 Minuten lang kochen lassen. 500 g Waldfrüchte und 1 gewürfelten Apfel hinzufügen und 2 Minuten köcheln lassen. Die Temperatur herunterschalten und abkühlen lassen. Die Früchte abgießen und in ein Gefäß geben. Den Fond passieren, wieder aufs Feuer stellen und halb einkochen. Dann abkühlen lassen und über die Früchte gießen.

Konfitüren und Marmeladen

In Italien dürfen sich eigentlich nur Marmeladen, die aus Zitrusfrüchten hergestellt wurden, wirklich Marmeladen nennen. Alle anderen sind Konfitüren. Die Zuckermenge kann stark variieren; sie reicht von der Hälfte des Fruchtgewichts bis zur gleichen Menge. Es kommt hier auf Ihren Geschmack und den Zuckergehalt der Früchte an. Wenn Sie aber, wie es heutzutage in Mode ist, nur wenig Zucker verwenden, müssen die Früchte wirklich absolut reif sein.

Aprikosenkonfitüre

Für 2 Gläser à ca. 500 g: 1 kg reife Aprikosen waschen, halbieren und entsteinen. Die Hälfte davon mit dem Saft und der abgeriebenen Schale von 1 Zitrone in einen Edelstahltopf mit einem dicken Boden geben und 15 Minuten unter Rühren kochen lassen. Die Früchte abgießen, durch die Flotte Lotte drehen und die passierte Masse abwiegen. Dann wieder in den Topf geben und Zucker (in einer Menge von 3/4 des Fruchtgewichts) sowie 1 Esslöffel Zimt hinzufügen und ohne Deckel bei schwacher Hitze ungefähr 1 Stunde köcheln lassen, dabei häufig umrühren und den sich bildenden Schaum abschöpfen. Ob die Konfitüre fertig ist, können Sie prüfen, indem Sie einen Klecks davon auf einen geneigten Teller geben: Er muss sofort fest werden und darf nicht abwärts gleiten. Die Gläser mit kochendem Wasser ausspülen, gut abtrocknen und 4 Minuten lang bei 150 °C in den Backofen stellen. Dann erst bis 1 cm unter den Rand mit der heißen Konfitüre füllen. Die Gläser sofort hermetisch verschließen, auf den Kopf stellen und abkühlen lassen, bevor sie in die Speisekammer geräumt werden. Dieses Rezept gilt für alle Arten von Früchten. Geizen Sie nur dann mit Zucker, wenn die Früchte nicht nur süß, sondern auch sehr reif sind.

Orangenmarmelade

Für 2 Gläser à ca. 500 g: Mit einem Kartoffelschäler nur den orangenen Teil der Schale von 1 kg Orangen abschälen, in größere Stücke schneiden und 10 Minuten lang blanchieren. Die Orangen nun ganz schälen und dabei den Saft in einer Schüssel auffangen.

Das Fruchtfleisch wiegen, in Stücke schneiden, sorgfältig die Kerne entfernen (sehr mühsam, aber es muss gemacht werden…) und mit Zucker (in einer Menge von 3/4 des Fruchtgewichts), dem Saft und den abgetropften Schalen in einen Edelstahltopf mit dickem Boden geben. Das Ganze bei schwacher Hitze 2 Stunden oder auch länger unter häufigem Rühren mit einem Holzlöffel kochen lassen, bis die Marmelade eingedickt ist, glänzt und am Löffel kleben bleibt. Die Gläser mit kochendem Wasser ausspülen, gut abtrocknen und bei 150 °C 4 Minuten lang in den Backofen stellen. Dann bis 1 cm unter den Rand mit der heißen Marmelade füllen, hermetisch verschließen, auf den Kopf stellen und abkühlen lassen, bevor sie in die Speisekammer geräumt werden. Dieses Rezept ist für alle Zitrusfrüchte geeignet.

Weitere Süßspeisen

Bayrische Creme mit Joghurt

Für 4 Personen: 10 g Blattgelatine in kaltem Wasser 10 Minuten weich werden lassen. 4 Esslöffel Milch in einem kleinen Topf erhitzen, die abgetropfte und ausgedrückte Gelatine hinzugeben und einige Augenblicke rühren, damit sie sich auflöst, ohne zum Kochen zu kommen. Dann passieren und mit 300 g Vollmilchjoghurt verrühren. 0,15 l Sahne mit 80 g Zucker und 1 Tütchen Vanillin aufschlagen und unter den Joghurt ziehen. Das Ganze in eine ringförmige Springform von ca. 0,8 l Fassungsvermögen geben und im Kühlschrank mindestens 4 Stunden lang fest werden lassen. Vor dem Servieren den Boden der

Form einige Augenblicke in heißes Wasser tauchen, auf eine Servierplatte stürzen und nach oben abziehen. Mit einem *coulis* aus Himbeeren oder Erdbeeren servieren, das sehr einfach herzustellen ist. Dazu wird nur ein Körbchen dieser Früchte mit ein wenig Zucker püriert.

Clafoutis aus schwarzen Kirschen

Diese Spezialität aus dem Limousin wird aus schwarzen Kirschen zubereitet, die nicht entkernt werden, weil die Kerne, wie die Bauern der Gegend betonen, für das besondere Aroma dieser Süßspeise unentbehrlich sind. Und die müssen's ja schließlich wissen.

Für 6 Personen: 500 g schwarze Kirschen waschen, die Stiele entfernen und auf einem Tuch zum Trocknen ausbreiten. 100 g Mehl mit 80 g Zucker und 1 Prise Salz verrühren. Nacheinander 3 Eier darunter geben und 0,3 l Milch, 0,1 l Sahne, 1 Tütchen Vanillin, 1/2 Teelöffel abgeriebene Zitronenschale und 1 Gläschen Kirschwasser hinzufügen. Mit dem Schneebesen durchschlagen, bis ein dickflüssiger, cremiger Teig entstanden ist. Eine Kuchenform von 26 cm Durchmesser mit Butter einfetten, die Kirschen auf dem Boden in 1 Schicht auslegen, den Teig darüber gießen und im Backofen bei 180 °C 40 Minuten lang backen. Abkühlen lassen und mit Puderzucker überstreuen.

Clafoutis aus Aprikosen

Für 6 Personen: 400 g Aprikosen blanchieren, schälen, entkernen und das Fruchtfleisch in Stückchen schneiden. 1 Ei, 3 Eigelb, 40 g Zucker, 1 Prise Salz und 1 Tütchen Vanillin durchschlagen. 100 g Mehl mit 40 g geschälten und fein gehackten Mandeln vermischen und darunter rühren, mit 0,3 l Milch verflüssigen und mit 2 cl Aprikosenlikör aromatisieren. Das Eiweiß von 3 Eiern mit 60 g Zucker zu halb steifem Eischnee schlagen und darunter rühren. Dann die Hälfte des Teiges in eine eingefettete Backform geben, die Aprikosen darauf verteilen und mit dem restlichen Teig bedecken. Im Backofen bei 180 °C 40 Minuten lang backen. Abkühlen lassen und mit Puderzucker bestreuen.

Ricotta-Creme im Blätterteig mit Sauerkirschen

Für 6 Personen: 500 g Schafs-*Ricotta* mit 300 g Zucker, den in Julienne-Streifen geschnittenen Schalen von 1 Zitrone und 1 Orange sowie 1 Teelöffel Zimt in einer Schüssel verrühren, mit Frischhaltefolie abdecken und im Kühlschrank 8 Stunden lang ruhen lassen. Aus 200 g ausgerolltem Blätterteig Scheiben von ca. 5 cm Durchmesser ausstechen. Diese auf einem mit Backpapier ausgelegten Blech anordnen, mit Puderzucker überstreuen und 20 Minuten lang bei 180 °C in den Backofen geben. 0,3 l Sahne schlagen und unter die mittlerweile passierte Ricotta-Masse rühren. Auf Desserttellerchen je 1 Scheibe Blätterteig legen, die runde Ausstechform, mit der Sie den Teig ausgestochen haben, darauf setzen und mit der Ricotta-Masse füllen. Die Form nach oben abziehen und die Creme mit 1 weiteren Blätterteigscheibe abdecken. Mit eingelegten Sauerkirschen und Minzeblättchen dekorieren.

Crème brulée

Für 4 Personen: 5 Eigelb und 75 g Zucker mit dem Schneebesen in einer Schüssel aufschlagen und dann 0,4 l Sahne darunter rühren. Die Masse in 4 feuerfeste, mit Butter eingefettete Förmchen geben und im Backofen bei 160 °C 30 Minuten lang backen. Vor dem Servieren mit Rohrzucker überstreuen und unter dem Grill 2 Minuten lang gratinieren.

Kaiserschmarren

Für 4 Personen: 60 g Rosinen 20 Minuten lang in Rum einweichen. 4 Eigelb mit 2 Esslöffeln Zucker aufschlagen und unter Rühren 3 Esslöffel Mehl, 1 Prise Salz und so viel Milch hinzufügen, dass ein flüssiger Teig entsteht. Das zu einem festen Schnee geschlagene Eiweiß von 4 Eiern, die Hälfte der Rosinen (abgetropft und ausgedrückt) und die abgeriebene Schale von 1 Zitrone darunter rühren. 30 g Butter mit 2 Esslöffeln Öl in einer Pfanne zerlassen, den Teig hineingeben, mit dem Deckel zudecken und fest werden lassen. Den Eierkuchen mit den verbliebenen Rosinen überstreuen und wenden. Weitergaren und gleichzeitig mit einem Holzlöffel in unregelmäßige Stücke teilen. Noch 1 Stück Butter hinzufügen und den Kaiserschmarren so lange backen, bis er goldgelb, aber nicht zu trocken ist. Mit Puderzucker überstreuen und servieren. Dazu ein Früchtekompott ← Ihrer Wahl reichen.

Mousse au chocolat

Für 4 Personen: 250 g Bitterschokolade im Wasserbad mit 30 g Butter und 2 Esslöffeln Kaffee zerlassen, etwas abkühlen lassen und nacheinander 5 Eigelb unterrühren. Nun 3 Esslöffel Zucker hinzugeben und so lange weiterrühren, bis eine glatte, glänzende Masse entstanden ist. 5 Eiweiß mit 1 Prise Salz zu Eischnee schlagen und ganz behutsam unter die Schokomasse ziehen. Das *Mousse* auf 4 Dessertbecher verteilen, mit Frischhaltefolie abdecken und vor dem Servieren mindestens 3 Stunden lang im Kühlschrank stehen lassen. Anstelle von Eischnee können Sie auch 0,2 l Sahne unterheben.

Panna cotta

Für 4 Personen: 15 g Blattgelatine 10 Minuten lang in kaltem Wasser weich werden lassen. 0,5 l Sahne in einem Topf mit 80 g Zucker und 1 Tütchen Vanillin bei schwacher Hitze erwärmen, bis sich ein leichtes Sprudeln andeutet. Dann vom Feuer nehmen, die ausgedrückte Gelatine hinzugeben und mit dem Schneebesen durchschlagen, bis sie sich restlos aufgelöst hat. Wer will, gibt noch das Aroma von ein wenig Likör hinzu. Das Ganze nun passieren und auf 4 Förmchen verteilen, abkühlen lassen und im Kühlschrank mindestens 3 Stunden lang fest werden lassen. Mit ein wenig Kakaopulver überstreut servieren.

Trockenfrüchtekuchen

Für 6 Personen: 400 g Nüsse und Trockenfrüchte wie Walnusskerne, Haselnusskerne, geschälte Mandeln, Anakardiennüsse, Pinienkerne, Pistazien, Rosinen, getrocknete Aprikosen usw. nach Belieben zusammenstellen. 150 g Zucker in einem kleinen Topf mit 3 Esslöffeln Wasser erhitzen, bis ein zähflüssiger Sirup entstanden ist. Vom Feuer nehmen und 50 g zerlassene Butter, 0,15 l Sahne, 1 Tütchen Vanillin und die Hälfte der zerkleinerten Nüsse und Trockenfrüchte unterrühren. Eine mit Butter eingefettete und mit Mehl bestäubte Backform von 26 cm Durchmesser mit Mürbeteig ← auslegen, mit einer Gabel Löcher in den Boden stechen und mit zerbröseltem Mandelgebäck (*amaretti*) bestreuen. Dann die Trockenfrüchtemasse darauf verteilen und im Backofen bei 180 °C 20 Minuten lang backen. Anschließend die restlichen Trockenfrüchte und Nüsse darüber geben, mit zerlassener Butter bepinseln und weitere 20 Minuten im Backofen backen.

Birnenkuchen mit Schokolade

Für 6 Personen: Eine Schokoladencreme zubereiten, indem Sie in einem Topf 40 g Stärkemehl mit 70 g Zucker verrühren. Unter weiterem Rühren 0,35 l warme Milch und 1 Gläschen Rum hinzugeben, das Ganze zum Kochen bringen und 150 g zerkleinerte Bitterschokolade sowie 1 Tütchen Vanillin hinzugeben. Die Creme bei mittlerer Hitze eindicken lassen, in eine Schüssel geben und unter gelegentlichem Rühren abkühlen lassen. Nun 0,3 l Wasser mit 40 g Rohrzucker und 1 Zimtstange zum Kochen bringen, 4 geschälte und in Scheibchen geschnittene Birnen hinzugeben, 10 Minuten lang kochen und dann im Sirup abkühlen lassen. Eine mit Butter eingefettete und mit Mehl bestäubte Backform von 26 cm Durchmesser mit 200 g Mürbeteig ← auslegen, den Boden mit einer Gabel gleichmäßig einstechen und im Backofen bei 180 °C 30 Minuten lang backen. Dann aus der Form nehmen, den Rand abkühlen lassen, die Schokoladencreme darüber gießen und die gut abgetropften Birnen darauf verteilen.

Kastanienkuchen

Für 6 Personen: 400 g Kastanienmehl in eine Schüssel sieben, 1 Prise Salz und 1 Esslöffel Zucker hinzufügen. Dann nach und nach 0,6 l Wasser und 2 Esslöffel Öl angießen und so lange rühren, bis ein flüssiger Teig ohne Klümpchen entstanden ist. 20 g Pinienkerne und 20 g Rosinen, die in lauwarmem Wasser eingeweicht, ausgedrückt und in Kastanienmehl gewendet wurden, darunter rühren. Die Masse in eine mit Öl eingefettete und mit Semmelbröseln ausgestreute Form geben, sodass sie dort eine ungefähr 2 cm dicke Schicht bildet. Nun noch Pinienkerne, Rosinen und Rosmarinnadeln darüber streuen, mit 1 Schuss Öl beträufeln und im Backofen bei 190 °C 30 Minuten – oder bis die Oberfläche rissig wird – backen. Lauwarm oder kalt servieren und dazu frischen *Ricotta* reichen.

Cheese cake

Für 6 Personen: 200 g Vollkornkekse zerbröseln und mit 100 g weicher Butter, 2 Esslöffeln Rohrzucker und der abgeriebenen Schale von 1/2 Zitrone verrühren. Diesen Teig ca. 1 cm dick auf dem Boden einer Springform von 24 cm Durchmesser verteilen und 1 Stunde lang in den Kühlschrank stellen. 10 g Blattgelatine in kaltem Wasser weich werden lassen, 4 Esslöffel Rum erhitzen und die ausgedrückte Gelatine darin auflösen. 500 g cremigen Frischkäse (*Ricotta*, Philadelphia oder *Robiola*) mit 100 g Puderzucker, der abgeriebenen Schale von 1/2 Zitrone und dem Saft von 1 Zitrone zu einem Teig verrühren, die Gelatine darunter geben. Ebenso 0,25 l geschlagene Sahne und den Eischnee von 2 Eiweiß. Die Masse in die Form gießen, gut verteilen und die Süßspeise mindestens 4 Stunden in den Kühlschrank stellen. Vor dem Servieren mit gemischten Waldfrüchten dekorieren.

Apfelkuchen

Für 6 Personen: 4 Äpfel schälen, in Scheibchen schneiden und im Saft von 1 Zitrone mit ein wenig Zucker überstreut 30 Minuten lang ruhen lassen. 3 Eier mit 300 g Zucker, 100 g weicher Butter, 0,2 l Milch, 300 g Mehl und 1 Tütchen Trockenhefe durchschlagen. Eine Form von 26 cm Durchmesser mit Butter einfetten, den Teig darin verteilen und mit den Apfelscheiben belegen, aber so, dass sie den Teig durchdringen. Mit Zucker überstreuen und im Backofen bei 170 °C 40 Minuten lang backen, bis der Kuchen goldgelb und aufgegangen ist.

Früchte

In Portwein marinierte Erdbeeren

Für 4 Personen: 4 Körbchen große Erdbeeren waschen und putzen. In einem Topf 1/2 l Portwein mit der Schale von 1 Zitrone, 1 Zimtstange, 2 Gewürznelken und 3 Esslöffeln Honig zum Kochen bringen, dann passieren und auf Zimmertemperatur abkühlen lassen. Die Erdbeeren in eine Schüssel geben, mit ein wenig Zitronensaft beträufeln, leicht mit Rohrzucker überstreuen, mit dem Portwein übergießen und im Kühlschrank mindestens 3 Stunden marinieren lassen.

Besondere Leidenschaft des Autors Nr. 26:

Saucen für Speiseeis

Was gibt es Gelungeneres, als ein üppiges Mahl mit einem Sorbet oder Eiscreme ausklingen zu lassen? Sie reinigen den Mund, ohne zu belasten. Entscheiden Sie selbst, ob Sie sie zu Hause zubereiten wollen. Wenn ja, halten Sie sich aber sklavisch an Ihr Rezept. Wenn nein, besorgen Sie sich Ihr Eis bei einem Eismann, der sein Handwerk versteht.

Doch es lohnt sich auf alle Fälle, ein Eis mit einer selbst zubereiteten Sauce zu ergänzen. Hier einige Anregungen dazu.

Weiße Schokoladensauce

Für 4 Personen: 100 g zerkleinerte weiße Schokolade im Wasserbad auflösen und 4 Esslöffel Milch oder Sahne und 1 Stück Butter darunter rühren.

Karamellsauce

Für 4 Personen: 80 g Zucker in einem Topf bei mittlerer Hitze mit 2 Esslöffeln Wasser goldgelb karamellisieren. Den Topf vom Herd nehmen, nach und nach 0,2 l Sahne unterrühren und weitere 3 Minuten sanft köcheln lassen.

Karamell-Orangen-Sauce

Für 4 Personen: 1 Stück Butter in einer beschichteten Pfanne bei schwacher Hitze zerlassen und den gefilterten Saft von 2 Orangen und 50 g Rohrzucker hinzufügen. Wenn sich der Zucker aufgelöst hat, 1 Teelöffel in ein wenig kaltem Wasser aufgelöstes Kartoffelmehl darunter geben. Dann weiterrühren, bis die Sauce leicht eingedickt ist, und heiß servieren.

Waldfrüchtesauce mit Kirschwasser

Für 4 Personen: 1 Zimtstange mit 50 g Zucker und 0,15 l Wasser in einen kleinen Topf geben und einige Minuten lang erhitzen, bis sich der Zucker aufgelöst hat. Dann 300 g gemischte Waldfrüchte hinzufügen (meinetwegen – aber das sage ich nur hinter vorgehaltener Hand – auch tiefgefrorene) und weitere 5 Minuten köcheln lassen. Nach dem Abkühlen die Zimtstange entfernen und die Früchte mit dem Zauberstab unter Hinzugabe von 1 Gläschen Kirschwasser pürieren.

Aprikosensauce

Für 4 Personen: 200 g Aprikosenkonfitüre ← in einem Töpfchen mit 0,1 l Wasser erhitzen und gut verrühren. Zum Schluss mit 2 Esslöffeln Zitronensaft oder Brandy verfeinern.

Orangensauce

Für 4 Personen: Die äußere Schale (nicht das Weiße) von 2 Orangen abhobeln und in Julienne-Streifen schneiden. Die Orangen ausdrücken, den Saft passieren und mit 2 Esslöffeln Honig und 1 Teelöffel Kartoffelmehl verrühren. Das Ganze zum Kochen bringen, die Julienne-Streifen hinzufügen und 1 weitere Minute lang fertig garen.

Orangensauce mit Cointreau

Für 4 Personen: 200 g Orangenmarmelade ← in einem Töpfchen mit 0,1 l Wasser und 1 Teelöffel Zimt erhitzen und mit 2 Esslöffeln *Cointreau* (oder *Grand Manier*) verfeinern.

Ananassauce

Für 4 Personen: 2 Eigelb mit 2 Esslöffeln Zucker verquirlen, 0,2 l Ananassaft darunter rühren und bei schwacher Hitze unter Rühren aufkochen, bis die Sauce den Kochlöffel überzieht. Mit 2 Esslöffeln Rum verfeinern und abkühlen lassen.

Ingwersauce

Für 4 Personen: 30 g geschälten und in Scheibchen geschnittenen Ingwer in 0,2 l Milch geben und eine Weile ziehen lassen. Dann erhitzen, passieren und mit 1 geschlagenen Eigelb und 2 Esslöffeln Zucker verrühren. Im Wasserbad kochen, bis die Sauce den Löffel überzieht, und zum Schluss ein wenig Ingwerpulver oder kandierten Ingwer in Stückchen darüber geben.

Besondere Leidenschaft des Autors Nr. 27:

Cremes für Panettone und Pandoro

Ein Stück *Panettone* oder *Pandoro*, unsere traditionellen Weihnachtskuchen, so trocken, ohne Garnierung zu verzehren, stimmt mich immer ganz traurig. Viel besser ist es da schon, sie mit den passenden süßen Cremes zu verfeinern. Hier sind sie:

Zabaione

Für 4 Personen: Mit dem Schneebesen 5 Eigelb mit 80 g Zucker in einem Topf schaumig schlagen. Das Gemisch bei sehr schwacher Hitze im Wasserbad unter weiterem Schlagen 10 Minuten garen, ohne dass es zum Kochen kommt: Es muss stark aufgehen und schaumig weich werden. Damit es nicht gerinnt, 1 Prise Mehl darunter geben. 0,15 l trockenen Marsalawein erhitzen, dazugeben und noch einmal gut durchschlagen. Wer mag, reibt noch ein wenig Muskatnuss oder streut 1 Prise Zimt darüber. Zabaione kann heiß, lauwarm oder kalt serviert werden.

- Statt Marsala können Sie auch viele andere Weine oder Liköre verwenden: Barolo, Barolo Chinato, Brandy, Cognac, Kirschwasser, Madera, Maraschino, Portwein, Rum, Sherry und zahlreiche mehr.

Zabaione mit Sahne

Für 4 Personen: Zabaione ← nach Rezept zubereiten, abkühlen lassen und anstelle des Marsalaweins 0,15 l Schlagsahne und 2 Esslöffel Rum darunter schlagen.

Waldfrüchtecreme

Für 4 Personen: Nach Rezept mit 4 Eigelb eine *Crema inglese* ← zubereiten und mit gemischten Waldfrüchten verfeinern.

Schokosauce mit Portwein

Für 4 Personen: 150 g Bitterschokolade zerkleinern, in einem Topf im Wasserbad mit 2 Esslöffeln Zucker, 1 Prise Vanillin und 0,2 l süßer Sahne zerlassen und mit dem Schneebesen schaumig schlagen. Zum Schluss mit 2 Esslöffeln Portwein verfeinern.

Süße Rotweinsauce

Für 4 Personen: 0,8 l Rotwein mit 150 g Zucker und 2 Zimtstangen aufkochen und auf ein Viertel reduzieren. Den Herd ausschalten, die in dünne Streifen geschnittenen und blanchierten Schalen (nur das Gelbe) von 1/2 Orange hinzugeben und 1 Stunde lang abkühlen lassen.

Danksagung

Früher habe ich immer über die langen Danksagungen lächeln müssen, die so oft zu Beginn und am Schluss von Büchern zu finden sind. Und nun, da ich selbst ein (kleines) Werk verfasst habe… hier meine eigene Liste.

Im Herbst 1997 schlug mir Enrico Deaglio vor, eine Rubrik über Küche und Kochen in der Wochenzeitung *Diario della Settimana* zu übernehmen. Seit damals versuche ich nun, mit Rezepten, Ideen und Anregungen das Interesse der Leser dieser hervorragend gemachten Publikation zu gewinnen. »Ein Fest für die Sinne. Das Geheimnis der italienischen Küche« ist direkt aus dieser Arbeit hervorgegangen. Deshalb gilt ihm sowie Andrea Jacchia, Carla Chelo und Pietro Cheli mein erster Dank.

Seit 1995 betreue ich auch eine Rubrik über Mailänder Restaurants in *Vivi Milano,* der wöchentlichen Beilage des *Corriere della Sera.* Für mich eine erstklassige Schule und gute Gelegenheit, mich auch beruflich mit den vielen, vielen verschiedenen Küchen, die in meiner Heimatstadt florieren, auseinander zu setzen. Dank also den Verantwortlichen von *Vivi Milano* in jenen Jahren, Maurizio Donelli, Paolo Mereghetti und Silvia Vedani.

Seit 2002 betreue ich außerdem im Auftrag von Vitalba Paesano, dem Herausgeber von *Viaggi e Sapori,* zwei Rubriken; zum einen über die Welt der feinen Küche und zum anderen über besonders kreative Küchenchefs – eine phantastische Gelegenheit für mich, überall auf dem Stiefel nach dem Besten, was es auf diesem Gebiet gibt, Ausschau zu halten. Dank an Vitalba.

Die gute Küche liebe ich schon seit ewigen Zeiten, zunächst als leidenschaftlicher Anhänger, dann auch als Journalist auf diesem Gebiet. Und immer schon bin ich, wenn ich irgendwo sehr gut gegessen habe, was zum Glück auch heute noch viel häufiger vorkommt, als man vielleicht denken mag, den entsprechenden Küchenchefs und Restaurantbesitzern auf den Pelz gerückt, um mir von ihnen Rezepte, Ideen und Anregungen zu holen. Ihnen verdanke ich alles, aber es sind so viele, dass ich ihnen hier unmöglich allen namentlich danken kann.

Einen besonderen Dank aber an Cristina und Cinzia Cantatore, Alberto Citterio, Fulvio Dato, Massimo Meloni, Mirella Nemtan, Francesco Passalacqua und Matteo Vigotti.

Auch einige Freunde haben mir beim Zustandekommen dieses Buches geholfen, oft mehr noch, als ihnen vielleicht klar ist: Danke, Carla und Carlo Latini, Gianna Liberato und Marco Mignani.

Dank vor allem den phantastischen Köchen und Freunden Carlo Cracco, Edo Ferrera, Ezio Gritti und Nadia und Aimo Moroni.

Dank an meine Schwester Cristina Bay und an Barbara Kittel.

Ein besonderer Dank gilt auch Silvia Giacomoni und Giorgio Bocca. Die beiden wissen, wofür.

Dank auch an Fabiano Guatteri, den engen Freund und Küchenexperten, für seine grenzenlose Hilfsbereitschaft. *Last but noch least* ein Dank an Antonella Mangini, ohne deren Intelligenz und Sachverstand dieses Buch nicht das geworden wäre, was es ist.

Dank an Carlo Feltrinelli, der an dieses Buch geglaubt hat, und an den brillanten Lektor, Alberto Rollo.

Dank an Maddalena Ceretti, die mit so viel Geduld und Sorgfalt das Manuskript redigiert, und an Paola Adorni, Donatella Berasi und Chiara Cardelli, die es mit größter Aufmerksamkeit gegengelesen haben. Sie alle haben mir bestimmt an die Hundert große und kleine Verbesserungsvorschläge gemacht. Nach hartem Ringen habe ich lediglich 96 davon angenommen.

Es versteht sich von selbst, dass ich, wie die Formulierung immer lautet, für den Inhalt dieses Buches allein verantwortlich bin.

Schreiben Sie eine E-Mail an Allan Bay mit Ihren Kommentaren, Kritikpunkten und Anregungen zu diesem Buch an die Adresse: *cuochisidiventa@feltrinelli.it*.

Der Autor wird auf die interessantesten Beiträge in seiner »Weblog« unter *www.feltrinelli.it* antworten.

Alphabetisches Rezeptregister

Alphabetisches Register der Gartechniken

Zusätzliche Suchmaschine

Mir schien es sinnvoll, Ihnen neben den beiden klassischen Hilfsmitteln, dem Inhaltsverzeichnis und dem alphabetischen Rezeptregister, eine weitere »Suchmaschine« an die Hand zu geben, »neben« wohlgemerkt, nicht »an Stelle«. Auf den nächsten Seiten finden Sie also ca. 60 köstliche Zutaten. Für jede habe ich alle Gerichte aufgeführt, egal, ob Sauce, Vorspeise, erster Gang oder was auch immer, in denen diese Zutat dominiert.

Die Gerichte, in denen keine Zutat besonders hervortritt, sind nicht aufgeführt. Auch die Süßspeisen fehlen – da dominiert immer der Zucker.

Um Doppelnennungen zu vermeiden, habe ich auch jene Zutaten außer Acht gelassen, denen bereits im Buch ein eigenes Kapitel gewidmet ist. So werden Sie zum Beispiel »Rinderbacke« vergeblich suchen, vier Rezepte, die Sie hingegen problemlos im alphabetischen Register finden. Oder unter dem Stichwort »Innereien« sind nicht jene Rezepte aufgeführt, die im entsprechenden Kapitel vorgestellt werden, sondern nur die in anderen Kapitel behandelten Gerichte, bei denen Innereien eine besondere Rolle spielen. Das Stichwort »Kabeljau« werden Sie nicht finden, aber unter »Knollensellerie« Kabeljau mit Knollensellerie und unter »Spinat« Kabeljau mit Spinat und Käse.

Diese zusätzliche Suchmaschine soll es Ihnen also in erster Linie ermöglichen, wirklich alle Rezepte zu finden, bei denen Ihre Lieblingszutaten besonders hervortreten, unabhängig davon, unter welchem Namen und an welcher Stelle sie im Buch vorkommen. Viel Vergnügen beim Suchen.